GladiadoreS

Néstor F. Marqués

Gladiadores

Espectáculos y ocio en la antigua Roma

Espasa

Espasa es un sello de Editorial Planeta, S. A.
Av. Diagonal, 662-664, 08034 Barcelona
www.planetadelibros.com
www.espasa.es

Primera edición: noviembre, 2024

Diseño de la cubierta: © José Luis Paniagua
Imagen de la cubierta: © Warpedgalerie / Adobe Stock
Fotografía del autor (solapa): © Raúl Pacheco
Imágenes de interior: © Archivo Espasa; © 3D Stoa – Patrimonio y Tecnología (recreaciones 3D de págs. 28, 37, 59, 84, 112, 191 y 252); © Museo del Prado; © Mharrsch / Wikimedia; © Massimo Baldi / Wikimedia; © Archivo del autor (fotografías de págs. 52, 63, 81, 84, 86, 104, 112, 121, 134, 155, 158, 201, 207, 235, 250, 256, 256 y 260-261); © Pompeii Archaelogical Park; © Staatliche Museen zu Berlin, Münzkabinett / Reinhard Saczewski; © Azoor Photo / Alamy / ACI; © Pascal Radigue / Wikimedia; © BNF; © Duncan1890 / Istock / Getty Images; © Ningyou / Wikimedia; © Galleria Borghese; © The Picture Art Collection / Alamy / ACI; Colección particular; © AESA; © BS Thurner Hof / Wikimedia; © MAN, Ministerio de Cultura; © Rubens Alarcon / Alamy / ACI; © Sandra Delgado (ilustraciones de los tipos gladiatorios de págs. 140-149); © Jan Arkesteijn / Wikimedia; © Carole Raddato / Wikimedia; © Jerónimo Roure Pérez / Wikimedia; © Ser Amantio di Nicolao / Wikimedia; © Dumelow / Wikimedia; © Helmut Ziegert / University of Hamburg; © Museum for Kunst and Gewerbe Hamburg; © Butko / Wikimedia; © Magnus Manske / Wikimedia; © Lamnas / Alamy / ACI; © DEA / A. DAGLY ORTI / De Agostini / Getty Images; © The Trustees of the British Museum; © Stefano Ravena / Alamy / ACI; © Sueddeustche Zeitung Photo / Alamy Stock / ACI; © GRANGER – Historical Picture Archive / Alamy / ACI; © Akg – images / Album; © Münzkabinett Berlin; © Sunny Celeste / Alamy Stock / ACI

Iconografía: Grupo Planeta

Preimpresión: Safekat, S. L.

Depósito legal: B. 18.150-2024
ISBN: 978-84-670-7500-7

Printed in Spain — Impreso en España
Impresión: Huertas, S. A.

PEFC Certificado
Este libro procede de bosques gestionados de forma sostenible
PEFC
PEFC/14-38-00305
www.pefc.es

Audentis Fortuna iuvat

ÍNDICE

LVDI CIRCENSES

MUCHO MÁS QUE ESPECTÁCULOS

MENS SANA IN CORPORE SANO

UN VIAJE EN EL TIEMPO

Si te dieran a escoger un superpoder que te permitiera hacer algo imposible, ¿qué elegirías? Yo lo tengo claro: viajar en el tiempo. Pero no hacia el futuro, para ver los logros —o desventuras— de nuestra sociedad, sino al pasado, para descubrir la historia que sucedió realmente y no la que siempre nos han contado. Hasta ahora, y teniendo en cuenta que todavía nadie se ha dirigido a mí para ofrecerme esta posibilidad, siempre he compensado mis deseos a través de una pasión que me permite acercarme todo lo posible al pasado y a la historia: viajar.

Viajar a la antigua Roma es uno de los sueños que tengo la suerte de cumplir muy a menudo. Pisar el mismo suelo por el que los romanos caminaron hace dos mil años me hace sentir a gusto, como en casa. Cada vez que viajo a un yacimiento arqueológico del mundo romano noto esa conexión, la familiaridad de quien vuelve a un lugar ya conocido. Hay espacios en los que es solo una sensación y otros, como Pompeya o la ciudad de Roma, en los que todos mis sentidos perciben la presencia de la historia y del paso del tiempo. Y, si estás leyendo estas líneas, es porque tú también lo has sentido; o porque te gustaría experimentarlo.

Pero hoy todo va a cambiar, vamos a ir más allá. Esta es una aventura inédita que espero que te apasione tanto como a mí. Estamos a punto de embarcarnos en un viaje que nos permitirá vivir la antigua Roma de una forma totalmente diferente. Vamos a viajar literalmente al pasado. No me preguntes dónde o cómo la he conseguido, pero tenemos a nuestra disposición una máquina del tiempo. ¿A quién no le va a gustar viajar en el tiempo al siglo I? No es un superpoder, pero nos permitirá vivir en primera persona la antigua Roma y experimentar la realidad de un mundo que nos es muy familiar aunque, al mismo tiempo, es totalmente diferente al nuestro. Esta máquina del tiempo ha sido creada a través de la combinación experta de investigación académica e imaginación controlada que nos acercará a los detalles más interesantes del mundo romano. Gracias a ambas podremos visitar el pasado de una forma realista y, a la vez, rigurosa, que nos hará ver la vida de los romanos desde una nueva perspectiva. Del emperador a los bajos fondos de la sociedad, vamos a disfrutar de todos los detalles que este viaje nos ofrece.

En concreto, me quiero centrar especialmente en uno de esos temas de los que todos hemos oído hablar, aunque sea de pasada. ¿Quién no ha leído alguna vez sobre espectáculos en el anfiteatro o el circo? ¿Quién no ha visto combatir en el cine a Espartaco o a Máximo Décimo Meridio, comandante de los ejércitos del norte...? Y ahora que Ridley Scott nos ha dado *Gladiator II*, definitivamente quedan pocas excusas para decir que uno no ha visto alguna vez un combate de gladiadores. O eso es lo que nos han hecho creer.

Tengo que confesarte que, antes de que nos embarquemos juntos en este viaje a la antigua Roma, yo ya he estado allí, para confirmar que el sistema funciona correctamente. ¿Qué son años de investigación y especialización comparados con ver el pasado *in situ*? Una vez allí he podido explorar a fondo la sociedad romana, su cultura, sus gustos y hasta me he hecho un hueco entre ellos. Desde esta posición te puedo asegurar que si en *Gladiator* el rigor histórico brillaba por su ausencia, *Gladiator II* es una fantasía aún mayor. Dicho esto, no me entiendas mal, también debo confirmar que eso importa poco o nada en el cine. No hay que olvidar que se trata de obras de ficción y, al igual que las series o las novelas, tienen como objetivo entretener, pero no son productos históricos (¡ni pretenden serlo!). Siempre que tengamos esto muy claro, sin que nadie nos trate de convencer de lo contrario, podemos disfrutarlos sin medida.

Precisamente por eso pienso que esta posición en la que nos encontramos ahora mismo es tan maravillosa. Nos permitirá pasar unos días viajando por el tiempo, pero con la seguridad de que lo que vamos a descubrir es la historia pura, sin adulterar. En lugar de hacer este viaje al pasado también te lo podría explicar todo de una forma más académica; no obstante, hay que reconocer que el viaje es más emocionante. E igual de riguroso. Aun estando allí habrá algún dato del que no podemos estar completamente seguros o del que tengamos dudas razonables. Si eso ocurre, te lo haré saber, incluso si en algún caso elijo, entre las posibilidades que conocemos, aquella que me parezca más plausible. Al final del libro encontrarás una serie de notas históricas que abordarán precisamente este tipo de temas.

Ve pensando en lo que sabes de la antigua Roma, tal vez es mucho, tal vez no. A partir de aquí lo único importante es tu curiosidad. No quiero adelantarme, pero no puedo resistirme a darte algunas pinceladas para que entiendas que los romanos a los que vamos a conocer pueden llegar a ser muy distintos de los que están en nuestra imaginación y en la cultura popular. No son tan sádicos como nos han contado (¡la mayoría!), no estaban todos locos y los juegos gladiatorios ni siquiera eran el espectáculo más popular, aunque quedaban en un honroso y nada desdeñable segundo lugar.

Mientras lo voy preparando todo, ¿te haces a la idea del momento al que vamos a viajar? Podrías pensar que nos encontraremos con el emperador Cómodo para revivir el final de *Gladiator* en la arena o con Caracalla y Geta, los hijos de Septimio Severo, si has visto *Gladiator II*. Pero no lo haremos. Prefiero ir a un momento todavía más interesante. He encontrado una semana perfecta: siete días en la historia romana a través de los que podré mostrarte todo lo que hay que saber sobre el ocio y los espectáculos romanos. Te aseguro que será apasionante. Nos vamos al año 96 de nuestra era.

Relájate, deja la mente en blanco. El viaje puede marear un poco…

¡POR FIN EN ROMA!

Pridie Idus Germanicas
(12 de septiembre)

Hora octava

Abre los ojos, ya estamos aquí.

Mira a tu alrededor mientras tu vista se adapta al azul del cielo y a la luz de un sol brillante que reaparece después de una tormenta. Fíjate en el mundo que te rodea, de momento nada demasiado especial. Una calle como otra cualquiera y, aun así, es emocionante estar realmente aquí. Esto es un *clivus*, uno de tantos que hay en la ciudad. Son calles en pendiente; este en concreto remonta la colina del Aventino. ¿Sabías que esta zona ni siquiera formaba parte del recinto sagrado de la ciudad de Roma hasta hace poco más de cuarenta años? Perdona, vamos por partes, que me emociono. Sígueme hacia mi casa y te voy contando.

Sí, he comprado una *domus* en el Aventino. Jamás pensé que le diría algo así a otra persona. ¿Ves todos estos muros encalados de blanco con el zócalo pintado de rojo a nuestro alrededor? Son casas de gente acomodada que se ha instalado aquí en los últimos años. ¿Ves que todas están bien cuidadas? Ha habido un crecimiento urbanístico enorme en esta zona, especialmente después de que quedara arrasada por el gran incendio del año 64. Sí, ese del que todo el mundo culpará al emperador Nerón en el futuro. En esta época ya circulan algunos rumores al respecto, pero el recuerdo de la realidad está demasiado reciente como para que ninguna persona íntegra se crea algo así.

Ten cuidado por dónde pisas, el pavimento es traicionero. No hace mucho que ha dejado de llover y las grandes losas de roca oscura todavía están algo mojadas. Sube a la acera por ese escalón que tiene el bordillo justo a tu derecha. Hace unos años que han pavimentado toda esta calle y hay que reconocer que está aguantando bastante bien. Fíjate en que casi no hay rodadas de carros en los extremos de la vía; al fin y al cabo, esta es una zona residencial con poco trasiego de mercancías. No creas que no pensé en estas cosas cuando estuve buscando una casa decente pero que no me vaciara el arcón de áureos.

De hecho, hay alguna otra razón que seguro que te gustará. En esta calle que sale aquí, a la izquierda, está la casa de la familia de un tal Marco. Se apellida Ulpio Trajano, no sé si te suena. Aunque él hace unos años que no vive aquí. Nuestro emperador Domiciano le envió a la provincia de Germania Superior como gobernador; todo un honor para su carrera. A propósito, dentro de una semana es su cumpleaños; y uno muy especial, aunque él todavía no lo sepa. A pesar de lo que te hayan podido contar sobre estos dos, lo cierto es que son buenos aliados políticos y hasta diría que se tienen cierto aprecio personal. Trajano le debe su carrera a Domiciano y el emperador ha sabido destacar a un gran militar. Solo la mano de Plinio el Joven y otros contemporáneos se encargarán dentro de unos años de emborronar la historia para evitar que se les asocie o, directamente, para ocultar que Trajano ha llegado hasta aquí gracias a Domiciano.

Como puedes comprobar, tenemos ciertas ventajas al conocer la historia y saber a grandes rasgos lo que va a ocurrir. Pero justo por eso debemos ser extremadamente precavidos. No podemos cambiar la historia. No es que yo sea un especialista en esos temas, pero he visto suficientes películas de ciencia ficción como para preferir dejar que todo siga su curso y no comprobar lo que pasa si cambiamos algo.

Otra cosa importante: si sigues subiendo la calle y giras a la derecha encontrarás la fuente pública más cercana. No te preocupes, el agua se puede beber sin problemas. Llega a través del Aqua Appia, el acueducto más antiguo de la ciudad. Fue construido en el año 312 a. C.; pero, descuida, Augusto lo mandó restaurar hace justo un siglo, así que la conducción de agua pura está asegurada. Es una pena que no contemos con agua corriente en la *domus*, pero no se puede tener todo. No son tantas las casas que disfrutan de lujos como ese.

Hemos llegado. Esta es mi *domus*. Si te das cuenta, como la mayoría de las casas romanas, al exterior no dice mucho. Una fachada encalada con una cornisa en la parte superior sujeta por vigas de madera, ventanas pequeñas con rejas y una puerta de la que estoy especialmente orgulloso. Madera tallada con decoraciones vegetales, pintada de blanco, con los marcos decorados en rojo y azul y pequeños escudos circulares en bronce dorado a media altura. Un pequeño capricho, sin duda.

Ven, entra hasta el fondo. Atravesando el atrio, con el estanque central o *impluvium* lleno de agua por la lluvia (no hay que desperdiciar ni una gota, toda va directa a la *cisterna* que hay debajo), llegamos al peristilo trasero. Lo he decorado con setos, flores y estatuillas de bronce dorado y mármol pintado. Es un lujo pasear por aquí en verano. Al fondo está el *oecus* o comedor principal, abierto a la belleza del patio columnado. He respetado la estructura que tenía originalmente, está algo anticuada pero a mí me gusta. Delante de cada una de las paredes hay cuatro columnas jónicas estucadas. Es lo que se conoce como un comedor corintio. Mira hacia arriba, todas ellas sustentan un techo abovedado pintado en tono amarillo y filigranas en rojo y azul imitando oro y gemas de colores a la moda del llamado cuarto estilo pompeyano que todavía se mantiene en muchas casas. Como ves, hice pintar los muros traseros con un blanco relativamente sencillo pero con muchas pequeñas estructuras decorativas. Columnas largas y finas que forman perspectivas arquitectónicas que terminan en arquitrabes ligeros con guirnaldas y festones colgantes. Y, entre ellas, pequeños cuadritos pintados con escenas de paisajes naturales.

Puedes recostarte en uno de los tres lechos de la habitación. Seguro que reconoces esta disposición en «U», que llamamos normalmente triclinio. Este es el mejor lugar para charlar con huéspedes muy cercanos, como tú. Así que deja que te ponga al día para que no desentonemos cuando vayamos por la ciudad.

Para nosotros es el año 96 de la era cristiana, pero poca gente sabe quién es Cristo en esta época y todavía faltan más de cuatrocientos años para que Dionisio el Exiguo se plantee siquiera que el nacimiento del hijo de Dios se puede emplear como punto de referencia temporal. Según los romanos estamos en el año 849 desde la fundación de la ciudad, aunque ellos raramente usan esta forma de contar los años. Lo que más vas a escuchar es que nos encontramos en el año del consulado de Cayo Manlio Valens y Cayo Antistio Vetus. Créeme, a mí también me cuesta acostumbrarme a contar los años mediante la datación consular.

Seguro que no te has fijado, pero en las paredes laterales del peristilo he mandado pintar un calendario completo de enero a diciembre para tener bien controladas todas las festividades. No sabes lo importante que es mantener una actitud adecuada en cada momento. Los romanos tienen muy marcado el carácter de los días y lo que se puede y no se puede hacer en cada uno de ellos. Si te interesa el tema luego te presto uno de mis libros que escribí hace unos años, precisamente sobre el calendario y sus festividades. Se llama *Un año en la antigua Roma*.

Para que te hagas a la idea, hoy es 12 de septiem… quiero decir de germánico. Hoy es 12 de germánico. Esto también suena un poco raro, pero el emperador Domiciano decretó hace ocho años que los meses de septiembre y octubre pasaran a llamarse *Germanicus* y *Domitianus*; el primero por ser el mes en el que comenzó su reinado y el segundo en el que nació. Como te puedes imaginar, el cambio no cuajará en la historia y pronto volverán a llamarse *September* y *October* pero, oye, había que intentarlo. Ahí tienes los meses de *Quintilis* y *Sextilis*, sustituidos con los nombres de *Iulius* y *Augustus* en honor de Julio César y Augusto respectivamente. Y ya para terminar, y liar un poco más las cosas, recuerda que en esta época los días no se cuentan siguiendo una sucesión numérica, sino que se indican los que faltan para llegar a ciertas fechas importantes dentro de cada mes: *Kalendae*, *Nonae* e *Idus*. Las idus de germánico son mañana, el día 13 para nosotros, por lo que hoy es el día anterior a las idus. En latín: *Pridie Idus Germanicas*.

No te preocupes si todo esto es un jaleo enorme, recuerda que estoy contigo por si te surge alguna duda. En cuanto al latín, ahora que hablo de él, digamos que lo que te enseñaron en el colegio te va a servir de poco. Una cosa es leer alguna inscripción, que lo haremos, y otra entender a estos romanos que tienen un acento bastante complicado. ¡Pobres de ellos si los escucharan Varrón o Cicerón, con su pronunciación perfecta! Que no te preocupe mucho hablar en castellano, aquí en Roma la gente llega desde tantos lugares que se hablan casi todas las lenguas, así que una más no desentonará. Aparte, ya se sabe que los que venimos de las provincias de Hispania tenemos fama de no pronunciar demasiado bien el latín. Cualquier excusa nos sirve.

De momento, con aprender los básicos de cortesía nos servirá. ¡Para saludar a cualquier persona basta con decir *Salve!*, o *Salvete!* si te diriges a varias. Seguro que me has escuchado muchas veces saludar diciendo *Salvete, salvete omnes!* en los vídeos de YouTube de Antigua

MENSIS SEPTEMBER DIES XXX

1	D	K·SEP·F		IOVI·TONANTI IN·CAPITOLIO
2	E	IIII	NP	IMP·CAESAR VICIT·ACTIVM
3	F	III	NP	
4	G	PR	C	LVDI·ROMANI
5	H	NON·F		LVDI
6	A	VIII	F	LVDI
7	B	VII	C	LVDI
8	C	VI	C	LVDI
9	D	V	C	LVDI
10	E	IIII	C	LVDI
11	F	III	C	LVDI
12	G	PR	N	LVDI
13	H	EID·NP		IOVI·EPVLVM
14	A	XIIX	F	EQVORVM·PROBATIO
15	B	XVII	N	LVDI·IN·CIRC
16	C	XVI	C	LVDI·IN·CIRC
17	D	XV	NP	LVDI·IN·CIRC DIVO·AVGVSTO HONORES·CAELESTES
18	E	XIIII	C	LVDI·IN·CIRC
19	F	XIII	C	LVDI·IN·CIRC
20	G	XII	C	MERK
21	H	XI	C	MERK
22	A	X	C	MERK
23	B	VIIII	F	MERK NATALIS·AVGVSTI
24	C	VIII	C	
25	D	VII	C	
26	E	VI	C	VENERI·GENETRICI IN·FORO·CAESARIS
27	F	V	C	
28	G	IIII	C	
29	H	III	F	
30	A	PR	C	
	XXX			

Representación del mes de *September* y sus festividades en el calendario juliano. Incluida en *Un año en la antigua Roma*.

Roma al Día. Para despedirte, simplemente di *Bene vale!* (*valete* en plural), algo así como '¡que vaya bien!'. Y recuerda, cualquier letra *V* en latín se pronuncia como una *U*, porque realmente son ues, puesto que la letra uve no existe todavía.

Y ya si quieres presentarte puedes decir «*Ego sum X*». Espera, todavía no has elegido un nombre romano. Yo me hago llamar Publius Octavius Aequimanus, usando los tres nombres o *tria nomina* romanos. Aun así, hay mucha gente que no los tiene. Incluso hay veces que, si quiero pasar como extranjero o esclavo, uso mi nombre real porque Néstor es un nombre griego relativamente frecuente en Roma.

Aquí te dejo un volumen de papiro con unas listas de algunos nombres romanos comunes, para que elijas el que más te guste. Recuerda que los hombres pueden tener *praenomen* (nombre de pila), *nomen* (de la familia) y *cognomen* (de la rama familiar), y las mujeres solo *nomen* y *cognonem* (las versiones femeninas de los *nomina* son iguales que las masculinas, pero con terminación en *-a* en lugar de en *-us*). Y una cosa más, fíjate bien al elegir el *cognomen* porque todos tienen significado, normalmente referido a algún antepasado de la familia que lo tomó por primera vez casi como si se tratara de un mote.

Praenomina: Appius (Ap.), Aulus (A.), Decimus (D.), Gaius (C.), Gnaeus (Cn.), Lucius (L.), Marcus (M.), Publius (P.), Quintus (Q.), Sextus (Sex.), Tiberius (Ti.), Titus (T.)

Nomina: Acilius, Antonius, Aurelius, Ausonius, Blandius, Calpurnius, Camillus, Claudius, Crispus, Curtius, Decimus, Domitius, Egnatius, Fabius, Flaccus, Flavius, Fulvius, Galerius, Gellius, Livius, Manlius, Norbanus, Octavius, Papirius, Petronius, Plinius, Quintilius, Rufus, Sallustius, Septimius, Statilius, Suedius, Suetonius, Sulpicius, Tullius, Ulpius, Valerius, Vergilius

Cognomina: Agricola, Agrippa, Ahenobarbus, Albus, Aquila, Balbus, Barbatus, Bestia, Brutus, Caecus, Caesar, Calvinus, Calvus, Camillus, Catilina, Cato, Catulus, Cicero, Corvinus, Crassus, Cursor, Dolabella, Drusus, Flaccus, Fronto, Gracchus, Habitus, Laenas, Lepidus, Licinius, Longus, Lupus, Marcellus, Messalla, Mus, Nasica, Naso, Nero, Nerva, Niger, Pansa, Pictor, Piso, Plautus, Praetextatus, Proculus, Pulcher, Regulus, Saturninus, Scaurus, Scipio, Seneca, Strabo, Sulla, Sura, Taurus, Varro, Varus, Verres, Vetus

¿Lo tienes? Pues ahora solo nos queda vestirnos de forma adecuada para que nadie nos mire raro. Recuerda que los pantalones son propios de bárbaros. En el cubículo de la derecha he dejado bastantes prendas. Sobre el lecho encontrarás túnicas de varios colores, togas (la indumentaria oficial de todo romano de bien) y estolas (para las mujeres romanas respetables). Elegir las prendas oportunas es importante para no levantar sospechas. Es algo en lo que los romanos se fijan mucho. El emperador Augusto, por ejemplo, hizo obligatorio que todo el mundo acudiera vestido de forma adecuada (con toga y estola) tanto al foro como a los espectáculos. Hoy en día este tipo de normas son más una recomendación, pero no está de más ir bien vestidos.

Ahora ya parecemos unos ciudadanos romanos en condiciones y estamos listos para salir, aunque con los preparativos se nos ha hecho un poco tarde. Ya pasamos de la *hora decima* y no es muy recomendable que estemos en la calle cuando se haga de noche. Si te parece bien, vamos a descansar, que mañana nos espera un día intenso. Deja que atranque la puerta principal y te enseño tu cubículo.

INICIACIÓN A LA GLADIATURA

Idibus Germanicis
(13 de septiembre)

EL COMIENZO DE UN NUEVO DÍA

Hora prima

Salve!

¿Has cogido fuerzas? Hace un rato que ha comenzado la *hora prima*. Hay que aprovechar para salir pronto de la *domus* si queremos disfrutar de un primer paseo tranquilo por la ciudad. Aunque para nosotros todavía no son ni las seis de la mañana, recuerda que, sin luz eléctrica, la sociedad romana se rige por las horas de sol y la mayor parte de la gente empieza el día en cuanto amanece. Los hay que incluso lo hacen antes porque es cuando nadie les molesta. Sin ir más lejos, el divino Vespasiano, padre de nuestro emperador Domiciano, se ganó la fama de madrugador. Un liberto suyo me contó hace poco que se levantaba varias horas antes del amanecer para redactar documentos oficiales y contestar su correspondencia.

Además, hoy son las *idus* del mes germánico, un día consagrado a Júpiter y marcado con las letras NP, *nefas piaculum*, en el calendario que te mostré antes (p. 19). Estos son los días más sagrados de todos. En ellos los ciudadanos deben guardar especial veneración por los dioses, así que dentro de un rato Roma empezará a llenarse de gente que va a presenciar las ofrendas de hoy.

Te he dejado preparado un buen *ientaculum*, el desayuno romano tradicional. Verás que la base es el *panem siccum*, o pan seco, lo más parecido que tienen los romanos a una buena tostada. Hay aceite traído de la Bética, sal, ajo y un poco de queso por si quieres añadírselo al pan. También leche, miel y fruta por si prefieres algo más convencional pero igual de tradicional en esta época. Si te das cuenta, el desayuno más común es bastante similar al nuestro. Aun así, no te extrañe saber que hay romanos que desayunan un buen vaso de *mulsum* (vino con miel), tocino grasiento o un cuenco de ostras, los que se lo pueden permitir.

Ahora sí estamos listos para salir a la calle y empezar a explorar el ocio y los espectáculos romanos. Deja que le eche el cerrojo a la puerta y vamos por el mismo *clivus* de ayer. De bajada es mucho más agradecido y nos conecta directamente con la vía principal. Desde aquí llegaremos muy rápido hasta el centro de la ciudad (puedes tomar perspectiva con el plano de la p. 303). Como comprobarás, en esta zona todavía se notan los efectos del incendio de época de Nerón. Algunas de las casas siguen arruinadas porque sus dueños no tienen dinero suficiente para reconstruirlas o todavía no han encontrado un buen comprador que quiera pagar por ellas. Pero, créeme, este distrito se va a poner muy caro en los próximos años, especialmente cuando llegue al poder Trajano.

¿Qué te parece todo esto? ¿Qué sientes al pasear por la ciudad de Roma? Por suerte no nos estamos cruzando con demasiada gente todavía. La primera vez que caminé por aquí tuve una sensación extraña. Por un lado, tenía —y sigo teniendo— la emoción de pasear por la antigua Roma y ver cómo es realmente y, por otro, la familiaridad de estar en un lugar conocido. Ya son unos cuantos años los que llevo estudiando la ciudad y puedo decir que la conozco como si viviera aquí de toda la vida.

Mira, ¿ves esa fachada curva con arcos que está al final de la calle? Parece un teatro, pero en realidad es solo un lateral de un edificio mucho más grande. ¿Lo reconoces? Hoy no nos vamos a detener aquí, pero te prometo que dentro de un par de días disfrutaremos de él. Según nos acercamos es más fácil identificarlo. El hemiciclo de arcos deja paso a una fachada recta que se extiende más allá de donde llega la vista. 600 metros, de hecho. Efectivamente, se trata del Circo Máximo de Roma y este es el lado curvo por el que giran los carros. En el centro, Domiciano mandó construir hace unos años este gran arco monumental que sirve como puerta principal para acceder a la arena. Hoy las puertas están cerradas, pero esos ruidos que se oyen en el interior dejan claro que ya han comenzado los preparativos para el inicio del espectáculo más importante de todo el año. Eso y que, como puedes ver, todavía no ha terminado su construcción. Hubo un incendio hace pocos años que lo dejó tan dañado que el emperador decidió renovarlo por completo. Por eso todavía hay andamios cubriendo parte de la fachada.

Todos los espectáculos romanos tienen un origen sagrado. Algunos lo han perdido y han quedado como mero entretenimiento profano, por ejemplo, las luchas de gladiadores, pero otros lo mantienen muy vivo, como las carreras de carros. Precisamente los juegos de circo a los que vamos a asistir tienen su origen en un punto crucial de la historia romana. La tradición cuenta que hoy en el año 245 *ab Urbe condita* —desde la fundación de Roma, el 509 a. C. para nosotros—, los magistrados de la recién nacida República romana dedicaron el templo de Júpiter Óptimo Máximo Capitolino. El más importante del mundo romano.

Si elimináramos el monte Palatino, esta mole inmensa sobre la que se alza el palacio imperial, recién reformado por Domiciano, y que acompaña nuestros pasos al lado izquierdo de la vía, podríamos ver al fondo la cima del monte Capitolio. Pero descuida, allí es donde nos dirigimos ahora mismo. La conmemoración del *dies natalis* de ese templo motivó que comenzaran a celebrarse los llamados *ludi romani*, los juegos romanos, conocidos también como *magni* por ser los más grandes y espectaculares. Según he podido leer, hacia el año 366 a. C. su celebración ya se había convertido en un acontecimiento anual. Y aunque empezaron realizándose alrededor de este día, se fueron extendiendo cada vez más a lo largo del mes de septiembre. Actualmente se desarrollan desde el día 4 hasta el 19. Pero puedes tener la tranquilidad de que no nos hemos perdido lo más importante. En los primeros días se concentran los espectáculos teatrales (tendremos tiempo de visitar algunos teatros en el Campo de Marte) y es a partir de hoy cuando realmente empiezan los días grandes. Hoy se llevan a cabo las ceremonias dedicadas a Júpiter y pasado mañana comienzan los *ludi circenses*, las carreras de carros: uno de los platos fuertes de nuestra semana.

Caminando por esta calle principal en la que desembocan la Via Appia y la Via Latina, dos de las arterias más importantes que llegan a Roma desde el sur, estamos alcanzando ya el lugar que se ha convertido en el centro social de la ciudad en los últimos años. Mira al frente, ¿reconoces ese gran cono de mármol blanco? Es la fuente más importante de la ciudad, la llamada Meta Sudans, y sirve como vértice de unión de cuatro de los catorce distritos que tiene la ciudad. Con sus 17 metros de altura es inconfundible y espectacular. Crea un ambiente maravilloso al entrar a esta plaza pavimentada de travertino blanco. Aunque ya veo que los ojos se te han desviado un poco más hacia la derecha, y lo entiendo perfectamente. En efecto, este gran óvalo con tres majestuosas alturas de arcos decorados con estatuas es inconfundible. Estás delante del Coliseo de Roma.

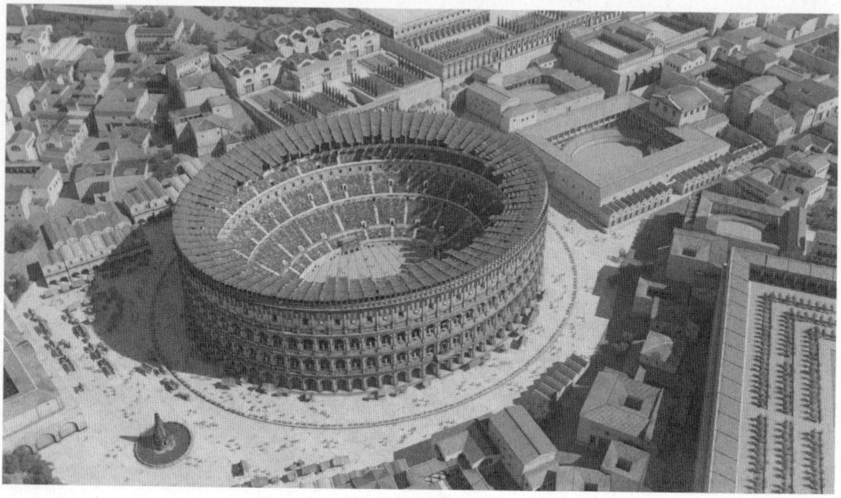

Recreación 3D de una vista aérea, desde el sur de la plaza, del Coliseo de Roma a finales del siglo I.

Resulta espectacular a cualquier hora del día, pero espera a verlo al atardecer, cuando el sol baña esta zona de la fachada haciendo que el travertino blanco tome tonos ocres con reflejos dorados. Fíjate en la fachada con sus cuatro niveles. Los tres primeros decorados con semicolumnas de orden toscánico, jónico y corintio y el cuarto con pilastras de orden compuesto con ventanales y clípeos, escudos circulares, dorados. No hay más romano que esto, literalmente te deja sin palabras. Date cuenta de que solo hace dieciséis años que se inauguró. Ya te dije que esta era una época perfecta para conocer los espectáculos de la antigua Roma. Dentro de un rato volveremos, quiero enseñarte los cuarteles de entrenamiento de gladiadores. Pero antes sigamos hacia el Capitolio.

LVDI ROMANI MAGNI

Hora tertia

La calle que une el Coliseo con el templo de Júpiter es una de las más importantes de Roma. Podríamos incluso decir que es la más destacable de toda la ciudad. Ahora que ya hemos subido a lo alto del monte Capitolino se puede ver que es prácticamente una línea recta la que une los dos espacios. Entre ellos solo se interponen la plaza del Foro con su tribuna de oradores, la Curia del Senado, los templos de Saturno y los Dióscuros y las basílicas, y tras ellas el barrio al que da nombre la Via Sacra con el santuario de la diosa Vesta, algunas *domus* nobles y los almacenes de grano y especias a ambos lados de la calle. Al fondo, algo hacia la izquierda del Coliseo y dentro de un gran pórtico columnado, creo que puedes distinguir la parte superior de una colosal estatua de bronce dorado con una corona de rayos. Quizá la has reconocido por su enorme tamaño, unos 35 metros, o porque representa a Sol. No te olvides de ella, será relevante dentro de un par de días.

Mires donde mires, desde esta terraza la vista es espectacular. A la derecha, el final del Circo Máximo con las *carceres* o cajones de salida de los carros; delante el gran templo de culto al divino Augusto; y, tras él, el monte Palatino con la impresionante estructura palaciega construida por orden de Domiciano. A la izquierda, el foro de César en plenas obras de restauración, el de Augusto, el Templum Pacis de Vespasiano y el recién completado foro de Domiciano, con su templo dedicado a Minerva. Recuerda que Domiciano es un emperador popular, muy querido por el pueblo y el ejército en este momento. Quizá demasiado, para su propio bien. Y por ello la historia, escrita por senadores o nobles al servicio de la aristocracia, se esmerará dentro de unos años en plasmar una ficticia e interesada imagen horrible de él. Su foro se reinaugurará con el nombre del senador y futuro emperador Marco Coceyo Nerva y esas obras de construcción que ves al fondo, donde comienza el monte Quirinal, serán aprovechadas por Trajano para construir su foro. La historia no es justa a veces, pero sabes que no podemos cambiarla. Nosotros estamos aquí para descubrirla.

Incluso sin salir de esta misma terraza del Capitolio, las estructuras son increíbles. Frente a nosotros el templo de Júpiter Tonante, el que truena. Fue construido por orden de Augusto como agradecimiento por escapar ileso de la caída de un rayo junto a él. Domiciano ordenó restaurarlo hace poco y en su interior se puede ver la nueva estatua de culto de mármol que ha sustituido a la anterior, dañada por el incendio del año 80. Era un original griego de Leocares que hemos perdido, pero, a cambio, esta sí se conservará. Júpiter, desnudo y con un manto al hombro, sostiene un rayo de bronce dorado en la mano derecha y se apoya en un cetro con la izquierda. Es realmente deslumbrante. Me resulta curioso contemplarla al fondo del templo en semipenumbra y saber que en nuestro futuro acabará formando parte de la colección del Museo del Prado. Podemos ir a verla allí, algo modificada por los añadidos barrocos, cuando regresemos al siglo XXI.

Pero el protagonista del día no es Júpiter en su actitud de tronador sino en la de rey de todos los dioses. Júpiter Óptimo Máximo, con su templo hexástilo de unos 24 por 35 metros erigido sobre una plataforma todavía más grande, de unos 40 por 60 metros. Se puede ver casi desde toda la ciudad y, como hemos comprobado, buena parte de la misma se contempla desde aquí. Es curioso que solo en 2021 se llegará a entender de verdad el tamaño real del templo. Antes, muchos investigadores lo habían sobreestimado. Ahora, teniéndolo delante, podemos confirmar que no era tan grande como se había pensado, aunque eso no quita que sea realmente espectacular.

Sus enormes columnas acanaladas de mármol pentélico brillan con la luz de la mañana. Sobre ellas la inscripción que menciona a Júpiter y al emperador Domiciano, y más arriba, en el frontón triangular, las estatuas de bronce dorado de los dioses, el águila y el propio dios montado en una gran cuadriga en la coronación. A todo esto le sumamos esas grandes puertas de bronce dorado, un material que también recubre el tejado, haciendo que brille con el sol. Hay que reconocer que Domiciano no ha reparado en gastos a la hora de reconstruir el templo tras el gran incendio de hace dieciséis años. Se nota que las arcas del

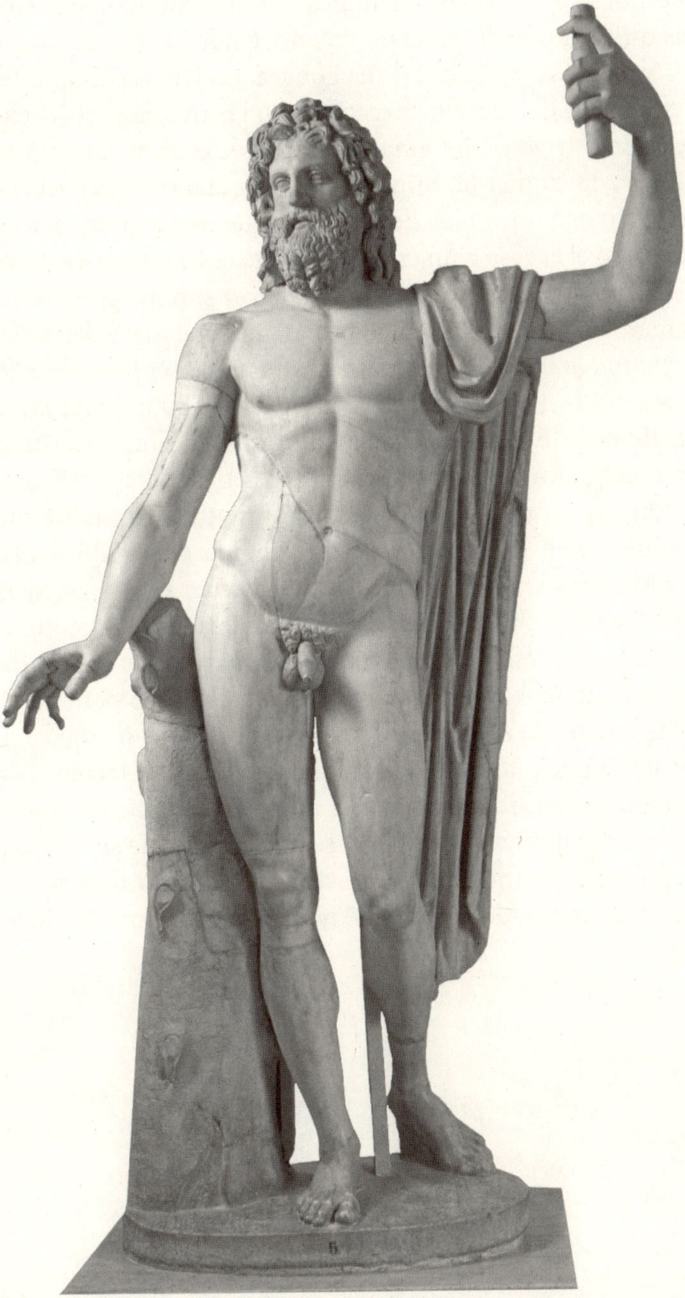

Estatua de mármol que representa a Júpiter Tonante (finales del siglo I).
Los brazos son un añadido posterior, de época barroca.
Museo del Prado, Madrid.

Estado están más saneadas que nunca. Todo el mundo, incluso los senadores que tanto le desprecian, reconoce que es uno de los mejores administradores imperiales que ha gobernado jamás el Imperio.

En el interior del templo se encuentran las tres estatuas de culto de los dioses de la tríada capitolina. Cada una de ellas en un espacio diferente. Juno a la izquierda, Minerva a la derecha y Júpiter en el centro como gobernante universal. Es una pena que no las podamos ver más de cerca, pero el acceso a un espacio así está reservado a los sacerdotes y ayudantes de culto. Lo que sí podemos ver son los preparativos del banquete de hoy frente al gran altar que se encuentra delante del templo. El *epulum Iovis* o banquete sagrado de Júpiter es la celebración que da comienzo a la parte principal de los *ludi romani*. En un rato este espacio se llenará de senadores, magistrados, sacerdotes y hasta el mismísimo emperador, que compartirán con los dioses los triclinios que ya se están instalando. Incluso se colocarán unas estatuas de Júpiter, Juno y Minerva en el triclinio principal. Júpiter recostado en el centro y Juno y Minerva sentadas a su lado. Se llevarán a cabo los sacrificios apropiados y tanto dioses como mortales tendrán su alimento.

Nosotros, por desgracia, debemos irnos ya porque dentro de poco los esclavos públicos y la guardia pretoriana llegarán para despejar la zona. Únicamente la aristocracia puede disfrutar del banquete de hoy. Pero recuerda que esto es solo la antesala de los espectáculos sagrados que comienzan pasado mañana en el circo. Y ahí nadie nos va a prohibir la entrada. Ahora vámonos que, según mi reloj de sol, ya se acerca la *hora quinta*. Es el momento perfecto para conocer más de cerca los detalles del primer espectáculo que nos espera mañana: los juegos del anfiteatro.

EL ENTRAMADO DE LOS JUEGOS

Hora quinta

Si rodeamos la impresionante estructura del Coliseo, en la que nos fijaremos mañana, vamos a ir encontrando todos y cada uno de los edificios relacionados con los juegos del anfiteatro, los llamados *munera*. Cuando el divino Vespasiano decidió destinar el botín de guerra conseguido en la conquista de Jerusalén a la construcción de un nuevo espacio lúdico para la ciudad y para el mundo, contaba con una amplia zona en la que plantear el proyecto. Te recuerdo que toda esta área, y la que la rodea, se había convertido en la Domus Aurea del emperador Nerón, un gran palacio que ocupaba no solo el monte Palatino, sino el Celio, la Velia, el Oppio y parte del Esquilino con pabellones de ocio y suntuosos jardines.

A pesar de que Nerón no fue el loco que la historia nos ha hecho creer, y que el pueblo de Roma tenía acceso en algunos momentos a los jardines para poder disfrutar de ellos, Vespasiano decidió ser mucho más claro en cuanto al uso que iba a tener toda aquella zona durante su reinado. Bueno, durante su reinado la zona fue una obra continua, puesto que solo su hijo Tito pudo inaugurar el anfiteatro aun sin estar realmente completado.

Hasta hace unos años, muchas de las estructuras anexas al Coliseo e incluso algunas zonas del propio anfiteatro todavía estaban siendo construidas. Ha sido Domiciano quien se ha ocupado de que todas las obras llegaran a buen puerto para que los espectáculos puedan presentarse de la mejor manera posible.

El emperador es bien consciente del poder que tiene y lo utiliza a su favor. El pueblo ama el anfiteatro y él sabe entregarles lo que desean, en especial si eso molesta de alguna manera a los rancios aristócratas del Senado. Precisamente por eso mañana va a ser uno de los días más importantes que se han vivido hasta ahora en el anfiteatro de los Flavios. Ya te explicaré por qué.

Hoy las gradas están vacías, pero el ruido es grande en los edificios anexos al Coliseo. Todos estos espacios que rodean la estructura, desde el sur hasta el este, han sido construidos para cubrir las necesidades de los espectáculos. Para que te ubiques, esta zona de la fachada es la que se derrumbará el 9 de septiembre de 1349 a causa de un terremoto, creando la forma con la que conocemos el Coliseo en nuestro tiempo. Frente a ella se encuentra el monte Celio, ocupado en buena medida por el templo del divino Claudio. Según caminamos por la plaza, que discurre entre ambos, a nuestra derecha se pueden ver varios edificios que incluyen espacios como los *armamentaria*, donde se guardan todas las armas antes de los combates, el *saniarium*, donde reciben a los gladiadores heridos para que tengan asistencia médica lo más rápido posible y, para los que ya no tienen solución, el *spoliarium*, donde se confirma la muerte de los gladiadores y se les retiran las armaduras a los cuerpos.

Si seguimos avanzando hacia el este, a través del valle que antes ocupaban los jardines de Nerón entre los montes Celio y Oppio, podemos ver varias estructuras rectangulares porticadas. Se trata de los cuatro principales cuarteles gladiatorios imperiales; cada uno de ellos recibe en latín el nombre de *ludus*. En ellos viven y entrenan cientos de reclutas que se preparan para el combate en los juegos del anfiteatro.

En muchas ciudades del Imperio existen estos cuarteles que se suelen conocer también como «escuelas» de gladiadores, porque allí aprenden a luchar con honor y destreza, aunque ahora verás que, si las compararámos con escuelas, serían las más duras que habrás visto en tu vida. En algunos casos son de carácter municipal pero muchas otras son propiedad de ciudadanos privados que sacan un buen beneficio con el negocio gladiatorio. Julio César se dio cuenta de ello y formó su propia *familia gladiatoria*, especialmente porque así se ahorraba un buen dinero en los combates que él mismo ofrecía al pueblo, puesto que no tenía que alquilar los gladiadores cada vez que quería dar un buen espectáculo. El emperador Augusto heredó de él varios miles de gladiadores y formó con ellos sus cuarteles gladiatorios en la Campania Felix. Todos ellos acabaron pasando a ser propiedad imperial y así hasta el momento actual. Domiciano les sacó de sus antiguos barracones y ordenó que se construyeran estos espacios mucho más dignos. Se podría decir que hasta de lujo, comparados con los cuarteles húmedos y fríos que hay en algunas ciudades de provincia. A pesar de que en ellos suele haber menos gladiadores y es más fácil destacar de cara a las masas, también cuentan que, en condiciones tan precarias, la espada es lo que menos temor debe infundir en uno de esos gladiadores de provincia.

Los dos cuarteles más pequeños, que quedan a nuestra derecha en dirección al monte Celio, son los llamados Ludus Gallicus y Ludus Matutinus. Se completó su construcción hace cosa de un año y demuestran el cuidado que se ha puesto desde la administración imperial en ofrecer las mejores condiciones posibles a los luchadores. El Ludus Gallicus recibe este nombre porque en él se entrenan esclavos traídos directamente de la Galia. Domiciano ha querido también que sea un cuartel especializado en una clase de gladiadores conocidos como *murmillones*. El Ludus Matutinus se refiere a los espectáculos que tienen lugar en las horas de la mañana. Tendremos tiempo de analizarlos mejor, pero se trata de cacerías de animales, por lo que este pequeño *ludus* se especializa en el entrenamiento de los *venatores* o cazadores de bestias salvajes. Es uno de los espectáculos más esperados por los romanos.

Si avanzamos a nuestra izquierda, mirando hacia la colina del Oppio se puede ver, justo frente a las estructuras del pabellón de verano de la Domus Aurea que todavía se alzan majestuosas, el Ludus Dacicus, construido para albergar el cuartel de los esclavos traídos de Dacia. Está especializado en la tipología de gladiadores tracios y, en general, en las categorías de luchadores de tipo oriental. Acoge a muchos hombres, por lo que es bastante más grande que los anteriores. A simple vista se podría decir que su estructura ocupa prácticamente el doble de espacio.

No obstante, ninguno de los tres se puede comparar con este otro *ludus* que está frente a nosotros. Sus dos pisos de altura construidos para albergar a cientos de personas, y su posición central en el valle frente al anfiteatro, ya nos dejan claro que es el más importante de todos los cuarteles de gladiadores de Roma. Te doy la bienvenida al Ludus Magnus que, como su nombre indica, es la más grande de las cuatro escuelas. En ella viven y entrenan aquellos que son seleccionados como los mejores gladiadores del mundo.

NUEVOS RECLUTAS EN LA ARENA

Actualmente está regentada por un tal Numerius Festius Ampliatus, un lanista que heredó la fama y la posición de su padre, que había hecho gran fortuna y reputación especialmente en la ya desaparecida ciudad de Pompeya. Es increíble pensar que apenas hace diecisiete años que fue borrada de la faz de la tierra junto a Herculano, Estabia y cientos de villas rurales y de ocio por la fuerza mortal del Vesubio. Pero no hablemos de eso ahora, que en esta época el recuerdo del desastre está todavía reciente. Entremos al *ludus*.

Por si te lo estás preguntando, cualquier persona puede acceder por este pasillo que desemboca en el graderío. No es excesivamente espectacular, pero puede acoger hasta 3000 personas. A esta hora todavía no está muy lleno así que es buen momento para que aprovechemos para echar un vistazo. Es normal que todavía no haya mucha gente; para que te hagas una idea, estamos ya muy cerca del mediodía y la gente suele comer a esta hora. También es cierto que antes de la *sexta* no verás ningún gladiador entrenando en la arena. De hecho, es probable que ahora mismo se estén despertando. No son vagos, ni mucho menos, solo llevan un horario un poco diferente al de los demás.

Lo que vas a presenciar a continuación es algo que no pasa tan a menudo. Me han contado que, en previsión de los juegos de mañana, hoy llega una nueva hornada de novatos a los que poner a prueba y distribuir según sus cualidades. En parte se trata puramente de una demostración del poder imperial, pero también de cubrir posibles bajas que se produzcan mañana, no sé si me explico.

Sentémonos por aquí, en la parte baja de las gradas, para poder ver de cerca lo que ocurre. No está mal, ¿verdad? No se puede comparar con el Coliseo, pero ya querrían muchas ciudades poder sustituir sus anfiteatros de madera por uno como este. El podio está elevado, el espacio entre gradas es suficiente y hasta cuenta en la parte superior con

Recreación 3D del Ludus Magnus. Como puede verse, estaba situado muy próximo al Coliseo.

un pórtico columnado para ver los entrenamientos desde una zona cubierta si llueve o el sol pega demasiado fuerte. Guarda este recuerdo para cuando volvamos al siglo XXI porque allí veremos los restos del Ludus Magnus, que fueron excavados —aunque solo en parte— a mediados del siglo XIX. Aun así, tengo que decir que esos restos corresponden en buena medida a la reforma del edificio que el emperador Trajano mandará hacer dentro de unos años, enterrando bajo un metro y medio de tierra la zona en la que estamos ahora.

Fíjate en el hombre que entra a la arena, es Festius Ampliatus, el lanista del que te he hablado. No viste la toga sino solo una túnica. Y no es que no pueda permitirse una, ni mucho menos, pero la profesión de lanista está dentro de aquellas que te convierten en un paria social. Su arcón de caudales está repleto, pero ser el encargado de controlar a todos estos esclavos luchadores es un trabajo sucio y poco o nada virtuoso. Aquellos que bajan al barro se ensucian las sandalias.

Su labor de hoy es realmente de control y supervisión. Por supuesto, su ojo experto puede decidir el destino de alguno de estos chavales llevándolos a la fama o al *spoliarium*, pero son sus «segundos», gladiadores retirados que ejercen como entrenadores, quienes pondrán a prueba a los aspirantes. Mira cómo esos asistentes del *ludus* los sacan a todos en fila, encadenados unos a otros, hasta el momento de la selección. Las caras de muchos reflejan el miedo de una situación que no han buscado y para la que no están preparados. Miran con temor a quienes los vigilan con látigos y fustas en la mano, atentos para darles una paliza al más mínimo gesto de rebeldía. Son prisioneros de guerra o delincuentes comunes que han tenido la mala suerte de terminar aquí. Algunos seguramente acaban de pasar a la vida adulta, la mayoría tiene entre trece y diecisiete años. Son débiles, flacuchos y, a no ser que demuestren con las armas alguna habilidad oculta de su carácter, mucho me temo que terminarán formando parte del grupo de condenados a morir en la arena.

La mayoría de estos desgraciados tendrán suerte si se les incluye en el grupo de los *gregarii*, los «teloneros» de los gladiadores. Combaten siempre en grupo para ofrecer un entrante mientras los verdaderos luchadores de gran valor y habilidad se preparan para saltar a la arena. Con algo de suerte, incluso podrían llegar a sobrevivir el tiempo suficiente como para desarrollar cierta destreza y ganarse el favor popular. También hay condenados que están aquí por haber cometido algún delito menor y que han recibido la *damnatio ad ludos*. Su condena es luchar en la arena, pero podrían llegar a salir libres si demuestran su habilidad. Otros ni siquiera llegarán a tener esa suerte; son los condenados *ad gladium*, o lo que es lo mismo, a luchar en combates a muerte. En realidad, estos criminales o *noxii* nunca tuvieron otra opción. Su destino cierto es la muerte, que les llegue con la espada en la mano es solo una forma digna de ser ejecutados. Créeme, mañana verás que hay otros que lo tienen bastante peor.

Los expertos gladiadores evalúan primero a aquellos que deben ser condenados, para quitárselos de encima lo más rápido posible. No se deben malgastar fuerzas y recursos en quienes no merecen la pena. Solo si alguno demuestra unas dotes especialmente diestras en la lucha lo separarán del grupo y lo evaluarán con más detenimiento.

Los esclavos, aunque sean jóvenes, pueden dar muchas sorpresas. No olvidemos que algunos de ellos han sido guerreros en sus pueblos de origen. Ciertas culturas bárbaras lo único que saben hacer es enseñar a sus hijos a saborear la sangre enemiga. ¿Qué te ha parecido esto último que he dicho? ¿Sueno como un romano civilizado? La realidad es que ni los *barbari*, el término genérico que usan en latín para denominar a los extranjeros, son tan salvajes ni los romanos tan civilizados y cultos como ellos creen. La prueba misma la estamos viviendo en este momento. Aun así, todo eso no son más que opiniones y valoraciones desde la perspectiva de quien viene del siglo XXI. Nuestra sociedad es muy diferente a la suya en muchos aspectos. En ocasiones los vemos como unos locos y en otros momentos como cultos y respetables. Aunque esa contradicción es natural y muy real. El propio emperador Domiciano, a pesar de la mala fama que le dará la historia, es un hombre culto, educado e inteligente y, sin embargo, también disfruta como tantos otros de los espectáculos gladiatorios. Ahí el sesgo está en nuestra cabeza. Proyectar la propia idiosincrasia te permite juzgar la historia, pero no conocerla ni estudiarla.

Perdona la digresión, pero me parecía importante comentarlo. ¿Por dónde iba? Ah, sí. Fíjate en cómo los condenados están ya todos juntos, encadenados por los tobillos a un cepo circular de hierro fijado al suelo. Por otra parte, varios esclavos ya han sido separados del grupo porque han mostrado aptitudes para la lucha. No es de extrañar que algunos ciertamente las tengan, puesto que la ley solo permite que sean vendidos como gladiadores aquellos esclavos que hayan demostrado una conducta violenta o conflictiva. Solo si su dueño ha podido confirmar fehacientemente que no puede darle otro uso al esclavo, este acabará en una subasta.

Ahora que ya están todos seleccionados y separados, llega el momento de marcarles como la propiedad imperial que son. Recuerda que, para los romanos, ninguno de estos hombres es realmente una persona. Son esclavos: seres vivos, pero sin alma. Hay quienes dicen incluso que son poco más que herramientas con la capacidad de hablar. ¿Ves el brasero que están transportando desde uno de los laterales de la arena? Sirve para calentar los hierros con los que van a marcarlos a todos. Gladiadores o condenados, ahora son propiedad del Estado romano y eso debe notarse claramente. Los que hayan sido considerados como más valiosos tendrán suerte y se les marcará al rojo vivo en el pecho o en el brazo, pero la mayoría llevará de por vida el sello abrasador del Ludus Magnus en la frente o en la mejilla. Solo el emperador Constantino prohibirá que les causen tal destrozo en el rostro, pero para eso quedan todavía doscientos años.

Mientras, en el lado contrario de la arena se reúnen también unos cuantos hombres. Son más maduros, fuertes y no van encadenados. Me parece ver incluso algunos tatuajes legionarios en sus brazos. Son los llamados *auctorati*, los novatos más respetados del *ludus*. También van a formar parte del grupo de nuevos gladiadores junto con los esclavos ya seleccionados, pero, a diferencia de ellos, son hombres libres. Están aquí por voluntad propia, en muchos casos porque no saben hacer otra cosa en la vida que luchar. Entre ellos hay muchos legionarios licenciados que han cumplido sus años de servicio y ahora quieren probar suerte en la gladiatura. Suelen preferir ser elegidos como *provocatores* o *murmillones* porque las armas y el equipamiento de estos tipos gladiatorios son los más parecidos a los que han llevado durante años en la legión.

En esta época es cada vez más frecuente que los mejores cuarteles de entrenamiento estén repletos de hombres que han decidido renunciar voluntariamente a su libertad. Dejarán de ser personas para convertirse en esclavos a las órdenes de su lanista. Es cierto que aquí todo dependerá del acuerdo al que cada uno de ellos llegue con él. Muchos firman sus contratos por periodos de cinco o seis años en los cuales esperan conseguir grandes victorias y, si sobreviven, terminar siendo libres de nuevo, habiéndose ganado la admiración del público y varias decenas de miles de sestercios, suficientes para pasar el resto de su vida de una forma desahogada. Fama y dinero resultan tentadores para mucha gente, incluso en nuestro tiempo. Que no te extrañe que en época del emperador Augusto se tuviera que decretar un senatoconsulto para que ningún hombre menor de veinticinco años pudiera combatir en el anfiteatro. Unos años después, bajo el mando de Tiberio, también se añadieron trabas y posibles castigos para aquellas personas de orden ecuestre o senatorial que estuvieran planteándose convertirse en gladiadores y se prohibió combatir a cualquier mujer de menos de veinte años. Hoy no hay ninguna entre los nuevos aspirantes para entrar en el *ludus*, pero tendremos tiempo de hablar de gladiadoras.

No todos conseguirán su objetivo, por supuesto, pero sus probabilidades de sobrevivir son bastante elevadas. Ellos también van a ser evaluados por los entrenadores del *ludus*. A pesar de su experiencia, es un momento crucial para todos esos hombres. No solo porque están a punto de convertirse en *infames*, como el lanista y el resto de gladiadores, sino porque se les va a asignar una tipología gladiatoria que les marcará para los próximos años y en todos sus combates. Me han contado que es muy raro que, una vez seleccionada su categoría, un gladiador aparezca en la arena con unas armas diferentes a las que le corresponden. Por si te estás preguntando cuáles son los tipos de gladiadores más apreciados por los romanos, descuida, en la *domus* tengo un panfleto en el que están todos descritos. Mañana cuando vayamos al anfiteatro lo llevo para que puedas echarle un vistazo antes de los combates. Por cierto, recuérdame también que tenemos que pasar por la *caupona* de Fortunatus a recoger las entradas del espectáculo.

En las caras de cada uno de los nuevos *auctorati* casi se puede percibir su actitud, sus motivos para estar aquí. La mayoría lo hacen principalmente por el dinero, *quaestus causa*, pero cuando les pregunten muchos dirán que lo hacen para demostrar sentido del deber, valor y habilidad, *virtus causa*. Y aun suponiendo que esto fuera realmente así y no estuvieran aquí por los miles de sestercios que podrían llegar a ganar en un solo combate, nadie puede salvarlos de la vergüenza social de convertirse, como ya te he mencionado, en *infames*. La *infamia* es una categoría legal que imposibilita al afectado para participar en cualquier actividad que tenga relación con el Estado romano. No podrán intervenir en juicios, votaciones, hacer testamento y muchas cosas más. No tienen derechos y, por supuesto, no hay consecuencias legales si alguien les daña de cualquier forma. Es más, podrías matar a un *infamis* sin que existiera ningún tipo de repercusión legal para ti. Por supuesto, todos los esclavos nacen *infames*, aunque también se puede adquirir esta categoría a través de diferentes profesiones. La primera de todas la del lanista, que trafica comprando y vendiendo carne humana (viva, se entiende). Pero también son *infames* las prostitutas, los proxenetas, los actores, los criminales y los adúlteros. Un *infamis* es un paria social y ya se sabe que los romanos no son demasiado racistas en el sentido más colonialista del término, pero sí son clasistas hasta la médula. Aun así, eso no quita que, a pesar de ser personajes que no encajan en la sociedad, los romanos disfruten en el teatro, visiten los lupanares o admiren el valor de los gladiadores. Por esa razón estos últimos suelen proclamar, aunque sea mentira, que su motivación en el combate es la *virtus* y no el dinero. Solo así la *infamia* pesará un poco menos sobre sus cabezas.

Y hablando de cabezas, para muchos gladiadores *auctorati* es importante también poder disfrutar del anonimato que les brindan los cascos que les cubren siempre la cara. Tras las rendijas, que a duras penas les dejan ver, se esconden los ojos de aquellos que, en el fondo, se avergüenzan de su posición. Precisamente por eso los cascos de los gladiadores, que antes eran más parecidos a los de los soldados, puesto que la cara no estaba protegida, se han convertido en las últimas décadas en verdaderas barreras que blindan los rostros no solo de los golpes del frío metal sino también del calor de los miles de ojos que los miran fijamente desde las gradas.

Todos los gladiadores han sido ya seleccionados, los últimos *auctorati* están firmando sus contratos con el lanista y ahora pasarán a ser los nuevos *tirones*, los novatos del cuartel. Ya forman parte de la *familia gladiatoria* del Ludus Magnus, aunque muchos pasarán meses o incluso años entrenando y alimentándose hasta conseguir las habilidades y la forma física necesarias para saltar a la arena. Es probable que alguno de los antiguos legionarios sea presentado en pocas semanas, pero la mayoría de los esclavos vienen flacos y débiles, con aptitudes pero sin experiencia. Los entrenadores les arrancarán los malos gestos o manías en el combate a base de golpes y disciplina. Al fin y al cabo, o se libran de esos malos movimientos durante el entrenamiento o serán ellos los que acabarán siendo eliminados en combate. Un gesto, la postura o el solo movimiento de una mano pueden revelarle al adversario tus intenciones.

Ahora debemos estar muy atentos; llega el momento más importante. Aquel que todos esos hombres recordarán con orgullo en sus victorias y con valerosa resignación en las derrotas. Están a punto de recitar el juramento que les encadena a la gladiatura, el compromiso que hunde su voluntad y les somete a su lanista y al capricho del pueblo romano. ¿Ves cómo los están poniendo a todos en una línea frente al lanista? Ahí lo tienes, escucha cómo lo gritan al unísono: es el *sacramentum gladiatorium*:

Uri, vinciri, verberari, ferroque necari.

'Me comprometo a ser quemado, atado, golpeado y muerto a hierro'. Si uno de ellos viola el juramento será ejecutado de forma inmediata. Pero si lo respetan, si se someten, tienen una posibilidad de ser libres. Por el momento, lo único que les falta para poder comenzar su vida en el *ludus* es elegir sus nuevos nombres. Esta elección es el reflejo final de la renuncia definitiva a su vida pasada. Incluso si sobreviven y acaban siendo libres, la mayoría seguirán usando el nombre gladiatorio que están escogiendo ahora mismo.

Muchos piensan que los nombres de guerreros valerosos del pasado les ayudarán a envalentonarse y triunfar. No es raro encontrar varios Héctor y Aquiles recreando las gestas de la *Ilíada*, aunque la fortuna de sus nombres tal vez los lleve a la muerte como a los famosos guerreros a quienes tratan de imitar. También eligen nombres de lejanas tierras célebres como el famoso Espartaco, a quien infundía su valor la legendaria Esparta. No obstante, lo más común es que un gladiador busque definir sus cualidades más importantes, en ocasiones de forma jocosa como Mansuetus, el manso, o Faustus, el suertudo. También los hay que tienen menos originalidad como Victor, el vencedor, Anicetus, el invencible, Pugnax, el combativo, o Maximus, el más grande (a no ser que se ponga este nombre un gladiador bajito; eso haría las delicias del público).

COMER, DORMIR Y MORIR EN EL *LVDVS*

Hora sexta

Ven, mientras los novatos eligen sus nombres, vamos a dar una vuelta por el interior del *ludus.* Aunque todo el que quiera asistir a los entrenamientos puede hacerlo, no es tan frecuente poder pasear por los espacios internos del cuartel. Si te das cuenta, subiendo estas escaleras que conducen hacia la parte trasera del graderío, se entiende bien que la estructura ovalada de la arena está en realidad enclavada dentro de un pórtico rectangular. En cada una de las esquinas, hacia el interior, hay una fuente triangular de la que todos los que viven aquí pueden coger agua potable. El pavimento de estos pasillos está hecho de pequeñas piezas de terracota cocida dispuestos en forma de espiga. Es lo que se conoce como *opus spicatum*, un tipo de pavimento funcional muy socorrido, especialmente por lo fácil que es limpiarlo y lo bien que drena el agua. Solo algunos de los ambientes principales, como la oficina del lanista, tienen suelos decorados con mosaicos. Está allí al fondo, por cierto, pero Festius siempre se asegura de cerrarla con llave. Solo Júpiter sabe qué guardará ahí dentro.

No te preocupes demasiado, porque si hay un pavimento del *ludus* digno de ser visto ese es el del *sacellum*, la capilla a la que los gladiadores van a rezar. Al fondo, en el eje principal del edificio se encuentra una exedra, un espacio destacado elevado gracias a unos escalones de acceso. Fíjate en el interior: el suelo está forrado de placas de mármol de diversos colores que crean formas geométricas, lo que se conoce como *opus sectile*. Las paredes también tienen un zócalo de mármol y el resto de la decoración trata de aparentar que todo está lleno de ar-

Cascos gladiatorios hallados en Pompeya en el siglo XIX. Los más ornamentados, de tipo decorativo, son propios de exhibiciones y contrastan con los más sencillos, utilizados en combate. Ilustraciones de F. Mattej para la obra *Las casas y los monumentos de Pompeya, dibujados y descritos*, edición de Fausto y Felice Niccolini (Nápoles, 1854). Museo Arqueológico Nacional, Nápoles.

mas y armaduras de gladiadores. En el fondo de la sala, sobre unos pedestales de mármol, se encuentran las estatuas de culto de los divinos Vespasiano y Tito, padre y hermano respectivamente de nuestro emperador Domiciano. Ambos ascendieron a los cielos con los dioses y ahora se les venera en este y en otros muchos lugares de la ciudad y del mundo entero.

Ese armario de madera del lateral que tiene su parte superior decorada como si fuera un templo, con dos columnas en los laterales que sujetan un frontón triangular, es el altar de culto. Como cualquier familia, los gladiadores tienen en el hogar a sus propios dioses protectores. En este caso, además de los lares, podemos ver estatuillas de bronce dorado de dioses como Hércules, patrón de los combates; Marte, el dios protector; o Némesis, asociada también a Fortuna, la equilibradora de la vida. A ella los gladiadores le ofrecen plegarias como la siguiente: «Sé favorable para nosotros, bienaventurada justiciera, Némesis alada, impulso de la vida».

Y frente a ellos están apilados algunos cascos, escudos y piezas de armadura como las *ocreae* que protegen las piernas de los gladiadores. Todas las piezas brillan con tonos dorados y plateados como si las acabaran de pulir (lo cierto es que lo hacen de cuando en cuando). Fíjate, los cascos están ricamente decorados con escenas de triunfos militares, divinidades e incluso la loba Luperca amamantando a Rómulo y Remo. Estas piezas de bronce, labradas con tanta delicadeza, nunca recibirán el golpe de una espada o se estrellarán contra un escudo. Forman parte de la panoplia sagrada que se usa en la procesión que precede a los juegos gladiatorios y son puramente decorativas. También sirven como piezas apotropaicas, amuletos que protegen la suerte de los gladiadores que las han consagrado. No te voy a decir que en caso de necesidad no se pudieran usar, son perfectamente funcionales, pero sus finos detalles acabarían destrozados al primer embate.

Si seguimos dando la vuelta al pórtico puedes observar algunos de los cubículos. Ahora que los gladiadores ya se han levantado, vamos a entrar en una de sus habitaciones. Carandus, uno de los esclavos que dirige la organización del *ludus*, me dijo hace poco que entre los dos pisos hay un total de 96 habitaciones. No son individuales, ni mucho menos: esto no es un hotel, sino un cuartel. No he estado en otras escuelas gladiatorias, pero me han contado que Quintiliano, un orador calagurritano que ahora es el tutor de los niños de la familia imperial, recuerda de vez en cuando con repugnancia que preferiría una cárcel antes que un cubículo gladiatorio, especialmente por el hacinamiento y el mal olor. Ya sabes que estas cosas dependen mucho de dónde te encuentres, y también de quién las cuente. En este caso podríamos dudar incluso de que realmente esta anécdota la haya contado Quintiliano. A los chismorreos no hay que darles demasiada credibilidad.

Entra conmigo, estamos en el mejor *ludus* del mundo y aquí los gladiadores no lo tienen tan mal, aunque tampoco te esperes grandes maravillas. Puedes ver que hay tres literas, una en cada pared, hechas con troncos de madera poco trabajados y unidos con cuerdas. El único colchón que tienen es un poco de paja sobre una red tejida con más cuerdas. Solo hay una pequeña ventana en la parte superior por la que no entra demasiada luz y no hay mucho más que enseñar, aparte de algunas túnicas sucias y los pequeños amuletos de bronce con forma de armas gladiatorias en miniatura que cuelgan de las paredes como protección. Al fin y al cabo son esclavos y tienen que aprender a soportar la dureza de la vida.

En esta habitación viven seis hombres, lo que significa que solo en el Ludus Magnus pueden llegar a vivir casi seiscientos. Este número es, en realidad, muy superior porque los novatos suelen estar más hacinados. La cantidad de gladiadores que entrenan aquí es mayor porque los mejores *auctorati* se pueden permitir vivir fuera del *ludus* con sus familias y solo vienen para entrenar cada día. Ellos son esclavos pero, a diferencia de los condenados, no presos encerrados. La cifra final de

Pequeño amuleto de bronce en forma de *galerus*, el protector de hombro característico del *retiarius*. Fue descubierto en Pompeya, junto con diversas armas y piezas de equipamiento gladiatorias. Ilustración de F. Mattej para *Las casas y los monumentos de Pompeya, dibujados y descritos*, antes citada. La pieza original, de la primera mitad del siglo I, se conserva en el Museo Arqueológico Nacional de Nápoles.

gladiadores del Ludus Magnus se acerca a los mil. Aunque no es comparable con los cinco mil que llegó a tener César en Capua, los que entrenan aquí son la élite de la gladiatura.

Cada vez hay más gladiadores por los pasillos, se nota que empieza su jornada, así que vamos a ir avanzando. Aquí no vamos a entrar, es la puerta de las letrinas. En el interior ahora siempre hay un esclavo porque, hace unos años, uno que entrenaba para ser cazador de bestias no soportó más la presión y se suicidó metiéndose por la garganta el palo con esponja que se usa para limpiar los restos de excrementos que quedan en el hueco de la letrina. A propósito de este tema, te puedo asegurar que ningún romano usaría el llamado *xylospongium* o *tersorium* para limpiarse el culo. Para eso tienen la mano izquierda y el canalillo de agua corriente que fluye por delante de los asientos. A nosotros, ambas nos pueden parecer formas poco civilizadas de limpiarse, pero realmente no ha sido algo tan raro hasta hace poco tiempo y en muchos lugares se sigue haciendo de este modo. Pero no te apures, eso no quiere decir que tú lo tengas que hacer así. De hecho, muchos romanos en sus casas sí usan una esponja, es personal e higiénico; una cosa es no usar la esponja atada a un palo metida en un cubo con vinagre de las letrinas públicas y otra no poder usarla en tu casa. Tal vez no lo sabías, pero a comienzos del siglo XXI habrá mucho debate entre especialistas y advenedizos para resolver este problema, en algunos casos de una forma muy radical, cuando la respuesta estuvo siempre ahí. Todo depende del contexto.

Por eso, desde aquel incidente, las letrinas también están vigiladas. Hay muchos gladiadores condenados que buscan la salida más rápida de aquí. A los que lo intentan pero no lo consiguen, por otra parte, les espera la celda de castigo. No es casual que esté justo al lado de las letrinas, para que el olor sea un castigo más de los que tiene que soportar el condenado. Por suerte, ahora mismo la del Ludus Magnus está vacía, pero Donatus, un esclavo del Ludus Matutinus, me dijo que un *venator* llamado Spurius lleva cuatro meses en la celda porque le pillaron lanzando a escondidas una maldición en la fuente de Anna Perenna. Al parecer su lanista sospechaba que estaba usando algún tipo de magia oscura y le siguió. Cuando Spurius estaba lanzando la tablilla de maldición a la fuente, fue interceptado. Las *tabellae defixionum* son láminas de plomo inscritas con conjuros que se enrollan o se doblan y los romanos más supersticiosos las lanzan a las fuentes porque creen que todas las aguas acaban llegando al inframundo, donde viven las divinidades infernales a las que invocan. Me apunté el texto de la maldición según me lo enseñaron, escucha:

> Mata, destruye, oh Abrasax, hiere al menos a Gallicus en la arena del anfiteatro. Con este hechizo ata sus pies, sus piernas, su mente y hasta la médula de sus huesos. Ata a Gallicus, el cazador, para que no pueda matar ni un oso ni un toro. En el nombre del omnipotente Abrasax, yo te lo ordeno: cumple esto ahora. ¡Rápido! Que un oso lo aplaste y lo hiera.

Extraño, ¿verdad? Para muchos romanos resulta igual de inquietante. Piensa que para ellos la magia viene de Egipto y no tiene nada que ver con su religiosidad, por lo que se ve como algo extranjero y nada apropiado para una persona de bien, que debe venerar a los dioses de la manera tradicional. Aun así, este tipo de rituales extraños en los que se obliga a divinidades infernales a obedecer tus deseos es más frecuente de lo que parece.

Estoy convencido de que muchos de los gladiadores que están yendo hacia el comedor comunal habrán usado la magia en algún momento, tanto para maldecir como para protegerse a sí mismos de la muerte. Aprovechemos y vayamos con ellos para ver cómo se alimentan. Te doy un consejo: aunque ya tengas un poco de hambre no cojas nada de lo que tienen para comer.

A los gladiadores se les alimenta en cantidad, no con calidad. Esos cuencos de cerámica están llenos de una especie de gachas informes y grises. No en vano a la comida de los gladiadores se le llama *sagina*, un término que hace referencia a una comida ideada para cebar a quien la coma. Si pensamos que estos gladiadores que ahora hacen su primera comida del día todavía tienen por delante otras dos, es posible que cada uno ingiera más de cinco mil calorías al día. Es una barbaridad para una persona normal y más en esta época, donde mucha gente tiene suerte si puede comer una vez al día.

La dieta gladiatoria es rica en carbohidratos y proteínas vegetales como la cebada. Plinio el Viejo siempre llamó a los gladiadores *hordearii*, comedores de cebada. También toman muchas legumbres, especialmente alubias, y complementan todo ello con cenizas de huesos añadidas a las gachas o en infusiones que les aportan el calcio necesario para unos huesos fuertes. Solo en algunas ocasiones especiales comen carne de las bestias cazadas en los espectáculos. Si te das cuenta su comida es aburrida, bastante asquerosa y parece más pensada para animales que para seres humanos, pero fortalece sus cuerpos. Fíjate en ellos, la mayoría son robustos, gruesas moles con una fuerza descomunal. No sé qué imagen tenías de los gladiadores antes de verlos en vivo, pero no son culturistas con músculos tremendamente definidos como los que se pueden ver en nuestros gimnasios ni las estrellas del cine «de romanos».

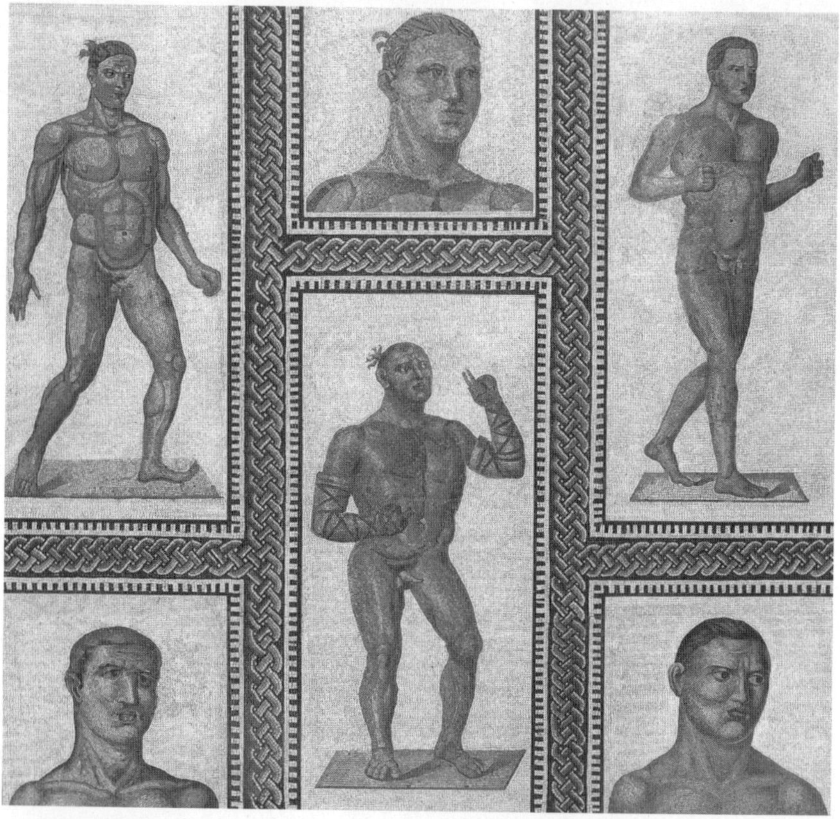

Las figuras de los gladiadores se parecían más a las de estos luchadores y atletas, representados en los mosaicos que adornaban las termas de Caracalla, que a los cuerpos de gimnasio que las películas «de romanos» nos han hecho creer. Museos Vaticanos, Ciudad del Vaticano.

No es casual, por supuesto. Esta forma de alimentarlos tiene como objetivo conseguir que ganen fuerza y que todo el músculo quede protegido por una buena capa de grasa que sirva como un verdadero escudo. Muchos de ellos tienen cicatrices aquí y allá; es normal recibir un corte en un combate, pero la espada rebana grasa sin afectar a las fibras de los músculos. El tejido graso es fácil de coser, por no hablar de que sangra de manera muy escandalosa, dando color al espectáculo y demostrando la valentía del gladiador sin poner su vida realmente en peligro. Si consigues que no se infecte, y los médicos del *saniarium* son expertos en ello, sanará dejando solo esa cicatriz. Un músculo seccionado, por el contrario, supondría una condena a muerte para el gladiador. Incapacitado para la lucha, no serviría de nada al lanista y todo el dinero invertido en su alimentación y entrenamiento se iría a la basura.

No podemos olvidar que una *familia gladiatoria* es un negocio, al fin y al cabo. El lanista tiene poder de vida y muerte sobre los gladiadores, del mismo modo que un padre lo tiene sobre sus familiares. Aunque, al igual que este, el lanista rara vez ejecutará a ninguno de sus hombres. Y, sin embargo, también tiene que mirar por sus gastos para que el presupuesto encaje. Podría sacar provecho hasta de un gladiador ya inútil para que el resto ande con más cuidado y sigan las normas. O castigar a un solo gladiador, aunque sean varios los que hayan causado un disturbio. Todo eso parece muy sádico y enfocado al beneficio (y en parte lo es). Los lanistas tienen fama de ser despiadados, pero, aun con un fuerte uso de la disciplina, saben cuidar de sus gladiadores. No tratan de convertirlos en unos sádicos, como algunos piensan, sino de que aprendan los valores del honor y la virtud de quien lucha con valentía.

Y en ese aspecto los *doctores* también tienen mucho que decir. ¿Ves a ese hombre robusto y de mirada arrugada pero cargada de experiencia? Es el *doctor* principal del *ludus*. No es un médico, sino el entrenador de los gladiadores. La palabra latina puede llegar a engaño, pero un *doctor* es un profesor, alguien que se dedica a *docere*, enseñar. Se llama Priscus y es el encargado de convertir a todos estos hombres en los mejores gladiadores del mundo. Es un gladiador retirado, los *doctores* siempre lo son; en este caso es uno de los más famosos, no solo de este tiempo, sino de toda la historia de la gladiatura.

A Priscus le siguen varios *magistri*, también gladiadores retirados, que ayudan en los entrenamientos. Pero el *ludus* tiene mucho más personal detrás. Los *vestarii* que confeccionan y remiendan la ropa de cientos de personas, los *manicarii* que ponen a punto armas, armaduras y accesorios de entrenamiento, los *medici* que curan cualquier herida que se produzca y las *ludiae*, mujeres que acompañan a los gladiadores en el lecho pero también en la arena, pues algunas de ellas blanden las armas en los entrenamientos. Y, en lo más bajo del escalafón, un ejército de esclavos y esclavas que cocinan, limpian y mantienen el orden en general. Es curioso ver cómo funciona la mente romana en ese sentido. Los gladiadores también son esclavos, pero están por encima de estos otros en el escalafón social.

Eso se nota especialmente en que los gladiadores más destacados reciben formación de *rhetores* que les enseñan a leer y escribir; no todo va a ser combatir. A lo mejor no te has fijado, pero muchas de las columnas del pórtico y sus paredes están llenas de grafitos rayados por los propios gladiadores. La mayoría toma nota de combates previos, las veces que han luchado y vencido unos y otros, o incluso deseos de buena suerte para el próximo combate. Junto a ellas también se pueden ver frases burlonas sobre cuál de los gladiadores tiene más éxito con las mujeres, y dibujos, muchos dibujos. Desde los que muestran a los propios gladiadores luchando hasta, como te puedes imaginar, falos de todos los tamaños. No olvidemos que, más allá del carácter jocoso y obsceno, tienen un componente de protección mágica que a los romanos les encanta.

Grafito de dos gladiadores luchando, grabado con estilete —*stilus*— en el corredor lateral de entrada al teatro de Pompeya.

EL ENTRENAMIENTO DEL GLADIADOR

—¡Debéis seguir las reglas! ¡Os someteréis a la dieta y al entrenamiento! A nadie le importa si os apetece o no, ¡por Hércules victorioso! Da igual si hace calor o frío, os entregaréis a vuestro *doctor* y a los *magistri*. Debéis estar preparados para el combate. Preparados para que os arrojen a la arena, para dislocaros el brazo o para recibir el filo de la espada en vuestra carne. Preparados para que os azoten si no cumplís lo establecido. Y, por encima de todo, preparados para la derrota. Lanzaos al combate con *virtus* y podréis vencer, si no, solo seréis niños. Mañana es el día en el que honramos a nuestro patrono el emperador Domiciano, hijo del divino Vespasiano y hermano del divino Tito, quien me liberó a mí. Mañana abrazaréis la palma o conoceréis a Dis Pater en la arena. Y debéis estar preparados…

¿Escuchas eso? Priscus está haciendo su arenga antes de que comience el último día de entrenamiento previo a los juegos de mañana. Será la primera vez que muchos de estos gladiadores luchen en la arena. Es un momento aterrador, pero también emocionante para ellos. Por fin dejarán de ser *tirones* para convertirse en *veteres*, veteranos, todos aquellos que han combatido al menos una vez y han sobrevivido. Tanto si vencen en el combate como si deben ser salvados de la muerte tras la derrota, es el momento para el que llevan meses o incluso años preparándose.

Sentémonos aquí, en la parte más alta de las gradas. Así podremos ver a todo el grupo entrenar. Cómo ha cambiado el ambiente, ¿verdad? Ahora hay más público que ha venido a ver los últimos entrenamientos. Eso incluye a las mujeres de muchos de los gladiadores veteranos y hasta a sus hijos, que ven a sus padres entrenar antes del gran evento de mañana. Otros tantos están aquí para terminar de decidir quiénes serán sus favoritos en las apuestas. Aunque ahora tienen más difícil distinguir a unos gladiadores de otros de lejos, porque no llevan sus cascos y armaduras características. De momento solo visten el calzón o *subligaculum*, ceñido por un cinturón amplio o *balteus*.

El único gladiador que hoy lleva el *subligaculum* rojo es en quien más nos debemos concentrar. Es Flamma, el *primus palus* del cuartel. Este rango le designa como el gladiador en activo con más experiencia del *ludus*. Tiene unos veintiséis años, lleva cuatro entrenando y mañana luchará en su noveno combate. Si lo hace bien podría ganar su libertad.

Esta designación se traduce como 'primer palo'. Se trata de un juego de palabras entre el *primus pilus*, 'primera lanza', el centurión de mayor rango de una legión, y el *palus*, literalmente el palo de madera con el que empiezan entrenando los gladiadores cada día. Este simple elemento, que también usan para entrenar los legionarios en el ejército, es fundamental para desarrollar fuerza y habilidad. Los *magistri*, ayudados por los esclavos, van a ir repartiendo los diversos palos de entrenamiento y los gladiadores comenzarán enseguida las *prolusiones*, los combates de entrenamiento.

Por supuesto, te habrás fijado en que no hay ni una sola espada de hierro en toda la arena. Aunque eso no quiere decir que las armas de madera sean menos eficaces para el entrenamiento. De hecho, las espadas de madera están pensadas para pesar hasta el doble que las de combate. De esta forma se entrena la fuerza del gladiador a la vez que se evitan accidentes innecesarios o rebeliones como la de Espartaco hace ya tantos años. Mañana verás cómo solo al salir a la arena del anfiteatro se les entregan las armas reales a los gladiadores. Muchos de ellos no han tocado nunca el armamento de combate y quienes ya han luchado no lo habrán tenido en las manos más de tres o cuatro veces al año. Son realmente pocos los combates en los que lucha cada gladiador a lo largo del calendario anual de juegos. Ellos siempre se quejan de no poder combatir con mayor frecuencia, pero, al fin y al cabo, es el dinero el que acaba determinándolo todo. Los juegos gladiatorios son muy costosos de organizar, incluso para el emperador, y el lanista también se expone a un importante riesgo económico cada vez que sus inversiones con casco y escudo salen a combatir.

Más aún si son dos gladiadores del mismo *ludus* los que luchan entre ellos, algo bastante frecuente. Esos hombres que ahora propinan espadazos a los postes de madera junto a sus compañeros, con los que conviven a diario, tendrán que enfrentarse a ellos. Son conscientes de que no es nada personal, y si el lanista sabe que dos gladiadores no se soportan tratará a toda costa de no enfrentarlos en la arena para evitar que se les vaya la cabeza y se maten entre ellos en lugar de ofrecer un buen espectáculo. Y si al final ocurre lo inevitable y un combate entre dos amigos debe acabar en muerte, ¿qué mejor que alguien de confianza para terminar con el sufrimiento del otro de una forma rápida y certera?

Para eso entrenan todos ellos el cuerpo y también la mente. Afrontar la derrota con entereza, la victoria con orgullo y el combate con valor y destreza. Desde hace casi un siglo los *doctores* suelen aplicar un método que se basa en un ciclo de cuatro días de entrenamiento. El primer día se entrena de forma ligera, casi como si fuera un calentamiento para lo que está por venir. El segundo se busca forzar la intensidad todo lo posible, el tercero se les permite cierto descanso y el último día se entrena con una intensidad media. Y no solo se realizan combates entre los gladiadores o se entrena contra el *palus,* sino que también se practican estrategias de lucha, levantamiento de peso, carrera y más. Uno de los objetivos más importantes del entrenamiento consiste en perfeccionar los movimientos para que la parte más técnica del combate luzca ante el público, evitando a la vez realizar movimientos superfluos que solo gastarán energía de forma inútil. Es crucial, especialmente en combates de alto nivel, usar las fuerzas justas de forma inteligente de tal manera que, si el combate está muy igualado y se alarga, se mantenga vistoso hasta el final.

Están forzados a competir al más alto nivel y eso ejerce sobre ellos una presión enorme tanto mental como física. No es raro ver gladiadores retirados con enormes cicatrices por todo el cuerpo, con el rostro desfigurado por los golpes, las articulaciones y los músculos destrozados y sus cuerpos deformados por el durísimo entrenamiento. Algunos tienen incluso problemas para caminar. Fíjate en cómo Priscus en ocasiones se apoya en su fusta como si fuese un bastón, porque le duelen las rodillas. Pero ese es el precio que deben pagar, así de dura es la fama del gladiador.

Vámonos ya, creo que hemos visto suficiente. Salgamos por la misma puerta del pórtico por la que entramos. Pero, antes de alcanzar la salida, quiero que veas esta otra puerta que se abre en una de sus esquinas. Da a un pasadizo que desciende varios metros porque discurre bajo la plaza y conduce directamente hasta los subterráneos del anfiteatro. Este es el último recorrido que harán todos los gladiadores que veremos combatir antes de saltar a la arena. Pero eso será mañana. De momento ellos entrenarán todo el día, pararán para comer dentro de unas horas y seguirán entrenando incluso hasta que se haya hecho de noche y tengan que prender antorchas para poder ver hacia donde lanzan los golpes. Si te parece bien, nosotros vamos a salir ya a comer algo. Por aquí cerca está la *caupona* del bueno de Fortunatus, que tiene productos excelentes a precios razonables.

¿QUIÉN PAGA LOS JUEGOS?

Hora septima

Está aquí al lado, ya lo verás. Dejando a la derecha las Termas de Tito, a la izquierda el Coliseo y pasando junto al templo de Tellus para acercarnos al barrio popular de la Subura, hay comercios sencillos pero honrados. Seguimos en pleno centro de la ciudad, pero quienes viven en estos altos bloques de pisos no se pueden permitir demasiados lujos. Las calles son estrechas, la luz casi no entra en ellas porque los edificios avanzan para ganar unos centímetros, quedando casi fachada contra fachada, y el olor no es demasiado agradable en algunos puntos. Las calles, por supuesto, están diseñadas para desaguar de la mejor manera posible por los laterales de la vía empedrada hasta llegar a las avenidas, que cuentan con cloacas bajo ellas que conducen todas las inmundicias hacia el Tíber.

Precisamente por todo ello, rincones como la *caupona* de Fortunatus son especiales. Como su propio nombre quiere revelarnos, este liberto consiguió hace años un espacio perfecto en este barrio. Está en la intersección de dos calles, un poco más adelante, por lo que dispone de dos fachadas diferentes y muchos más clientes que pueden sentirse atraídos por los buenos olores que salen del local. También tiene la suerte de que uno de los edificios de enfrente se cayera hace poco, y el *vicus* ha ganado mucha luz. En otros tiempos sería raro que todavía ningún especulador hubiera comprado el solar, pero vivimos momentos de prosperidad. Domiciano es implacable con los corruptos, y eso se ha notado mucho últimamente.

—¡Para celebrar su *dies Imperii* y sus *quindecennalia*, tras los sacrificios favorables realizados por los hermanos arvales al alba en el templo de Júpiter Óptimo Máximo Capitolino, nuestro *princeps* el emperador César Domiciano Augusto ofrece a sus romanos juegos en el anfiteatro! ¡Cientos de bestias serán cazadas! ¡150 parejas de gladiadores lucharán en la arena! Tendrán lugar mañana, el *ante diem XIX Kalendas Domitianas*, desde la *hora tertia*, y se alargarán hasta el ocaso para celebrar tan fastuoso día. Combatirán los mejores gladiadores imperiales y habrá sombra y regalos para los asistentes. ¡Que Júpiter y Minerva guarden a nuestro emperador Domiciano! Mañana celebramos sus *quindecennalia*. ¡Estamos de enhorabuena! ¡Juegos en el anfiteatro!...

Ese que va gritando por la calle mientras sostiene un gran cartel pintado que muestra sobre una larga vara es un *praeco*. Los *praecones* son pregoneros que van anunciando desde la llegada de un magistrado hasta la identidad de un condenado al que van a ejecutar y cualquier tipo de propaganda o campaña publicitaria que sea necesaria. Llevan así varias semanas ya, anunciando los juegos de mañana. Se pasean especialmente por barrios desfavorecidos como este, donde saben que el emperador es muy querido y popular.

Aquí estamos. Esta es la *caupona*. Aunque hace un par de horas que ha pasado el tiempo del *prandium*, Roma es la capital del mundo: aquí puedes encontrar comida casi a cualquier hora del día. ¿Ves lo que te decía? Tiene una gran abertura a cada lado de la calle. Y, por lo que veo, también una buena pintada en uno de los lados, aunque imagino que a Fortunatus no le importa porque le encantan los gladiadores. Estas pintadas se conocen como *tituli picti* y, cuando se acerca el final del año, suelen contener mensajes electorales, los *programmata*. Sin embargo, también las hay que anuncian los juegos, los *edicta munerum*, como esta. Además, aquí se puede leer: SCR(ipsit) AEMILIVS CELER SING(ulus) AD LVNA(m) o lo que es lo mismo, que quien realizó la pintada fue Emilius Celer y lo hizo solo y de noche, a la luz de la luna. En principio este tipo de carteles publicitarios son ilegales, aunque si el dueño del muro no se queja no tiene por qué haber problemas. Sospecho que Fortunatus y Celer habrán pactado que la hiciera a cambio de que pintara también el horario de apertura del local: «*Caupona* de Fortunatus, abierta desde la *hora tertia* hasta la *undecima* cada día, del día de Saturno al de Venus».

El interior del local está dominado por un ambiente de olores intensos pero agradables, especialmente cuando uno llega de la calle. Se concentran porque el local tampoco es excesivamente grande. Tiene

Recreación 3D de una *caupona* romana realizada a partir de los restos de uno de estos establecimientos, excavados entre 2019 y 2020 en la Regio V de Pompeya. Solo en esta ciudad llegó a haber unas cien *cauponae*, prueba de la popularidad de estos locales.

espacio para el mostrador, algunos armarios en la parte trasera y una pequeña zona para que los clientes puedan sentarse. Ese es uno de los detalles que más me gustan de este sitio, pocas veces se encuentran *cauponae* con mesas para sentarse a comer. Es a lo que nosotros estamos más acostumbrados, pero lo normal es comprar algo para picar y comerlo en otra parte.

En cuanto a la comida y la bebida, están en el interior de estos *dolia*, contenedores esféricos de cerámica de gran tamaño. No podemos ver más que las tapas de madera que los cubren, sobresaliendo del mostrador, porque están encastrados en el interior para preservar mejor su contenido. Estos de aquí contienen vinos de diverso tipo y encurtidos. Al final del mostrador, una olla de bronce colocada sobre un hornillo hierve con un guiso de conejo dentro. No olvides que también se puede comprar comida caliente. De hecho, es por eso que en el siglo XVIII a estos establecimientos los eruditos del momento les dieron, erróneamente, el nombre de *thermopolia*. A propósito, pide lo que quieras: ¡yo invito!

Aunque esto no tiene nada de particular, así son prácticamente todas las *cauponae* romanas que conservamos. Lo más interesante, para mí, del local de Fortunatus es la decoración, con representaciones de combates de sus gladiadores favoritos. Muchos de ellos tuvieron lugar hace dieciséis años, durante los juegos inaugurales del Coliseo que ofreció durante cien días el divino Tito. De hecho, este de aquí que sostiene victorioso una palma y una *rudis*, la espada de madera de los entrenamientos, es Priscus, el *doctor* principal del Ludus Magnus al que has visto esta mañana. A su lado está Verus, también sosteniendo una palma y una *rudis*. Aquella fue una de las luchas más memorables que se recuerdan, ya te contaré por qué.

¿Ves este otro bajo el hueco de la escalera? Se trata de los últimos momentos de un enfrentamiento entre un *murmillo* y un *thraex*, o tracio, dos de los tipos de gladiadores que más se enfrentan en la arena. El de la derecha ha tirado sus armas al suelo y está a punto de arrodillarse, ensangrentado, levantando el dedo índice de la mano izquierda en señal de rendición. Si luchó con valor, seguro que salió vivo de allí.

Cada muerte que se produce en unos juegos gladiatorios cuesta dinero. Si lo rompes, lo pagas o, en este caso, si lo condenas a muerte, lo pagas. Al fin y al cabo, los *munera gladiatoria* son espectáculos privados que siempre costea algún personaje destacado de la comunidad. A quien paga se le conoce como *editor*. En las ciudades del Imperio suelen ser magistrados que buscan el apoyo de sus conciudadanos en las próximas elecciones, sacerdotes de culto imperial o simplemente patronos que desean devolverle a su gente todo lo bueno que les ha ocurrido en su vida pública. Y si uno de estos *editores* anda justo de dinero, tratará de ahorrárselo concediendo la salvación a gladiadores que merecían la muerte o parando el combate antes de tiempo si ve que alguno de los gladiadores puede acabar malherido. En Roma, por supuesto, la situación es diferente. Aquí el *editor*, prácticamente en todos los casos, es el emperador. Y él siempre tratará de ser justo, le cueste lo que le cueste. Si el gladiador ha luchado bien pero ha sido derrotado, vivirá; pero si merece la muerte no le temblará el pulso a la hora de condenarlo.

Momento final del combate entre un *murmillo* y un *thraex*, representado en este extraordinario fresco descubierto en 2019 en Pompeya, en un paño de pared de forma trapezoidal que debió estar ubicado bajo la escalera de una *caupona* de la Regio V.

Dicen que los juegos de mañana han costado más de un millón de sestercios entre gladiadores, cazadores, bestias, organización administrativa, maquinaria y escenografía. Es una barbaridad. Para que te hagas a la idea, con un sestercio te puedes comprar un par de jarras del vino de Fortunatus, así que imagínate la de jarras de vino que podrías comprar con lo que han costado los juegos. No es que Domiciano fuera a gastar el dinero de esa manera. El emperador tiene fama de ser muy cauto con la bebida, como en todo lo que tiene que ver con su carácter. Por eso cae también al pueblo de Roma. Seguro que, como todos, de puertas para dentro tiene sus extravagancias, pero la imagen que muestra es la de un hombre moderado y racional a la manera del divino Augusto: siempre trata bien a la plebe y hace pasar malos ratos a los aristócratas. Empiezas a entender de dónde le vendrá la mala fama en el futuro, ¿verdad?

Además, las arcas del Estado están más saneadas que nunca gracias a su política defensiva, que ha permitido ahorrar grandes cantidades de dinero y vidas humanas. Así ha mejorado las condiciones de los ciudadanos, ha construido estructuras y restaurado buena parte de las que se estaban cayendo en la ciudad después de los dos gravísimos incendios de este siglo. En definitiva, se puede permitir gastar un millón de sestercios, y sospecho que más, en estos juegos.

El desembolso principal en unos juegos gladiatorios es la contratación de los gladiadores. En este caso, todos los que participarán son de propiedad imperial, por lo que no es necesario alquilarlos, aunque sí hay que contar el mantenimiento continuo de las cuatro escuelas imperiales. Aparte de los gastos del día a día, también hay que tener en consideración los contratos que se firman con los *auctorati*. Recuerda que ellos tienen la potestad de negociar las condiciones en las que van a luchar. Su sueldo base por cada combate suele ser de unos 2000 sestercios y de ahí se incrementa según vayan consiguiendo victorias y fama. Piensa que un gladiador lucha tres o cuatro veces al año. Ten en cuenta esto: un legionario percibe un *stipendium* de 300 denarios anuales o, lo que es lo mismo, 1200 sestercios. Y eso teniendo en cuenta que Domiciano ha sido el primer emperador que les ha subido el salario desde Augusto. Antes cobraban 225 denarios al año. Ahora recuerda que un gladiador, en un solo combate, puede ganar el doble que un legionario en todo un año. Tiene sentido que muchos legionarios retirados acaben probando suerte en la arena, ¿no? Los contratos, además, se firman por un tiempo determinado, normalmente entre tres y cinco años, después del cual el gladiador es liberado. Si ocurriera lo peor, el dinero acumulado al menos le permite tener una sepultura digna y, si consigue la libertad, no tendrá problemas económicos, dando por hecho que sabrá gestionar bien el dinero que ha conseguido. Y, aunque no es muy frecuente, si se arrepintiera puede irse en cualquier momento; siempre y cuando —eso sí— pague la cláusula de rescisión del contrato. El magistrado conocido como *procurator familiae gladiatoriae*, asignado a la supervisión de cada *ludus*, se encarga de velar por que todos estos aspectos legales se cumplan a rajatabla.

Organizar un espectáculo gladiatorio, un evento totalmente profano, puede ser visto como algo negativo por parte de aquellas personas más piadosas que preferirían que el dinero se invirtiera en cuestiones religiosas. Sin embargo, para la mayoría de la gente este tipo de espectáculo es un gran regalo que reciben como una bendición, aunque esta no provenga precisamente de los dioses. El emperador debe jugar a un peligroso juego de equilibrios para contentar a su pueblo, manteniendo a la vez la *pax deorum* intacta.

Lex Gladiatoria de Itálica. Podemos conocer esta ley, promulgada seguramente en el año 178 por el emperador Marco Aurelio y su hijo y coemperador Cómodo, a través de una de sus copias grabada en bronce, que se halló en las inmediaciones del foro de la ciudad de Itálica, actual Santiponce (Sevilla), en 1888. La enorme tabla original puede verse actualmente en el Museo Arqueológico Nacional de Madrid.

Por ello todos los años se celebran juegos gladiatorios, aunque menos de los que a la gente le gustaría. Y no todos tienen la magnitud de los que vamos a presenciar nosotros; te dije que esta era la semana perfecta para venir a descubrir los espectáculos romanos. Según su calidad, los juegos se suelen clasificar en varios niveles que van desde el más bajo de todos, para los juegos que cuestan menos de 30 000 sestercios, conocidos como *assiforana*. Desde ahí van subiendo hasta los 60 000, 100 000 y 150 000 sestercios para llegar a los juegos de primera categoría que, simplemente, no tienen un límite establecido. Todo el dinero que un *editor* quiera gastar en un espectáculo de estas características es bienvenido. Al menos en esta época, porque dentro de ochenta años, durante el reinado de Marco Aurelio, se promulgará la *Lex de sumptibus ludorum gladiatorum minuendis* que regulará el precio máximo que deben pagar los *editores* de esos espectáculos. Nosotros estamos viviendo un momento de auge en este periodo. De aquí en adelante se van a volver cada vez más caros, especialmente por la avaricia de los lanistas, que se enriquecerán más y más a costa de quienes pagan los juegos. O eso es lo que nos cuenta esta ley, que resalta además los millones de sestercios que deben los dueños de los gladiadores al Estado romano.

Según he podido leer, en los espectáculos de menor rango, los gladiadores y los lanistas reciben una compensación tan baja por cada combate que se usan armas romas a propósito para asegurarse de que los luchadores no se llevan ni un rasguño. En el extremo opuesto, en casos muy especiales el *editor* puede solicitar que un exgladiador, ya libre, combata de nuevo una única vez. Todo el mundo me dice que hace setenta años el emperador Tiberio pagó a varios gladiadores famosos retirados de aquella época 100 000 sestercios a cada uno para que combatieran en el anfiteatro de Estatilio Tauro. Un espectáculo memorable donde los haya, aunque a un precio desorbitado.

Veamos: un estofado de lentejas con miel y *garum*, un guiso de garbanzos con huevos cocidos y pimienta, dos vasos de *mulsum* y unos pastelillos con miel. En total 1 sestercio, 3 ases y 1 semis. No está nada mal, como te dije: precios populares aquí en la Subura. ¡Ah, ya se me olvidaba! ¡Las entradas para los juegos! Gracias por recordármelo. Le voy a pedir a Fortunatus que me las dé:

—*Fortunate! Quaeso, da mihi tesseras!*

Ya podemos estar tranquilos, con estas dos fichas de hueso tenemos asegurada la entrada al espectáculo. Por descontado, no me debes nada. En este caso, no es que te quiera invitar, es que la entrada es completamente gratuita para todo el mundo. Pero eso no significa que sea libre. Es necesario tener una de estas *tesserae*, fichas o entradas numeradas, que se reparten en los días previos al espectáculo. Fortunatus estuvo el otro día varias horas haciendo cola y nos las ha conseguido. El numeral romano que llevan inscrito se corresponde con la puerta de entrada del anfiteatro por la que debemos acceder. En este caso la XLII. Hay que guardarlas bien, sin ellas no podríamos entrar. Tenemos mucha suerte de haberlas conseguido, no sabes los negocios de reventa ilegal que se forman en espectáculos como este. Piensa que Roma ahora mismo ya tiene un millón de habitantes y el anfiteatro una capacidad para unas 50 000 personas.

Aprovecho para recordarte una cosa: lo que es del siglo I se queda en el siglo I. Es decir, que no podemos llevarnos nada de vuelta al futuro, incluso aunque sea pequeño, no sabemos qué implicaciones podría tener. Sé que eres responsable y no lo vas a hacer, pero nada de expolio a través del espacio-tiempo, por favor. Lo que sí puedo hacer es enseñarte esta otra *tessera* que he conseguido hace poco y que he traído para que la veas. Se trata de una pieza de bronce, ahora verás por qué. No todas las fichas son de hueso, también las hay de piedra, de cerámica, de vidrio, de corcho… las he llegado a ver hasta de marfil y plata, todo depende de la persona que la vaya a utilizar. Esta en concreto es muy especial. Se trata de la entrada que le dieron como regalo a los invitados más destacados del emperador Domiciano el día en el que

Sestercio acuñado en nombre del divino Tito (RIC 131) probablemente entre los años 81 y 82. Museo Británico, Londres.

realizó los primeros grandes juegos en el Coliseo tras ser nombrado emperador. Si la miras atentamente verás que en una de sus caras aparece la figura del emperador Tito sentado en una silla curul. En la leyenda, Domiciano le honra como divino, al haberse producido su *consecratio*, la ascensión a los cielos como divinidad, tras su muerte. La cara opuesta muestra el anfiteatro en todo su esplendor. Fíjate en la cantidad de detalles que han conseguido añadir: las estatuas en los arcos, una imponente cuadriga en la puerta principal, el público llenando el graderío y hasta la Meta Sudans en la parte izquierda de la moneda.

Es espectacular y, curiosamente, no será la única pieza conmemorativa en la que aparecerá el Coliseo. En el siglo III, durante los reinados de Alejandro Severo y Gordiano III, se crearán sendas emisiones más para conmemorar las restauraciones de la estructura. Pero no quiero adelantarme. De hecho, me estoy dando cuenta de que todavía no te he hablado del origen de la gladiatura. Vámonos hacia el Tíber, al lugar en el que se llevó a cabo la primera lucha de gladiadores de la historia de la ciudad.

¿SACRIFICIOS HUMANOS?

Hora nona

Paseando por el Vicus Tuscus, la calle Etrusca, se puede ver el humo que sale del altar del templo de Júpiter Capitolino, donde ya está finalizando el *epulum Iovis* al que nos hemos asomado a primera hora, cuando aún no había comenzado. Esta es una de las calles más antiguas de la ciudad y une el Foro Romano con el río Tíber. Era la ruta que seguía desde época arcaica todo aquel que llegaba a Roma por el Tíber, cruzando la Porta Flumentana de la muralla del rey Servio Tulio, aunque hoy en día la mayoría de la gente atraca en el puerto de Ostia y llega a la ciudad por la Via Ostiensis.

A este barrio se le conoce como Velabrum y está enclavado en el valle que discurre entre los montes Palatino y Capitolio. Como puedes observar, es un entramado de callejuelas sucias y oscuras que se abren a izquierda y derecha de la vía principal. Está bastante lleno de gente que va y viene. Tiene fama de ruidoso y peligroso. Ve con los ojos bien abiertos por si nos encontramos a alguien sospechoso que pudiera traernos problemas, aunque mi experiencia me dice que mientras no aparentemos ser ricos y ostentosos aristócratas no nos pasará nada.

El olor, sin embargo, es más bien agradable, al menos en esta zona, porque ahí mismo, en esa *taberna* que tenemos frente a nosotros, se venden los mejores quesos ahumados de toda Roma. El comercio está muy presente en el Velabrum, pero no solo se vende comida, sino que hay establecimientos de todo tipo. En esta zona final de la calle, que se abre hacia la plaza que es nuestro destino, se concentran los *argentarii*, banqueros y cambistas, y también los joyeros y los vendedores de perlas. Es una pena que no lo veamos, porque hasta dentro de un siglo no existirá, pero en época del emperador Septimio Severo, justo donde estamos ahora, los *argentarii* construirán un arco en honor del emperador y su familia. Todavía se conserva en nuestro futuro, es una verdadera maravilla.

Pero donde realmente nos dirigimos es a ese lugar junto a la ribera del Tíber. Un gran espacio abierto que se conoce como el Foro Boario. El nombre proviene, según el poeta Ovidio, de una estatua de bronce dorado que representa a un buey, colocada en el exterior de la Porta Trigemina en el año 439 a. C. Aun así, la explicación más real la tenemos a la vista: es el mercado de ganado de Roma. Corrales y puestos de venta se acumulan en este gran espacio abierto, estratégicamente situado junto al Tíber. Por el río, desde tiempos arcaicos, han llegado las mercancías y por el río se van los desperdicios al final del día. No es de extrañar que allí al fondo esté situada la salida de la Cloaca Máxima. Créeme, no quieres acercarte a verla, ni a olerla.

Las únicas estructuras monumentales que tenemos en esta zona son el templo jónico dedicado a Portunus, en este momento el dios protector de los puertos, y el conjunto de estructuras monumentales en honor de Hércules. No es extraño que sea aquí donde se venera a este dios, puesto que la leyenda dice que este fue el lugar donde se paró a descansar cuando llevaba de Hispania a Grecia los bueyes que había robado a Gerión. Y aquí le fueron robados por el monstruo Caco, al que tuvo que vencer. Por este motivo son, al menos, cuatro los templos dedicados a él en la zona: el templo de Hércules Olivario, el de Hércules Aemilianus, Pompeianus y, por supuesto, el Ara Máxima, un enorme altar que es el lugar de culto principal a este dios en Roma. Todo ello además de un pequeño altar edificado en honor de la Concordia Augusta y algún otro santuario como el de Pudicitia, personificación de la modestia.

En el Foro Boario o mercado de los bueyes, fue donde se pudo ver la primera lucha gladiatoria que tuvo lugar en Roma en el año del consulado de Apio Claudio Caudex y Marco Fulvio Flaco, en el 264 a. C. ¿Qué mejor lugar que este, con una relación tan fuerte con Hércules dios luchador, para un hito así? He tenido la suerte de poder leer en la biblioteca del Atrium Libertatis, la más antigua de la ciudad, el libro XVI de la gran historia de Roma desde su fundación, *Ab Urbe condita*, de Tito Livio, donde precisamente relata este acontecimiento. Por desgracia se perderá para siempre, junto a la mayoría de los 142 libros de su obra, en algún momento de la tardoantigüedad. Una vez más, viajar en el tiempo tiene ventajas importantes.

Livio cuenta que aquel primer combate enfrentó a tres parejas de *bustuarii*. Este nombre se les daba a los luchadores porque la acción tenía lugar sobre el *bustum*, la pira funeraria de un difunto. Todo ocurrió en el contexto del funeral que Marco y Décimo Junio Bruto Pera le ofrecieron a su padre tras su muerte. El objetivo del combate era derramar sangre en la pira como ofrenda, pagar a la muerte con muerte. Por supuesto, los luchadores eran criminales condenados, esclavos o prisioneros de guerra, por lo que sus vidas no tenían valor alguno y estaban obligados a combatir. La propia palabra *munus*, 'obligación', que designa los combates, lo deja claro.

Sin embargo, la gladiatura no fue inventada ni por los romanos ni en ese momento. Los propios romanos son conscientes de ello, aunque no estoy tan seguro de que conozcan el origen real del ritual convertido en deporte en época imperial. Si preguntas a cualquiera de los eruditos de este tiempo te contarán que el origen de las luchas de gladiadores debe buscarse en el mundo etrusco. Para bien o para mal, es un recurso muy socorrido para ellos. Los etruscos, un pueblo de arcaicos, sabios y valerosos hombres, están detrás de buena parte de los orígenes de las tradiciones romanas. ¿Por qué no atribuirles una más?

Escena de combate entre dos guerreros descubierta en una de las tumbas de la necrópolis de Andriuolo-Laghetto. Siglo IV a. C. Museo Arqueológico de Paestum, Campania, Italia.

Es cierto que hasta el siglo XX la historiografía también pensará así, en buena medida porque se fiarán de lo que cuentan los propios escritos romanos, pero la investigación de nuestro futuro, en el siglo XXI, revelará que probablemente los orígenes de la gladiatura no debamos buscarlos tanto en el norte como en el sur de la península itálica. Es en la conocida como Campania Felix donde aparecen frecuentemente representaciones de luchas entre hombres armados. Los mejores ejemplos, sin duda, se encuentran en las paredes decoradas de las tumbas del siglo IV a. C. de la ciudad de Paestum.

El propio Tito Livio cuenta que cuando Roma venció a los samnitas, los campanos, que habían sido aliados de los romanos, se quedaron con los prisioneros y los convirtieron en luchadores. No en vano, uno de los tipos de gladiadores más antiguos era el samnita. Y digo *era* porque en época de Augusto se dejó de utilizar. En ese momento los samnitas ya formaban parte del mundo romano, por lo que resultaba políticamente incorrecto mantener un tipo de gladiador que les representaba directamente a ellos. Lo mismo ocurrió también con el tipo de gladiador galo.

En cualquier caso, los combates o las ofrendas humanas relacionadas con los rituales funerarios hunden sus raíces en el pasado remoto, llegando hasta la *Ilíada*, donde Aquiles sacrificó prisioneros troyanos sobre la tumba de su querido Patroclo y luchó a muerte contra Héctor en combate singular. Como los romanos huyen en su propia tradición de cualquier ritual que tenga que ver con sacrificios humanos —a pesar de que nosotros sabemos que ellos mismos los practicaron en periodos arcaicos—, se deshicieron de este tipo de rituales y se quedaron solo con el componente guerrero. El ritual terminaba de la misma manera, con la sangre derramada, pero la lucha valerosa les permitía abstraerse del problema moral que les suponían los sacrificios. Un método de ofrenda ritual más refinado que, a la postre, terminó por convertirse en espectáculo.

De ahí en adelante, los combates gladiatorios se celebraron en más ocasiones, aunque siguieron siendo un ritual funerario muy infrecuente. El siguiente que he encontrado rebuscando en la biblioteca tuvo lugar casi cincuenta años después del primero. Esto no quiere decir que no hubiera algunos ejemplos más, pero no quedaron registrados. En este caso, Lucio, Marco y Quinto, hijos del cónsul y augur Marco Emilio Lépido, celebraron en el año 216 a. C. combates de gladiadores para honrar la muerte de su padre. El cambio con respecto al caso anterior es bastante perceptible: los combates se sucedieron durante tres días y lucharon un total de veintidós parejas de gladiadores.

En los años siguientes el ritual siguió cambiando para hacerse cada vez más concurrido, duradero y exuberante. En el 202 a. C. Publio y Marco Valerio Levino hicieron luchar a veinticinco parejas de gladiadores en tres días en un espectáculo que organizaron en pleno Foro Romano, el centro político, social y económico de Roma. Y en el 183 a. C. el número de parejas de gladiadores llegó hasta sesenta en los funerales de Publio Licinio Craso, apodado *Dives*, el rico, y seguramente antepasado del famoso y también multimillonario miembro del primer triunvirato. Además de los combates se ofreció un gran banquete que, desafortunadamente, fue interrumpido por un temporal de lluvia que les aguó la fiesta a todos.

Lo que había comenzado como un ritual arcaico, y relacionado con el derramamiento de sangre como ofrenda y hasta con el sacrificio humano, se fue convirtiendo a lo largo del siglo II a. C. en un espectáculo pensado para honrar al difunto, pero también para deleitar a los vivos. En el 174 a. C., por la muerte de Tito Quincio Flaminino, su hijo organizó tres días de juegos, con luchas de treinta y siete parejas, y un día más con un banquete público, distribución de carne y espectáculos teatrales incluidos.

Los combates de gladiadores se estaban convirtiendo en una excusa propagandística cada vez más evidente y hubo quieres trataron de sacar incluso un rédito económico de ello. En el año 121 a. C. varios magistrados se encargaron de colocar en el Foro algunas tribunas para cobrar por los asientos a quienes quisieran ver el espectáculo gladiatorio que se iba a celebrar al día siguiente. Cayo Sempronio Graco se negó y ordenó que se desmontaran para que quienes no podían pagar también pudieran ver los combates gladiatorios. Como nadie le hizo caso, volvió de noche con obreros a sus órdenes y desmontó todo el graderío de madera para alegría del pueblo y enfado de los más ricos.

A comienzos del siglo I a. C. ya se organizaban juegos regularmente y el alquiler de gladiadores para los combates se había transformado en un negocio lucrativo a costa de la utilización de miles de esclavos convertidos en gladiadores. La nueva situación, que no se estaba gestionando de la mejor manera en muchos lugares, terminó con la revuelta iniciada por un tracio conocido como Espartaco, gladiador de la escuela más importante del momento, la de Capua. Aquello provocó un estallido rebelde de forajidos, delincuentes y esclavos de todo tipo que se alargó dos años más y que puso en jaque al Estado romano hasta que terminó con la derrota final de los rebeldes en Brundisium, la actual Bríndisi, a manos del ejército de Marco Licinio Craso, el hombre más rico de Roma.

Fue Julio César quien mejor supo aprovechar el rédito propagandístico que suponía la celebración de juegos gladiatorios. Para ganarse el apoyo popular, en el año 65 a. C. decidió ofrecer unos en honor de su padre, aunque este había muerto veinte años atrás. Cualquier excusa era buena si el objetivo era el poder. Los juegos contaron con seiscientos cuarenta gladiadores, algo nunca antes visto hasta entonces. César tenía en su mano un pequeño ejército de luchadores ágiles y despiadados y eso era algo que el Senado vio con malos ojos. El recuerdo de la rebelión de Espartaco estaba todavía muy reciente y se limitó el número de gladiadores que podía haber en el interior de las murallas en un momento concreto. Augusto, tiempo después, llegó a fijar el número máximo de gladiadores dentro de un solo espectáculo en sesenta parejas; aunque él mismo incumplió esa norma, ¿quién se atrevería a decirle nada al *princeps* de Roma? Sin embargo, a lo largo del siglo I a. C. muchos aristócratas empezaron a contar con gladiadores como parte de su escolta y algunos personajes destacados de la Roma más alborotadora y descarada, como Publio Clodio Pulcro, cayeron asesinados en manos de gladiadores. Lo que ocurrió durante la incineración de su cuerpo es una historia interesantísima que te puedo contar en otro momento: incluye gresca y la destrucción de la Curia del Senado.

Está claro que la gladiatura y los *munera* habían perdido cualquier rastro de su sentido religioso original, pasando a ser un espectáculo banal pensado para el entretenimiento y la promoción personal de las familias que ponían de su dinero con el propósito de hacerse notar. Y así llegamos hasta la época imperial, en la que nos encontramos. Augusto fue el gran reformador de los juegos, imponiendo muchas normativas que regularizaron los espectáculos hasta convertirlos en lo que vamos a presenciar mañana, que siguen teniendo un carácter absolutamente propagandístico en las antípodas de otros espectáculos que aún conservan todo su carácter religioso. ¿Qué te parece esta historia resumida de la gladiatura? ¿Te imaginabas que este había sido su origen? Venga, volvamos, que se está haciendo tarde. Desde aquí tomaremos el Clivus Publicus para subir por el Aventino hasta la *domus*.

CENA LIBERA

Hora duodecima

Ya estamos de vuelta. Ha sido un día interesante, pero agotador. Vamos a retirarnos a descansar ahora que se está haciendo de noche. Mañana nos espera un día importante. A nosotros como espectadores llegados del futuro, y a los gladiadores, que se enfrentarán unos contra otros en la arena. Ahora mismo estarán terminando de entrenar todavía, ya a la luz de las antorchas. En un día normal tomarían su cena convencional y se irían a sus *cubicula* a dormir. No obstante, el día antes de unos juegos, y más si son tan importantes como estos, se les permite hacer lo que se conoce como la *cena libera*, un banquete especial con abundante comida. En cuanto a la calidad, cualquier cosa es mejor que lo que comen a diario, así que es fácil acertar en este aspecto. De este modo les suben la moral de cara a mañana. Aquellos que pueden, comparten la cena con sus familias y dejan atados todos los asuntos personales por si al día siguiente acabaran siendo arrastrados al *spoliarium*.

Nosotros, por suerte, podemos asegurar que sobreviviremos a los espectáculos de mañana. Descansa, va a ser un día intenso y de muchas emociones.

En este mosaico de la primera mitad del siglo III, procedente de Thysdrus (El Djem, Túnez), se observa un banquete en el que participan unos *venatores* que intervendrán al día siguiente en una cacería de toros. Los comensales comentan «Nos vamos a quedar desnudos», «Hemos venido a beber» y «Estáis hablando demasiado». Unos sirvientes les advierten: «¡Silencio, que los toros duermen!». Museo del Bardo, Túnez.

MVNVS
LEGITIMVM

Ante diem XIX Kalendas Domitianas
(14 de septiembre)

FUERZA Y HONOR

Hora secunda

Nuevo día, nueva oportunidad para conocer el ocio de la antigua Roma. Te aviso, aunque ya lo imaginas, que el día de hoy va a estar cargado de espectáculo en el más puro sentido de la palabra. Pero recuerda que lo que vamos a ver es el entretenimiento del que disfrutan los romanos. Y aunque puede que haya partes de las que algunas personas en el siglo XXI también disfrutarían, muchos otros las considerarían crueles. Una vez más, tenemos suerte de poder estar aquí descubriendo cómo son los romanos realmente; pero, al mismo tiempo, date cuenta de que no somos romanos y no estamos aquí para juzgarlos.

Hoy, si has echado un vistazo al calendario, es el *ante diem XIX Kalendas Domitianas*. Recuerda que, una vez pasadas las *idus*, los romanos cuentan los días que faltan para la próxima fecha importante, que ya son las *kalendas*, el día 1, del mes siguiente. En este caso *October* o *Domitianus* como se le conoce ahora. El carácter del día también es significativo. La jornada de hoy va acompañada de una letra F, que significa que hoy es un día *fas*. En días como este la ley divina permite cualquier tipo de actividad y por eso palabras castellanas como *fasto* o *fastuoso* tomarán ese significado positivo dentro de unos cuantos siglos.

Hoy te he dejado dormir algo más porque el día será largo. Según parece, el emperador ha previsto que los juegos se alarguen hasta más allá del ocaso. Aunque no debemos tardar mucho en salir de la *domus* porque la procesión inaugural estará a punto de comenzar. El camino ya empieza a ser familiar. En realidad, es exactamente igual que el de ayer, no me digas que no he conseguido instalarme en un buen sitio.

Las arquerías del Circo Máximo parece que empiezan a reclamar que entremos cuando pasamos delante de ellas. Mañana es el gran día para los juegos circenses. Hoy continuamos por la vía, atravesando los arcos del Aqua Claudia, el acueducto que el emperador Claudio mandó construir hace medio siglo. El valle que salva entre el Celio y el Palatino es tan profundo que fueron necesarios cinco niveles completos de arquerías de ladrillo y argamasa para mantener el nivel del *specus*, el canal superior que llega hasta el palacio imperial.

Nuestro destino es la plaza del Coliseo que, por lo que veo a lo lejos, ya está abarrotada. El pueblo de Roma es madrugador cuando le conviene. Toda esa gente que se arremolina en torno al tramo de la plaza que va desde el final de la Via Sacra hasta la puerta monumental oeste del Coliseo está esperando la llegada de la *pompa*, la procesión que precede a los espectáculos.

El entusiasmo y la alegría de hoy son grandes. Se respira en el ambiente. Aunque siempre habrá quienes no quieran participar de este tipo de entretenimientos. Hay algunos filósofos y otros eruditos que no le ven sentido al ocio sangriento, algo perfectamente comprensible y respetable, aunque en esta época están en clara minoría. ¿Ves ese carro de madera con cuatro grandes ruedas totalmente cubierto y decorado con el que estamos a punto de cruzarnos? Es un *carpentum*, un carro de lujo bien acondicionado para que los viajes por tierra sean más llevaderos. Seguro que en su interior hay alguien con mucho dinero que se va de la ciudad para evitar los juegos de esta semana. Unos días en la villa de campo para alejarse del mundanal ruido antes de regresar a Roma.

¿Escuchas las trompas? ¿Los tambores? ¿Los cuernos? Ya se acerca la procesión inaugural de los juegos. Vamos a intentar coger buen sitio entre la gente para verla. No estoy seguro, pero creo que en esta ocasión han comenzado en el Foro y, recorriendo la Via Sacra, han cruzado el arco del divino Tito que su hermano erigió para celebrar la conquista de Jerusalén, cuyo botín ha pagado la construcción del anfiteatro. Por cierto, todavía no te he dicho cómo se le llama oficialmente. Imagino que sabes que «Coliseo» no es su denominación romana original, pero apuesto a que no conoces cuál es realmente el nombre que se le dio al inaugurarlo.

Como en toda procesión, sea religiosa, militar o civil como es esta, los *lictores* siempre preceden a los participantes. Estos personajes son funcionarios del Estado que se encargan de acompañar y proteger a los

El *carpentum* era un carruaje cubierto de cuatro ruedas, tirado por mulas o caballos, reservado a gente acomodada. En la imagen, sestercio de bronce de Calígula (37-41) acuñado en memoria de su madre, Agripina la Mayor, en cuyo reverso se representa un *carpentum*. Solo aparece uno de los ejes por una simplificación de la iconografía.

magistrados más importantes de Roma. En cualquier acto en el que esté presente el emperador, allí estarán ellos y en gran número. En este caso creo que cuento veinticinco, una cifra nada casual, puesto que se corresponde con el doble de los que pueden llevar cada uno de los cónsules, doce, y uno extra. Domiciano no pierde la oportunidad de demostrar su poder absoluto sobre el Senado y aquí está queriendo decirnos claramente que él se encuentra por encima de los dos cónsules. Esto puede parecer algo sutil, pero fíjate en este otro detalle. Cada *lictor* lleva los *fasces* apoyados en su hombro izquierdo. Se trata de un haz de varas de abedul atadas con correas de color rojo. Del centro del haz sobresale un hacha, la llamada *securis*. El haz de varas simboliza el poder político y el hacha el poder ejecutor. En principio, respetando la ley de los antepasados de forma estricta, los *lictores* no podrían llevar el hacha en sus *fasces* dentro del *pomerium*, el recinto sagrado de la ciudad. Sin embargo, Domiciano, ya de una forma muy evidente, se salta la tradición para demostrar que solo él tiene verdadero poder universal en Roma.

Al fin y al cabo es el emperador y demuestra que es un autócrata eficiente, a diferencia de otros que respetan la ficción de que la República tradicional sigue viva. No lo querría yo en nuestro futuro, pero está claro que Roma vive uno de los mejores momentos de su historia bajo su mando. Paz, prosperidad y entretenimiento, toda una edad de oro que cumple ya quince años. Tras los *lictores*, prácticamente entre ellos en realidad, ahí lo tienes: ese es Domiciano en persona. Míralo en este denario, es verdad que precisamente el que te muestro está acuñado hace cinco años, pero su retrato imperial se mantiene siempre igual. Tiene cuarenta y cinco años y hace tiempo que aceptó su calvicie. A diferencia de otros líderes en el pasado como César, que llevaba siempre la corona de laurel para esconderla lo más posible, Domiciano ya no la oculta, se sabe superior. Porta sus mejores galas, la *toga picta* de color púrpura y con ribetes dorados, que le hace destacar entre quienes lo rodean. Hoy es un gran día para él como emperador, y es muy consciente de ello.

Inmediatamente detrás llegan los *praecones* —porque el emperador no necesita presentación—, que anuncian la llegada de los gladiadores y los cazadores. Ahí están, decenas de hombres preparados para el combate aunque todavía no portan sus armas, sino que van vestidos con túnicas de vivos colores. Aquí solo están desfilando los más destacados, de otra forma la procesión se haría demasiado larga. Recuerda que se enfrentarán ciento cincuenta parejas de gladiadores. Es posible que muchos sigan dormidos para aprovechar hasta el último momento de descanso y los que han tenido que venir a exhibirse probablemente también vuelvan a dormir un rato para estar en las mejores condiciones esta tarde. No olvidemos que entre todas estas personas hay muchos que todavía están terminando de decidir sus apuestas, ilegales, de última hora. De cómo vean físicamente a tal o cual gladiador en este momento podría depender que se decidan por lanzar los dados, parafraseando a César, en favor de uno u otro.

Junto a los gladiadores también desfilan esclavos que portan la panoplia consagrada de los luchadores. ¿Recuerdas las piezas que vimos en el *sacellum* del Ludus Magnus? Cascos, espadas y escudos ricamente decorados con escenas mitológicas, religiosas y militares, algunas de ellas en relieve y otras incluso resaltadas con policromía. Todos ellos pensados no para el combate, sino para ser exhibidos en celebraciones como la de hoy. Detrás, otros esclavos portan en andas unos pequeños montajes escultóricos que representan a los gremios artesanos que trabajan para que todo salga perfecto en los juegos: los que ponen a punto las vestiduras, las armas, las escenografías y mucho más. Es casi como si se tratara de un anuncio publicitario que reconoce su gran labor.

Ahora llega la parte más peligrosa de la procesión. Los *bestiarii*, encargados de los animales salvajes, portan en sus manos las cadenas que

Denario acuñado en el año 91 (RIC 724) en el que aparece el rostro de Domiciano junto a su nombre y títulos imperiales. El reverso muestra a Minerva, la diosa que siempre le protege.

llegan hasta los arneses de varios animales. En principio están amaestrados, pero fíate tú de un oso o un toro como esos. También llevan caballos que desfilan al paso y varias jaulas en las que se hacinan algunos tigres, un león y varios condenados a muerte, separados de los animales por el momento.

Les siguen los músicos que tocan tubas, trompas, flautas, címbalos y tambores. Amenizan el camino y nos acompañarán en diversos momentos de la jornada, especialmente durante la tarde. Cierran la procesión los carros que portan palmas de la victoria, *rudes* o espadas de madera, premios en metálico que se entregarán a los gladiadores vencedores y estatuas de los dioses relevantes en el día de hoy: Victoria, Hércules, Némesis, Marte, aunque también Diana, protectora de los cazadores y, por supuesto, Minerva, a la que siempre se encomienda Domiciano.

La gente está entusiasmada, hacía tiempo que no se veían en Roma *munera* de este nivel. Y eso que muchas de las personas que están aquí lo más que podrán hacer será escuchar los vítores o el enfado del público del anfiteatro, porque seguramente no hayan conseguido entrada y este es el único momento en el que pueden participar de los juegos.

La comitiva acaba de atravesar la puerta principal oeste del Coliseo, la forma más directa de entrar en la arena. Se la conoce como Porta Triumphalis o Sanivivaria, porque es el acceso a la arena que representa la vida y por la que saldrán esta tarde los gladiadores victoriosos, frente a la Porta Libitinensis o de la muerte. Aun así, tengo que decir que estos son los nombres que les atribuirá la investigación en el futuro, pero reconozco que no he oído que las llamen de esta manera, al menos oficialmente. De todas formas, no te preocupes demasiado por detalles como estos, no es algo malo darnos cuenta de que también a veces sobreinterpretamos la historia a partir de datos escasos y eso nos puede hacer inferir generalidades que no son correctas o que, al menos, son dudosas.

EL ANFITEATRO MÁS GRANDE DEL MUNDO

La mayoría de la gente que ha conseguido una *tessera* ya está entrando al anfiteatro, en unos momentos la comitiva dará una vuelta de honor, aunque será lenta y calmada para que todo el mundo pueda echar un buen vistazo a gladiadores y bestias, o para intentar que el emperador se fije en ellos. El Coliseo, como el Circo Máximo o los teatros de la ciudad, es un lugar en el que uno siempre va a ver, pero también a ser visto. Comprobarás que todo el que puede se ha puesto sus mejores galas para el espectáculo.

Ven, vamos a acercarnos a la puerta principal por la que ya han terminado de entrar todos los participantes de la procesión. No nos permitirán aproximarnos del todo, pero no será necesario que lo hagamos. Piensa que la multitud que está en la plaza debe ser controlada de alguna manera para que no traten de entrar de forma atropellada al anfiteatro. Para eso están aquí estas grandes piedras talladas en forma de cipo. Las sogas que van de unos a otros impiden el paso a quienes no porten su *tessera*. Pero desde aquí podemos ver perfectamente la puerta monumental. Mírala bien ahora, porque no se conservará en el futuro a causa del gran terremoto del siglo XIV. Está coronada por una espectacular cuadriga de bronce dorado, pero lo que nos interesa es justo lo que se encuentra bajo ella, el dintel que sirve como podio y que está soportado por el gran arco de travertino. Las *litterae aureae*, letras de bronce dorado, todavía mantienen su brillo original, llevan poco tiempo ahí colocadas. ¿Recuerdas que te comentaba que íbamos a descubrir el nombre oficial del Coliseo? Pues aquí lo tienes. Y no, tampoco es Anfiteatro Flavio.

Ahí lo tienes. ¿Decepcionante? Reconozco que Anfiteatro Nuevo no es el nombre más original del mundo, pero tampoco pienses que noso-

Recreación 3D de la inscripción inaugural del Coliseo de Roma. Dice lo siguiente: «El emperador Tito César Vespasiano Augusto mandó que se construyera con el botín de guerra el Anfiteatro Nuevo».

tros seremos mucho más originales en nuestro futuro. ¿Acaso el estadio del F. C. Barcelona no se llama Camp Nou? Es literalmente lo mismo, un gran anfiteatro llamado Campo Nuevo. Habrá quien, en las próximas décadas, lo llame Anfiteatro de los Flavios en honor de la familia Flavia que lo ha construido, pero no es su nombre oficial. También he oído a gente nombrarlo como Amphitheatrum Caesareum, o de los emperadores, algo más acertado teniendo en cuenta que el *editor* de los juegos que se celebran en él no es otro que el emperador. Y solo durante la Edad Media se le empezará a llamar Coliseo, por influencia de la gran estatua de Sol que dentro de veinticinco años será trasladada de su ubicación actual, en el gran atrio del palacio imperial construido por orden de Nerón, hasta ese espacio ahora vacío que está en el lateral de la plaza que tenemos a nuestras espaldas, delante del pórtico norte. *Coliseo* proviene de la locución, *ad Colysaeum*, 'lo que está al lado de la estatua colosal', o al menos esa es la hipótesis más interesante. No he viajado a ese momento de la historia de Roma —todavía— para comprobarlo.

Lo más curioso de la inscripción, sin embargo, es que la *T* de Tito, que fue quien realmente inauguró el Coliseo el 29 de junio del año 80, está encajada un poco «a lo bruto» en el último momento. Vespasiano había muerto solo un año antes y la inscripción inaugural ya había sido colocada sobre el arco, por lo que tuvieron que improvisar para evitar tener que volver a distribuir las letras de bronce sobre el mármol. ¿Qué es una letra comparada con una estructura de casi 50 metros de alto, 188 de largo y 156 de ancho?

¿Te imaginas construir esto en menos de una década? Traer toneladas y toneladas de piedra desde las canteras de la ciudad de Tibur que, por cierto, en latín da nombre al tipo de piedra empleado, *lapis tiburtinus*, de donde viene la palabra moderna *travertino*. Pues así fue. El

24 de mayo del 72 Vespasiano dio comienzo oficialmente a la construcción y solo ocho años después fue inaugurado por su hijo Tito, aunque todavía sin terminar. Ha sido Domiciano quien ha completado la construcción tanto de las estructuras más altas como de las subterráneas. En realidad lleva muy pocos años liberado de los últimos andamios, por lo que el pueblo de Roma todavía está en ese momento de asombro en el que no termina de entender cómo puede ser real. El poeta tarraconense Marcial, que tiene su casa a los pies del monte Quirinal, declaró con motivo de la inauguración que el Coliseo había desbancado a todas las maravillas del mundo. Es cierto que siempre ha sido un poco zalamero con tal de conseguir beneficios para sí mismo, pero no dejan de ser bellas palabras que expresan lo que todo el mundo, de forma algo egoísta, piensa aquí en Roma:

> Que la extranjera Menfis silencie los milagros de sus pirámides,
> que no se jacte la laboriosa Asiria de su Babilonia,
> ni que los blandos jonios sean alabados por su templo a Diana,
> ni que oculte a Delos el concurrido altar adornado de cuernos,
> el Mausoleo que cuelga en el vacío aire de los carios,
> no sea elevado hasta los astros con alabanzas exageradas.
> Todas las maravillas ceden ante el anfiteatro del emperador,
> una sola obra por todas las demás será la que la fama mencione.

El Coliseo, la mayor maravilla del mundo por encima de las pirámides de Egipto, los jardines de Babilonia, el templo de Diana en Éfeso, el altar de Apolo en Delos y el Mausoleo de Halicarnaso. El divino Vespasiano estaría orgulloso y la familia de los Haterii, famosa por construir estructuras monumentales, más todavía. Con todo el dinero que han amasado gracias a este y otros encargos compraron un terreno sepulcral de gran tamaño en la Via Labicana para que todo el mundo pueda ver su gran tumba familiar al pasar. El otro día visité el taller del lapicida que ya está empezando a tallar los relieves y, por supuesto, todos tienen que ver con el oficio familiar. No pueden dejar de hacer publicidad de su negocio ni desde la tumba.

Imagina las enormes grúas de madera con grandes mástiles, largos cabos y poleas de metal que han permitido colocar sillar a sillar la estructura de este gigante de *opus quadratum*. Piensa en la fuerza de los esclavos moviéndose dentro de las enormes «ruedas de hámster» de tamaño humano para accionar las grúas, en los esmerados canteros ta-

Este relieve forma parte del monumento funerario de los Haterii, de inicios del siglo II. En él se puede ver una de las enormes grúas que esta familia de constructores usaba para erigir estructuras en Roma. Museos Vaticanos, Ciudad del Vaticano.

llando la piedra, en los arquitectos calculando con precisión todas las medidas y muchas otras personas, incluidas mujeres y niños, elegidas de entre los más pobres de la ciudad que ayudan en lo que pueden durante el proceso constructivo.

Y todo gracias a la victoria del, por entonces, general Tito que conquistó y saqueó Jerusalén en el año 71 y trajo a Roma, junto con sus legiones victoriosas, las riquezas sagradas de los judíos. Un año después, sobre el valle ocupado por el gran lago del palacio dorado de Nerón, mandó construir el anfiteatro para el pueblo de Roma. Algunos dicen que todavía recuerdan el lago de la Domus Aurea, que tuvo que ser desecado, y lo comparan con un mar por su inmenso tamaño, aunque también hay quienes ponen sensatez en las exageraciones de los otros y confirman que era grande, pero tal vez no tanto. Lo cierto es que los cimientos de ese gran lago ahora descansan a varios metros de profundidad.

Pero vámonos, que ya está cercana la *hora tertia*: están a punto de comenzar los *munera* y no queremos perdernos nada. El anfiteatro tiene setenta y seis puertas numeradas y cuatro principales, como esta frente a la que nos encontramos: dos pensadas para la entrada y salida de la arena (oeste y este) y dos más reservadas para la aristocracia imperial, en los ejes mayores (norte y sur). En total son ochenta puertas y la nuestra es la XLII, por suerte no queda muy lejos. Estamos junto a la puerta LVI, así que solo tenemos que pasar catorce arcos hacia la izquierda. Una vez allí bastará con que le mostremos la *tessera* al esclavo que guarda el arco y nos dejará pasar.

Cada puerta está pensada para llegar a una zona diferente del anfiteatro, que se divide en cinco alturas totalmente diferenciadas por clase social. El sistema de distribución interna es complejo, pero cuenta con indicaciones en *tabulae ansatae* (carteles) —en este caso de madera— colocadas sobre los muros para que nadie se pierda. En diversos puntos de la estructura interna hay letrinas e incluso fuentes públicas para que todo el mundo tenga acceso al agua, algo especialmente importante cuando hace calor.

El interior del anfiteatro es de travertino visto puesto que se trata solo de la estructura que soporta las gradas, casi como si fuera una zona que no debería verse. Aun así, las galerías principales, como la que tenemos aquí al lado, están completamente decoradas con preciosos frescos estucados en relieve con forma de casetones vegetales que forran las bóvedas y los arcos con vivos colores.

Además de esa decoración permanente, cuando se celebran juegos se cuelgan de las paredes de los corredores lienzos en los que aparecen gladiadores, combates y cacerías de animales casi a tamaño natural. Un verdadero despliegue de publicidad que anticipa lo que va a ocu-

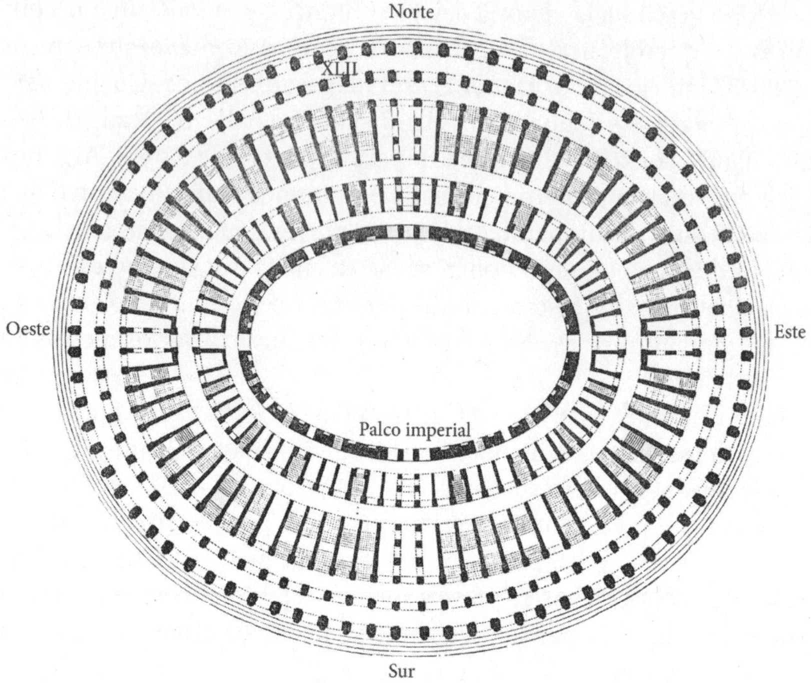

Planta arquitectónica del Coliseo con la indicación de las puertas principales y de la XLII, por la que nosotros debemos entrar.

rrir y muestra a los protagonistas del día. Mira, ahí está Flamma y le han colocado junto a su entrenador Priscus, que aparece en el lienzo contiguo como vencedor el día que ganó su libertad, precisamente en los juegos de inauguración del anfiteatro. El gladiador al que se enfrentó, que también está aquí representado, se llama Verus y ahora es el *doctor* principal del Ludus Gallicus. Fíjate en que también porta una palma; luego te cuento su historia. Si no me equivoco, su pupilo más destacado, Purpureus, será quien luche contra Flamma en el combate principal de hoy. Dos antiguos rivales que ahora se enfrentan indirectamente a través de una nueva generación de gladiadores.

Esas escaleras algo inclinadas que tenemos al fondo de la galería radial son las nuestras, nos llevarán rápidamente al sector que nos corresponde. Piensa que son varios metros de altura los que se tienen que salvar y eso de la accesibilidad en esta época no lo tienen demasiado controlado. Aunque, si te digo la verdad, estas no son las más inclinadas del anfiteatro y en nuestro futuro todos los turistas seguirán subiendo a los anillos superiores por escaleras similares. La evolución que han tenido los anfiteatros romanos hasta llegar a este nivel de sofisticación es grande. Piensa que el más antiguo que se construyó en piedra es de hace siglo y medio aproximadamente. Fue levantado en el año 70 a. C. en Pompeya. No solo es el más antiguo del mundo, sino también uno de los mejor conservados gracias al Vesubio. El de Puteoli es más o menos de esa misma época. No es casualidad que los dos anfiteatros permanentes más tempranos estén situados en la Campania, como ya sabes, la tierra de origen de la gladiatura. Ambos son tan antiguos que, cuando fueron construidos, no se había creado todavía la palabra *amphitheatrum* para designarlos. Se les dio simplemente el nombre de *spectacula*.

A partir de ese momento otras ciudades fueron construyendo en piedra recintos para llevar a cabo cacerías, luchas y condenas, pero no pienses que en otros lugares no existían ya desde antes. Recuerda que el primer combate que se vio en Roma tuvo lugar en el año 264 a. C. y sabemos que los rituales funerarios de lucha vienen, al menos, del siglo IV a. C. Lo que se hacía en muchas ciudades, incluida Roma, era crear recintos temporales de madera, en ocasiones con gradas, que permitían la celebración de cualquier tipo de espectáculo. En el caso de las cacerías, debían asegurarse de que las talanqueras fueran firmes, porque un animal salvaje huido por las calles de la ciudad podría desatar el caos.

Aunque en tiempos de Augusto todavía se hacían espectáculos en el Foro o en los Saepta Julia, las estructuras de madera se hicieron cada vez más sofisticadas. Sabemos por Plinio el Viejo que, en época de César, Cayo Escribonio Curión, un político con fama de derrochador, mandó construir dos teatros de madera adyacentes. Funcionaban independientemente, pero al terminar las representaciones caían los telones y, pivotando desde uno de sus lados, eran movidos uno contra otro, creando de forma literal un anfiteatro (del griego αμφίθέατρον, 'teatro de dos lados'), formado por los graderíos de ambos teatros. Cuentan que todo esto se hacía mientras el público seguía sentado en las gradas y que toda la estructura se construyó en un solo día, por lo que muchos temían un posible derrumbe por su inestabilidad.

Pero si hay un caso en el que los malos pronósticos se cumplieron fue el desastre de la ciudad de Fidenae, en el año 27. Después de un tiempo en el que habían tenido prohibidos los juegos, la gente de la zona acudió en masa a presenciar los espectáculos. Sin embargo, el anfiteatro, construido de forma apresurada y descuidada por un liberto llamado Atilio que trataba de abaratar costes y sacar el mayor provecho posible, se derrumbó por completo con todos los espectadores dentro. Se dice que más de 20 000 hombres, mujeres y niños murieron en aquel desastre. Se trata de la mayor tragedia de la historia deportiva mundial. Desde ese momento se decretó que nadie con un patrimonio de menos de 400 000 sestercios podría construir o reparar un anfiteatro, y que siempre debía hacerse con supervisión del Senado para evitar que volviera a suceder un accidente de esa magnitud.

En el año 29 a. C., Octaviano —a quien le faltaban solo dos años para convertirse en Augusto, *princeps* de Roma— y su amigo Lucio Estatilio Tauro emprendieron la construcción del primer anfiteatro permanente de la ciudad, levantado en la ribera del Tíber, junto al Circo Flaminio, con sólidos cimientos. Aunque Calígula trató de construir otro en el Campo de Marte, para lo que no dudó en derribar parte de la conducción del Aqua Virgo, nunca lo completó. Carandus, el esclavo del Ludus Magnus, me ha contado que recuerda que hacia el año 57 Nerón mandó construir otro, también de madera, en la misma zona, junto a los Saepta Julia, pero a día de hoy tampoco queda nada de él. Por tanto, el de Estatilio Tauro fue realmente el único anfiteatro de Roma hasta la construcción del Anfiteatro Nuevo. Precisamente, el plan del divino Vespasiano era sustituir al anterior, puesto que había ardido hasta los cimientos en el gran incendio del año 64.

Y desde ese momento, el resto es historia, como quien dice. Aunque todavía no ha sucedido, el Anfiteatro de los Césares de Roma será el modelo para muchos de los más de doscientos que se construirán por todo el Imperio de aquí en adelante, algunos de madera que nunca llegaremos a conocer, otros tantos de piedra y bastantes con una combinación de ambos materiales, especialmente con los graderíos superiores de madera, como el de Segóbriga, por ponerte un ejemplo hispano.

Desde aquí, por fin vamos a salir al graderío. La impresión es grande la primera vez que uno lo ve. Fíjate, todos los elementos decorativos están trabajados con detalle, como estas barandillas de mármol que protegen la salida del *vomitorium*, la abertura por la que estamos saliendo a las gradas. Están decoradas con unos perros que cazan a unos cérvidos. En otros puntos del anfiteatro las hay también con otros animales, incluso mitológicos como grifos.

Ahora sí, tienes ante ti el graderío del Anfiteatro Nuevo de Roma. La arena se abre frente a nosotros enorme y resplandeciente con los primeros rayos de sol que empiezan a incidir sobre ella. Y por encima un mar de mármol blanco salpicado de azules, rojos, verdes, blancos y otros muchos tonos (nunca oscuros, pues estaban prohibidos) de las vestiduras de los espectadores que ya ocupan sus asientos, impacientes. Si alzas la vista llegarás a ver la zona más alta, con gradas cada vez más inclinadas. Parecen abarrotadas, pero debes tener en cuenta que la gente dispone de menos espacio para acomodarse. Más arriba un pórtico de columnas con capiteles ricamente tallados y un graderío interior de madera. Y por fin en la parte más alta, tocando el cielo en el que viven los dioses, el gran *velarium*, ahora plegado, una de las maravillas constructivas del anfiteatro en el que nos detendremos más tarde.

Esta es la verdadera Roma de mármol de la que hablaba el divino Augusto. Domiciano, como gran admirador suyo que es, ha seguido su modelo y ha logrado que no solo el anfiteatro, sino toda la ciudad, quede ornada con el blanco del mármol y el reflejo dorado del travertino.

Sube por estas escaleras recortadas en el mármol. Vamos a sentarnos en la parte alta del *maenianum*, este tramo de las gradas, para no llamar mucho la atención. Nos encontramos en la zona norte del graderío. Mirando hacia el sur, en el lado largo, está la entrada principal que suelen usar los magistrados más destacados, las vírgenes vestales y el propio emperador, puesto que da directamente hacia esa estructura sobreelevada que es el palco imperial.

Actualmente, y desde que así lo impusiera el emperador Augusto, los asientos del anfiteatro están divididos por niveles. Este es otro de los motivos por los que necesitamos las *tesserae*. Cada puerta da acceso directo a una ruta diferente que va desde el primer nivel hasta el quinto. Los ciudadanos de orden senatorial se sientan en el espacio más cercano a la arena, el *podium*. Si te das cuenta ellos no lo hacen sobre los escalones de mármol, sino que disponen de espacios más anchos y planos sobre los que hay colocadas una serie de *subselliae*, sillas de madera con patas rectas y ampliamente decoradas con adornos dorados. En ellas también se sientan personajes de rango ecuestre. Los puedes diferenciar porque los senadores llevan una ancha banda púrpura, el *latus clavus*, en los bordes de la toga. Los miembros del orden ecuestre o caballeros también la llevan, pero es mucho más fina. No deberían estar en ese nivel, aunque algunos senadores les invitan por cuestiones de negocios. No pienses que están aquí solo por el espectáculo. En las gradas de un anfiteatro se hacen tratos comerciales, se

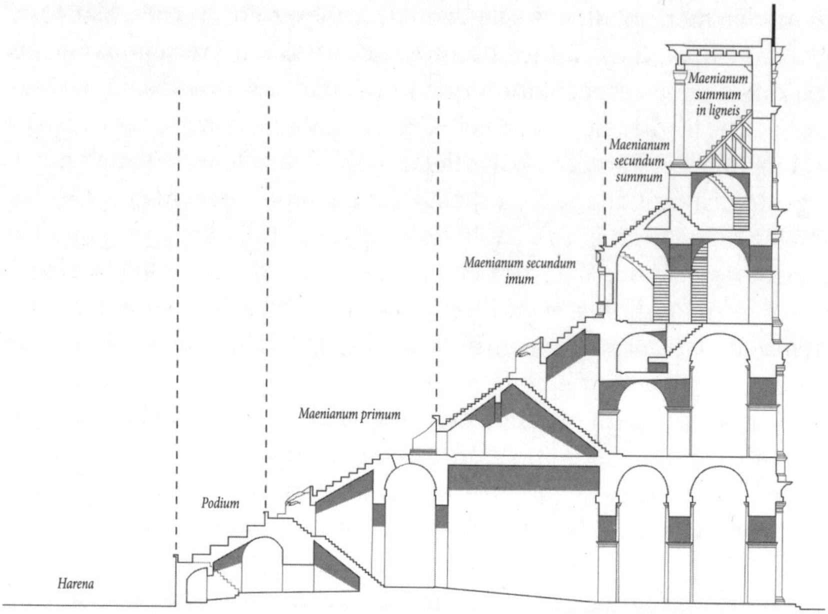

Esta sección nos permite comprender el funcionamiento interno de la estructura del Coliseo, así como las diferentes alturas donde se sentaban los espectadores divididos por estatus social.

traman conjuras políticas y hasta se gestan matrimonios. Es muy celebrada la anécdota de cómo el *dictator* Lucio Cornelio Sila conoció a la que sería su mujer, Valeria, en un espectáculo gladiatorio. Y fue ella, según se cuenta, quien consiguió seducirle.

A pesar de que hay acomodadores que deberían estar ahí para vigilar quién puede y quién no puede pasar, hacen un poco la vista gorda. Si te fijas, también verás que algunas de las esposas de los senadores y sus hijos están con ellos. La ley augustea deja claro que las únicas mujeres que pueden ocupar un lugar en esa zona del anfiteatro son las vírgenes vestales; sin embargo, un siglo después de haberse promulgado, las normas se han relajado un poco en ese sentido; aunque solo sea para los aristócratas.

Por encima de esta tribuna principal, separada por un *balteus* o un muro corrido que sirve como barandilla o pretil, se encuentra el *maenianum primum*, o primer sector. Es el anillo en el que estamos nosotros. No está nada mal, nos hemos colado entre los ciudadanos de orden ecuestre. Aquí ya hay que sentarse en el mármol, aunque sigue habiendo espacio suficiente y el ambiente es tranquilo. Si miras hacia atrás verás el *maenianum secundum*, que ocupa la plebe. Nobles y plebe fueron separados por primera vez por orden del Senado en el año 194 a. C. Este *maenianum*, a su vez, se divide en *imum*, la zona inferior, y *summum*, la superior. El inferior está reservado para los ciudadanos con ciertos recursos y el superior lo ocupan los pobres. ¿Ves ese gran muro que divide el graderío con columnas, estatuas y ventanales? Es la prueba evidente de la separación social que el dinero ha creado entre los romanos. Pero incluso por encima de ellos, tras la gran columnata, se encuentra el *maenianum summum in ligneis*, el sector superior de madera. Son las gradas más altas de todo el anfiteatro, «el gallinero» como lo solemos llamar en nuestro futuro. Allí, en unas condiciones bastante precarias y con una enorme inclinación, se ubican las mujeres, los esclavos y los extranjeros sin recursos. Este último nivel es el que Domiciano añadió hace unos años al anfiteatro para que todo el mundo tuviera cabida en los espectáculos imperiales, aunque sea a más de cuarenta metros de altura.

¡QUE COMIENCEN LOS JUEGOS!

Hora tertia

¡Atención!, ahí llega el emperador al palco principal. Domiciano saluda a los magistrados, a las vestales y se dirige al público alzando la mano derecha en señal de bienvenida. Está lejos, pero sus gestos muestran orgullo y virtud, valores propios de todo buen ciudadano romano. Las más de 50 000 personas que abarrotan las gradas estallan en vítores, aplausos y alabanzas a los dioses por este día que estamos a punto de celebrar. Sería imposible contar cuánta gente hay realmente aquí. Algunos dicen que en la inauguración llegó a haber más de 80 000 personas, aunque no estoy seguro de que sea posible. Tendríamos que juntarnos mucho unos a otros para conseguir que el anfiteatro pudiera acoger tal cantidad de gente.

Al momento, cientos de aves, entre las que hay palomas pero también grullas y garzas, descienden desde la parte superior del anfiteatro, donde permanecían ocultas en jaulas hasta ahora. Algunas vuelan hacia el exterior, pero muchas descienden hacia la arena, todavía vacía aunque ya decorada con palmeras y árboles exóticos que ambientarán las cacerías de hoy. Otras bajan también hacia las gradas, donde son atrapadas por la plebe, que no pierde la oportunidad de llevarse el primer «regalo» del día que el emperador les brinda. Habrá muchos más, pero seguramente los reserven para la tarde.

Los aplausos y los gritos continúan hasta que Domiciano los acalla levantando sus brazos. Es el momento de la inauguración y el poeta de corte, Estacio, ha compuesto una silva para este día. Ahora debemos guardar completo silencio. Como comprenderás no hay megafonía en el anfiteatro, pero podrás comprobar que su voz está bien entrenada para conseguir llenar todos los rincones.

Oye mi súplica, Volcano, que proteges el mes de germánico,
y tú, Minerva, que guardas a nuestro emperador con audacia.
Bendecid la jornada que el magnánimo Domiciano nos ofrece.
Nunca el mundo ha visto espectáculos semejantes a los que los Flavios,
más cercanos a los dioses que a los mortales,
han ofrecido y ofrecen a sus romanos.
Que el destino nos permita seguir en este mundo para disfrutarlos.
Nuestro emperador cumple hoy quince felices años de gobierno.
Y la púrpura se asocia gozosa a su nombre
mientras un nuevo Sol nace celebrando su mandato.
Que los dioses le entreguen cinco, diez y quince años más.
Es el momento de disfrutar de este espectáculo inolvidable.
Ha llegado la hora del disfrute de los sentidos.
Celebrad conmigo esta jornada gloriosa y afortunada.
¡Por cuántos años perdurará la memoria de este día!
Su carácter sagrado no se desvanecerá durante siglos,
mientras los montes del Lacio y el padre Tíber,
mientras tu Roma permanezca en pie y perdure el Capitolio
que al orbe restituyes, oh, Domiciano.

Una vez más, el público enloquece con las palabras de Estacio. Domiciano aplaude a su poeta y agradece a todos los presentes. Fíjate en cómo los aplausos son mucho más fervorosos cuanto más alto es el graderío del que provienen. El pueblo adora a Domiciano. Sin embargo, muchos senadores, los hombres más ricos y poderosos de Roma, no se muestran tan efusivos en sus vítores. Domiciano cuenta con ello y seguramente esté disfrutando de esta pequeña humillación pública que reafirma su mandato y su gran popularidad.

Mira a esos tres hombres en la tribuna principal, un poco a tu izquierda, casi directamente enfrentados al palco imperial. El que está en el centro es el senador Marco Coceyo Nerva. Los dos que le acompañan no deberían estar ahí, pues no son senadores, pero habrán sido invitados por Nerva. Se trata de Partenio, prefecto del pretorio, y su liberto Máximo. Desde aquí no podemos oír lo que están comentando, pero por cómo gesticulan parece importante.

Dado que es imposible que lleguemos a estar lo suficientemente cerca de ellos como para enterarnos de lo que está pasando, vamos a concentrarnos en el espectáculo. Ante nosotros tenemos la arena del Coliseo, casi cuatro mil metros cuadrados de espacios abiertos que sirven como escenario para los juegos. Hablo en plural porque son varios los elementos diferentes que forman lo que se conoce en conjunto como *munus legitimum*. Esta denominación y su estructura actual se la debemos al divino Augusto, que fue quien la fijó definitivamente.

La jornada se divide en tres partes claramente separadas, desde la mañana hasta la noche, con algunos divertimentos menores entre ellas. Los que están a punto de comenzar son los *ludi matutini*, las cacerías de animales. A mediodía llegan los *ludi meridiani*, ejecuciones de condenados a muerte. Finalmente, por la tarde nos esperan los *munera gladiatoria*, los combates de gladiadores. Augusto, aparte de establecer el orden y horarios de estos espectáculos, también prohibió el *munus sine missione* o, lo que es lo mismo, que los combates terminaran siempre con la muerte de uno de los gladiadores. Hasta ese momento existía esta forma de lucha en la que el gladiador vencedor debía enfrentarse a otro combate, y a otro más si ganaba el anterior, hasta que solo un gladiador salía con vida de la arena. También prohibió varios tipos de gladiadores políticamente incorrectos y reguló los días en los que no era conveniente celebrar los juegos. Además, como te comentaba antes, separó a la gente de forma definitiva por clases en las gradas e hizo obligatoria la toga para asistir a los espectáculos, aunque no siempre termina cumpliéndose. Finalmente, decretó varias leyes que impidieran a nobles y senadores la posibilidad de bajar a la arena para luchar como gladiadores. La infamia no puede manchar a las clases altas y, en esa época, no era infrecuente ver ese tipo de situaciones entre aquellos que habían contraído demasiadas deudas y querían resolver sus problemas de cualquier manera posible. Todo ello lo hizo Augusto para renovar los espectáculos y darles su forma definitiva como entretenimiento, pero también como parte de la propaganda imperial.

El *munus* no es otra cosa que la representación a escala de la conquista del mundo por parte de Roma; en definitiva, el sometimiento a ella de bestias y hombres de todas las regiones. Una demostración de poder que cuesta cientos de miles de sestercios cada vez que se escenifica. Recuerda que solo en los juegos de hoy se ha gastado un millón de sestercios. También es por eso que este tipo de espectáculos se pueden ver en Roma entre cinco y diez veces al año, un número muy bajo, especialmente si lo comparamos con los más de cien días en los que se realizan representaciones teatrales en la ciudad o los más de sesenta de carreras de circo. Solo en momentos muy puntuales de la historia romana se han visto juegos de larga duración: los más importantes que se recuerdan duraron cien días, entre junio y septiembre del año 80. Se trataba, por supuesto, de los juegos inaugurales de este anfiteatro. Aunque dentro de unos años el emperador Trajano organizará otros para celebrar su regreso victorioso de la segunda guerra dácica. Durarán ciento veintitrés días y serán los más largos de la historia de Roma, con más de cinco mil parejas de gladiadores.

¿Oyes eso? Son las trompetas que anuncian el inicio de las cacerías. ¡Que comiencen los juegos!

LVDI MATVTINI

Hora quarta

Es la hora de las *venationes*, las cacerías de animales que sirven como entrante al menú de lujo de hoy. A pesar de que es el primer espectáculo del día, no pienses que se trata de un entretenimiento menor. Al fin y al cabo la romana es una sociedad cazadora, hace siglos por necesidad y ahora por deporte. En los tiempos más arcaicos tenían que lidiar con los animales salvajes que se aproximaban a sus cabañas. Las murallas que la tradición adscribe al rey Servio Tulio, construidas en el siglo VI a. C., no solo les brindaron protección contra los enemigos humanos, sino también contra las bestias.

Con el paso del tiempo comenzaron a organizarse en los círculos poderosos cacerías a caballo por el monte por diversión, una actividad que terminó desembocando en todo un espectáculo adaptado a espacios mucho más reducidos. Primero en el foro, cercado de madera; más tarde en el circo y finalmente en el anfiteatro.

A día de hoy una *venatio* es todo un espectáculo pensado para entretener además de asombrar. Después de la vuelta triunfal de la procesión a la que hemos asistido hace un rato, y mientras el público terminaba de acomodarse en sus asientos, los esclavos públicos del anfiteatro se han esmerado en colocar toda una serie de elementos de escenografía traídos directamente del *summum choragium*, el almacén situado detrás del Ludus Magnus y antes de la Moneta Caesaris, la nueva ceca en la que se acuña toda la moneda de Roma.

Si te fijas, se mezclan paneles de madera pintados simulando arbustos con palmeras reales plantadas en grandes barriles de madera que permiten moverlas fácilmente cuando sea necesario. Y, ocultas entre todo ese mar de escenografía salvaje, están las trampillas por las que, casi sin que el público se dé cuenta, aparecerán las diferentes bestias. Todas vienen de los pasadizos subterráneos que están bajo el suelo de madera cubierto de arena. Más tarde, si quieres, podemos descender a echar un vistazo, Carandus me ha asegurado que nos puede colar.

Ahí salen los *venatores.* Al igual que los gladiadores, entrenan y viven en un *ludus*, en concreto en el Ludus Matutinus; ayer pasamos por delante de él. Que los cazadores cuenten con su propio cuartel, separado del resto de gladiadores, es una anomalía que solo se da aquí por la magnitud de los espectáculos costeados por el emperador. Como ves, algunos visten solo el *subligaculum*, que les cubre la cintura y el bajo vientre, y otros llevan túnicas de varios colores, aunque realmente poco les protegerá si una bestia salvaje se les echa encima. Para atacar y, a veces, para defenderse, portan el *venabulum*, una lanza que pueden usar para pinchar o, más comúnmente, para lanzarla a modo de jabalina contra los animales. Los cazadores deben contar con fuerza física y agilidad, pero sobre todo con puntería para atacar desde la distancia. Buena parte de ellos vienen del norte de África, de donde se suelen traer los esclavos más experimentados. De allí también se trasladan *venatores* de gran experiencia, como los de la hermandad de los *telegenii*, que tienen fama de ser los mejores del mundo.

Junto a ellos llegan los *bestiarii*, ayudantes de los cazadores que controlarán si es necesario a los animales azuzándolos y obligándolos a moverse si trataran de huir o se quedaran paralizados por el miedo. Ellos llevan también venablos con puntas de hierro que calentarán en braseros para quemar a los animales y así conseguir que reaccionen sin herirlos de gravedad.

Los ayudantes se quedan por el momento en los laterales de la arena, donde existen unos espacios protegidos por barreras de madera que les ayudan a refugiarse si es necesario y les sirven de depósito para el equipamiento adicional.

¡Mira! Ya salen los animales. El público comienza a gritar enardecido mientras se abren las trampillas en el suelo por las que han salido diez leopardos que ahora serán cazados por un grupo de cinco *venatores* que ya se distribuyen por la arena. Tratarán de hacerlo trabajando en equipo. Unos intentan acorralar a los animales mientras que otros protegen la retaguardia para evitar que se les acerquen sin que los detecten. Deben tener mucho cuidado, porque los leopardos se agazapan entre los arbustos para saltar sobre su presa. Por supuesto, lo que se

Detalle de un mosaico de los siglos III-IV hallado en 1834 en una villa cercana a Roma. En ellos, entre otras escenas de gladiadores y *venatores*, podemos ver al cazador Serpeniius enfrentado a un feroz leopardo. Galería Borghese, Roma.

busca no es ver cómo la bestia despedaza al cazador, sino que estos acaben con los animales de la forma más vistosa posible.

Como por ejemplo esta. Uno de los *venatores*, llamado Serpeniius, acaba de lanzar a gran distancia su *venabulum* y ha alcanzado el cuello de uno de los leopardos. Los *bestiarii* se han acercado rápidamente a entregarle otra arma para que pueda continuar la cacería. Así, poco a poco, va creciendo la tensión, aunque todo apunta a que esta primera de hoy será sencilla. Los *venatores* han salido a la arena con mucha energía y los leopardos parece que todavía no están muy despiertos. Aun así, son los cazadores los que consiguen que el espectáculo esté siendo atractivo para el público. Ellos lo valoran y lo aplauden, a la vez que confían en que las próximas cacerías sean todavía más espectaculares.

Una vez que todos los animales de esta primera ronda han sido cazados, los *bestiarii* retiran los cuerpos de la arena. Mientras se prepara la siguiente cacería, uno de ellos trata de montarse en un caballo salvaje que galopa libre por la arena. Cuando el *bestiarius* por fin consigue agarrarse a las crines y subirse al caballo de un salto, el público aplaude la hazaña. Como ves, estos espectáculos intermedios mantienen la atención de los espectadores fija en la arena mientras se prepara la siguiente cacería.

Ahora, los músicos han comenzado a hacer sonar las *tibiae duplices*, flautas dobles que, junto a los sistros y los panderos, crean un efecto de música egiptizante. Eso solo puede significar que la próxima cacería estará inspirada en el ambiente de la ribera del río Nilo, o en el ideal que los romanos tienen de Egipto. Las trampillas vuelven a abrirse, pero ahora son cocodrilos los que han salido de ellas. Se trata de trampas en sí mismas para los *venatores*, que deben tener mucho cuidado con ellos mientras se enfrentan a los verdaderos objetivos de esta cacería: tres enormes hipopótamos que con sus mandíbulas pueden aplastar la cabeza de cualquiera de esos hombres. Domiciano ha querido sorprender al público romano con estos animales que difícilmente se pueden contemplar en un anfiteatro. El primero que se llevó a Roma se pudo ver en época de Augusto, tras la anexión de Egipto como una provincia más del Imperio. Su tamaño y su rareza realmente han dejado mudo al anfiteatro. Los cazadores comienzan a lanzar sus venablos. Aunque alguno consigue clavarse, otros simplemente rebotan en la dura piel de los hipopótamos por no haber sido lanzados con el ángulo apropiado. Mientras todo esto sucede también se han soltado varios ibis, que los cazadores deben asaetear antes de que alcen el vuelo con los arcos que han sacado por sorpresa de entre los arbustos. El espectáculo debe maravillar al público y el sonido de la multitud embelesada confirma que este gesto lo ha conseguido.

Sin embargo, uno de los *venatores* no ha visto que un cocodrilo se arrastraba sigiloso detrás de él y ha acabado con la pierna dentro de sus fauces. Otros cazadores han acudido en su ayuda y los *bestiarii* ya se lo llevan en parihuelas de la arena, directo al *saniarium*. Es lo menos que podría haber pasado. Si en algún momento es demasiado para ti, dímelo. Al fin y al cabo, este no es un espectáculo pensado para gente de nuestro tiempo. No estamos acostumbrados a algo así. Aunque, por suerte, son pocas las veces que un *venator* muere en la arena. El hecho de que haya varios a la vez les permite tener cierta ventaja ante los animales al trabajar en equipo.

Los cuerpos de los tres hipopótamos yacen ya en la arena mientras el público jalea y los ayudantes enganchan los cadáveres con sendos garfios atados a un yugo tirado por cuatro caballos. Solo así podrán arrastrar fuera los más de mil kilos que pesa cada uno de ellos. Mientras eso ocurre aparecen, cubiertos con arneses de cuero que terminan en una gran cadena de hierro, un oso y un toro. Las cadenas de ambos van a ser unidas para que los dos animales se enfrenten entre sí hasta la muerte. Como ves, además de las cacerías, los romanos también celebran los enfrentamientos entre bestias como el que ya ha comenzado, pero son libres para correr y saltar. Aun así, los espectadores no temen por sus vidas puesto que alrededor de la arena hay varias medidas de seguridad instaladas. En primer lugar, un gran muro de cuatro metros separa el nivel de los espectáculos de las primeras gradas. Pero, por si eso no fuera suficiente, a distancias regulares se han colocado rodillos giratorios de madera para que el muro no pueda ser escalado. No obstante, si algún animal consiguiera subir, existe una gran red en la parte superior del muro sujeta por postes de madera que hace de última barrera. En algunos anfiteatros sé que han llegado a colocar hileras de afilados colmillos de elefantes. Toda protección es poca; alguna que otra vez un animal ha causado el pánico en la grada, pero es raro que ocurra y suelen ser abatidos rápidamente por los propios cazadores o por arqueros. Más peligrosos pueden resultar los rituales de ofrenda a los dioses, no sería la primera vez que un toro que va a ser sacrificado salte corneando todo lo que se le pone por delante con el hacha sacrificial clavada en la grupa por culpa de un mal golpe del *popa*, uno de los *victimarii* o esclavos especializados en sacrificios.

Escena del mosaico de Zliten (finales del siglo I - principios del siglo II), descubierto en las ruinas de una villa romana situada cerca de Leptis Magna, en Libia. Junto a otras escenas, se representa el enfrentamiento entre un oso y un toro, muy parecido al que acabamos de asistir. Museo de la Jamahiriya, Trípoli, Libia.

En este caso no parece que ninguno de los dos animales vaya a intentar escapar. Están concentrados el uno en el otro. La lucha es igualada, la embestida del toro es poderosa, pero con la cadena no tiene suficiente margen para iniciar la carrera. El oso ha conseguido agarrar al toro del cuello mientras sus zarpazos lo debilitan. Un *bestiarius* trata de recuperar con un garfio las cadenas para contener al oso una vez que este ha acabado con el toro. Por fin separan los grilletes y el resto de los *bestiarii* corren para terminar con el sufrimiento del toro antes de arrastrarlo.

La siguiente en aparecer sobre la arena no es una bestia ni un cazador, sino una mujer. Muchos romanos critican que una mujer vista las ropas y porte las armas de los *venatores*, pero lo cierto es que ellas también participan en los espectáculos. Aunque no es muy frecuente, tal vez no veamos más que a una cazadora en toda la jornada, pero ahí la tenemos. Un *praeco* la precede con un gran cartel en el que aparece su nombre: Mevia. Va armada con varios venablos y lleva un pecho al descubierto, asociando su imagen al mito de las amazonas, para demostrar su valor. Está ahí por voluntad propia, no era esclava antes de ser cazadora, sino una mujer libre atraída por la fama, el peligro y el espectáculo. Todos ellos son valores que no se esperan de una mujer en esta época, pero eso no significa que no haya quien los tenga, y se atreva a mostrarlos. De hecho, el emperador Augusto, dentro de su regularización de los juegos, decretó que ninguna mujer menor de veinte años pudiera saltar a la arena. Mevia se enfrenta a varios jabalíes y uno a uno los va atravesando hábilmente con sus dardos hasta acabar con todos y cada uno de ellos. El público está complacido con su actuación y aplaude en consecuencia.

Por la posición del sol, que ya va subiendo en el cielo según se acerca el mediodía, diría que nos falta uno o dos espectáculos más dentro de los *ludi matutini*. Probablemente serán los más impresionantes. ¡Vaya!, creo que no me equivoco. Ese hombre que sale ahora a la arena rodeado por varios cazadores es Carpophorus, el entrenador principal de los *venatores* del Ludus Matutinus. Se le considera uno de los mejores y más laureados *venatores* de la historia. Fue una de las estrellas de los juegos inaugurales en el año 80. Incluso Marcial le dedicó varios de sus epigramas alabando sus virtudes al enfrentarse como Meleagro a jabalíes, a leones más admirables que el de Nemea al que derrotó Hércules y a veloces leopardos. Pero si hay una gesta que se recuerda siempre es la del día en que exhibió su fuerza contra dos novillos, un búfa-

Escena venatoria que representa el enfrentamiento de un cazador con una leona. Se cree que formaba parte de la decoración de la balaustrada del podio del anfiteatro de Mérida. Museo Nacional de Arte Romano, Mérida.

lo, un bisonte y un león, mientras un rinoceronte africano lanzaba por los aires a un oso, todo ello casi como si las dos bestias, el animal y el humano, estuvieran colaborando para vencer al resto de animales.

Carpophorus se queda en un lado de la arena mientras da instrucciones a sus mejores cazadores. De las diferentes trampillas empieza a surgir una manada de leonas preparadas para la caza. No se asustan como otros animales; no huyen. Están hambrientas y esperan conseguir pronto su próxima comida. Y mientras los *venatores* se distribuyen para que las leonas no puedan acorralarlos, aparece el verdadero protagonista de la lucha haciendo retumbar el suelo: un enorme rinoceronte. Y no uno cualquiera: es el mismo que participó en la inauguración del Coliseo y que luchó junto a Carpophorus. El rinoceronte lleva arnés y tras él se encuentran varios *bestiarii* sujetando la cadena para dirigir al animal.

De pronto las leonas saltan sobre él, como habiendo detectado que se trata de un peligro inminente para ellas. Tal vez en su ambiente natural no lo harían, pero en las condiciones tan particulares del anfiteatro, sintiéndose acorraladas de pronto, todo puede ocurrir. Una leona sola no tendría nada que hacer contra el rinoceronte, pero en manada tal vez tengan una oportunidad. El rinoceronte, sin embargo, embiste a las leonas, se defiende con bravura y cuenta con la ayuda, para nosotros ya no inesperada, de los *venatores* que lanzan sus venablos a las felinas. Aun así, una de las leonas escapa de los ataques y consigue colocarse detrás del rinoceronte. Estando ya a punto de abalanzarse sobre él, un venablo la atraviesa. La trayectoria nos hace mirar hacia el lateral de la arena desde el que Carpophorus clava sus ojos en la leona herida de muerte. Ha sido él quien ha salvado al rinoceronte, su viejo compañero de batalla.

La balanza se decanta tras una épica lucha que el público recordará por mucho tiempo. El poderoso rinoceronte, con la ayuda de los cazadores (a sus ojos indefensas presas de las leonas) ha conseguido la victoria. Carpophorus y sus *venatores* saludan al público mientras reciben satisfechos su ovación. Me da la sensación de que este resultado o el propio enfrentamiento no son una casualidad, sino una calculada estrategia propagandística del emperador. Además del homenaje a Carpophorus, Domiciano quiere que la gente entienda que él mismo es el rinoceronte que, con la ayuda del pueblo, que de otra forma estaría casi indefenso, ha conseguido someter a la aristocracia senatorial. De hecho, hace unos años, se acuñaron unos cuadrantes —la cuarta parte del as— en los que aparece este famoso rinoceronte en el anverso con el nombre de Domiciano en el reverso. ¡No creo que esto siente demasiado bien en las primeras filas!

La carne de esas leonas formará parte del banquete de todos los cazadores y gladiadores esta noche, no pienses que se va a desperdiciar.

Cuadrante de Domiciano con el rinoceronte en el anverso. Acuñado en la ceca de Roma, *c.* 84-85 (RIC 250). Gabinete Numismático Estatal, Múnich.

Una de las escenas representadas en los extraordinarios mosaicos que decoraban la Villa del Casale (Piazza Armerina, Sicilia), datados en el siglo IV, que muestran con todo lujo de detalles cómo se desarrollaba en la antigua Roma la captura y transporte de animales exóticos destinados a los espectáculos.

Y aunque Domiciano ha tenido que desembolsar miles de sestercios por la muerte de cada una de ellas, han cumplido su cometido. Los *bestiarii* se llevan al rinoceronte de vuelta a su *vivarium*, un recinto imperial situado normalmente fuera de la ciudad o, al menos, lejos del centro monumental para evitar problemas. Imagino que irá al que se encuentra junto a la Porta Praenestina, el arco monumental construido por el divino Claudio para que el Aqua Claudia y el Aqua Anio Novus crucen por encima de las vías Labicana y Praenestina. Fue restaurada hace unos años, por cierto, por orden de los divinos Vespasiano y Tito. Allí el rinoceronte lleva casi veinte años viviendo junto a otros animales en unas condiciones medianamente aceptables, con cierto espacio para vivir, comer y beber —al fin y al cabo disponen del agua de dos acueductos— antes de salir a la arena del anfiteatro. Según me contó hace poco Barbatus, un liberto britano cercano al emperador,

Domiciano tiene también allí varios elefantes cuidados por un *magister* que los alimenta y mantiene a salvo.

Ese es el destino, con suerte, de los animales que llegan a Roma. Pero puede ser mucho peor. La caza, traslado y mantenimiento de bestias salvajes es un negocio lucrativo pero extremadamente peligroso, tanto en un sentido literal como económico. Piensa en los problemas que pueden surgir en una cacería donde lo principal es no matar al animal, muchos de los cuales no soportan las condiciones de los largos viajes y mueren antes de llegar, con las pérdidas monetarias que eso les supone a los comerciantes.

A pesar de que muchos animales se cazan en Italia, África y Asia son los lugares de donde proceden los más admirados por el público, dada su fiereza y rareza. En África es relativamente sencillo y barato conseguir animales salvajes. Los equipos de caza suelen contar con especialistas entrenados para guiar a las bestias, indígenas que están muy acostumbrados a convivir con ellas e incluso, según me han contado, cebos humanos que atraen a los animales y que no siempre salen vivos de la trampa. En ocasiones también los legionarios ayudan en este tipo de tareas. Hace poco vi una inscripción funeraria de un *ursarius*, un soldado especializado en cazar osos. Del mismo modo que colaboraban en trabajos de construcción de puentes, carreteras y hasta de ciudades, ¿por qué no iban a colaborar en cacerías? Al fin y al cabo, son los que mejor equipados van ante cualquier imprevisto.

Suelen emplear jaulas camufladas, redes o zanjas excavadas en el suelo cubiertas con hojarasca y ramas. Es importante tener en cuenta que no existen los dardos tranquilizantes con los que contaremos en nuestro futuro, aunque parece que en ocasiones… ¡echan abundante vino en las charcas donde se reúnen los animales a beber para así emborracharlos y que la caza sea algo más sencilla después!

Pero los problemas no acaban aquí. Una vez cazados y enjaulados, los animales deben ser trasladados, primero por tierra, en grandes caravanas, y después por mar hasta llegar a Roma. Piensa en la necesidad de cargar cientos de kilos de comida y agua para alimentar a los animales en las largas travesías que deben soportar. Saliendo del puerto de Cartago se puede tardar unos diez días por mar hasta Roma. No es de extrañar que se paguen miles de sestercios por cada animal que llega hasta el puerto de Ostia.

No todos sobreviven al largo trayecto y, los que lo hacen, llegan a Roma o bien débiles y desnutridos o rabiosos por su cautiverio. Hay que tener mucho cuidado con ellos incluso si están enjaulados. Se cuenta que el escultor Pasiteles el Joven estaba un día sentado en los muelles del puerto fluvial de Roma cerca de los animales, observando un león mientras lo dibujaba para luego cincelarlo en plata. De repente, una pantera que se había escapado de su jaula saltó sobre él. Aunque hay quien dice que el animal lo mató, estuve leyendo el otro día un pasaje de la *Historia Natural*, de Plinio el Viejo, donde se menciona lo que ocurrió y parece que se salvó por poco de irse al inframundo. Por si algún día quieres consultarla, tienen la obra completa en la biblioteca del Atrio de la Libertad, junto a la Curia Julia. Es la más antigua de Roma, ideada por el divino Julio César y fundada finalmente por Augusto.

Fíjate en la gente, no todos están atentos a las cacerías. El anfiteatro también es un lugar para socializar, pasar un buen rato con los amigos y disfrutar del día. En realidad, nosotros estamos haciendo precisamente eso, con el añadido de nuestro interés por descubrir todo lo que podamos como viajeros en el tiempo. Mientras hablábamos, unas panteras han sido cazadas por *venatores* a caballo para dar tintes diferentes a las exhibiciones. Ahora suenan de nuevo las trompetas anunciando que se acerca el final de los juegos de la mañana.

Domiciano se ha levantado de su trono en el palco imperial y saluda al público mientras desfila por la arena una comitiva de ciervos, avestruces, osos y tres elefantes, todos ellos amaestrados, que se detiene frente al emperador. Al sonido del silbato de los *bestiarii* los ciervos bajan sus cabezas, los avestruces extienden sus alas, los osos se ponen de pie y los elefantes elevan sus trompas para saludar al emperador. Como si se tratara de soldados de un ejército, los animales obedecen y presentan sus respetos al hombre más poderoso de Roma y el público estalla en aplausos. No todo tiene que terminar con la muerte de las bestias, aunque es la norma. Dicen que en los juegos inaugurales del Anfiteatro Nuevo murieron unos nueve mil animales, lo que hace unos noventa por cada día que se celebraron juegos. Hoy, si no he contado mal, han sido ochenta los que han caído en la arena, cerca de la media de la inauguración. Y si a todo eso sumamos esta espectacular exhibición final, creo que los *ludi matutini* han resultado muy satisfactorios para la gente.

UN ESPECTÁCULO DE ALTURA

Hora quinta

Han terminado las cacerías, lo que significa que ya debe ser la hora quinta. Mientras retiran la escenografía selvática hay gente que aprovechará para comentar los mejores momentos, salir a beber un poco de agua o a la letrina. Pero para los que se quedan, incluso en este intermedio, hay espectáculo. Saltan, literalmente, a la arena un buen número de esclavos haciendo acrobacias, malabares e incluso montados en caballos al galope. También hay un grupo de pigmeos escenificando pequeños montajes satíricos y pantomimas. Algunos están peleándose a puñetazo limpio contra unas grullas y otros incluso representan, como si de una repetición cómica se tratara, las cacerías que acabamos de presenciar. Unos vestidos de *venatores* y otros disfrazados de leonas. Entre varios han conseguido «convertirse» en el rinoceronte y un pequeño Carpophorus —en realidad un pigmeo subido a los hombros del otro— alza los brazos victorioso mientras un enorme y grotesco falo de tela rellena cuelga entre sus piernas para darle un toque extra de comedia.

¿Qué te parece si mientras preparan el siguiente espectáculo hacemos una escapada a lo más alto del anfiteatro? Así tendremos la posibilidad de comprobar cómo se ven los juegos desde ahí arriba. Vamos por este *vomitorium* hacia los pasillos internos que nos darán acceso al *maenianum summum in ligneis*, el graderío más alto, hecho de madera. Cada escalera que subimos nos permite ascender un nivel más dentro de la estructura. Mira, desde aquí podemos ver el exterior a través de los arcos de la fachada. En este segundo nivel, igual que en el que está sobre nuestras cabezas, cada arco tiene un *balteus* o barandilla de travertino para evitar que podamos caernos. Y en el centro de los vanos, un pedestal con una estatua de mármol policromado encima. Divinidades, personajes mitológicos y públicos de Roma se entremezclan para formar una vívida composición que rodea todo el anfiteatro. Ciento sesenta estatuas, de las que llegarán a nuestro futuro algunos fragmentos y solo una prácticamente completa.

Seguimos subiendo, en este caso hacia un corredor intermedio que cuenta con una bóveda más baja. En él, a diferencia de los corredores inferiores, ricamente decorados, podemos ver que solo muestra un encalado pintado de rojo en las paredes y blanco en las partes altas y las bóvedas. Una decoración más sencilla pero funcional que evita humedades y aísla las bajantes de agua que discurren por la estructura. En este punto, a través de unas escaleras laterales podemos subir al tercer nivel. Son más estrechas a partir de aquí. Todavía nos quedan dos tramos más para llegar. En el cuarto aún encontramos gradas de piedra, bastante más inclinadas y estrechas que las que ocupan los caballeros o los plebeyos acomodados. Además, muchos de los escalones de mármol están garabateados con figuras de cazadores, de gladiadores o, simplemente, con tableros de juego. No es que en las gradas inferiores la gente sea mucho más cívica, pero la acumulación de este tipo de grafitos es muy superior aquí arriba. Incluso hay quienes graban sus nombres queriendo remarcar que aquella zona está reservada. Lógicamente esto no tiene ninguna implicación legal vinculante, aunque según el nombre de quién veas quizá es mejor que no te sientes, no vaya a ser que venga el susodicho con una banda de gladiadores retirados buscando gresca.

¡Ánimo ahora! Solo nos queda un tramo más de escaleras y habremos llegado a nuestro destino. Nos recibe una enorme columnata con capiteles compuestos de mármol que contrastan con la grada de madera escondida tras ellos. Desde aquí tienen que ver los juegos los más desfavorecidos, especialmente los esclavos y las mujeres pobres. La arena está lejos, pero se pueden distinguir bastante bien las figuras de los saltimbanquis que siguen entreteniendo a los espectadores. Eso si no tienes delante alguna de las columnas del gran pórtico, que te taparán siempre parte de la acción.

Aunque hay que reconocer que se pierden todos los detalles de lo que sucede en la arena, la vista general del anfiteatro desde aquí arriba es realmente espectacular. Vamos a recorrer un poco este anillo superior hacia el este, tengo reservado algo más que creo que te gustará.

Vista del estado actual de uno de los corredores que dan acceso a las gradas más elevadas del Coliseo. Ha perdido buen parte del encalado y están a la vista los sillares de travertino y la bóveda de *opus caementicium* que lo cubre.

Recreación 3D de la vista que tienen los espectadores desde el *maenianum summum in ligneis* del Coliseo.

Como el mediodía ya se acerca, están a punto de desplegar el *velarium*. Fíjate en que aquí, por detrás del entramado de asientos, sube una escalera que llega todavía más arriba. Vamos a subir a 165 pies romanos de altura o, lo que es lo mismo, 48 metros.

Sobre esta estructura de madera ya no hay gradas ni espectadores. Estamos por encima del nivel más alto de la fachada del Coliseo y la vista a nuestro alrededor no podría ser más increíble. Frente a nosotros el monte Oppio, con el pabellón de verano de la Domus Aurea que todavía sigue usándose en algunas ocasiones. Dentro de ocho años sufrirá un gran incendio y el emperador Trajano aprovechará para construir encima sus enormes termas públicas. Precisamente eso es lo que permitirá conservar para siempre la estructura que se podrá visitar en nuestro tiempo. Hacia la derecha, el monte Celio con el templo del divino Claudio en la parte superior, rodeado de árboles y jardines. Hacia el oeste, al fondo, el palacio imperial, el Foro y el monte Capitolio, en el que se distingue perfectamente el templo de Júpiter Óptimo Máximo Capitolino por el brillo dorado de sus tejas. Completando el giro de 360 grados aparecen el monte Esquilino y, tras él, el Quirinal.

Acumuladas contra el muro de la fachada se encuentran todavía las jaulas en las que estaban encerradas todas las aves que se han soltado al comienzo de los juegos. Están apartadas porque van a comenzar las operaciones para extender el *velarium*. Nos quedaremos aquí para no molestar a los operarios, pueden llegar a ser muy maleducados. Todos estos hombres son en realidad soldados a las órdenes de la flota imperial romana. Se trata de un destacamento de marineros de la Classis Misenensis, la flota que está amarrada en el puerto militar de Miseno. Al frente de ella estuvo el almirante Plinio el Viejo hasta su muerte en el año 79, en la playa de Estabia, a causa de la erupción del Vesubio.

Desde esta zona elevada podemos ver los grandes mástiles que sobresalen desde el exterior de la fachada. En total son 240 postes de madera, apoyados en ménsulas en la parte externa, que atraviesan la coronación de la estructura del anfiteatro para sustentar el peso de los cabos que salen desde ellas. De manera radial fluyen hacia un anillo central que, por la tensión, se mantiene suspendido sobre la arena. Los marineros cuentan con un cuartel situado en la ladera del monte Oppio, tras el Ludus Magnus y el Ludus Dacicus y cerca del *summum choragium*. Allí se encuentran los casi mil hombres que se necesitan para el mantenimiento de este complejo sistema y su correcto funcionamiento.

Se compone de diferentes cuñas de lino que se extienden y se pliegan a modo de toldo para proyectar sombra en las gradas. Se despliega por sectores que van cambiando con el movimiento del sol a lo largo del día, si el calor lo hace necesario. También se despliega completamente cuando llueve, pero se retrae por seguridad en los días en los que hace mucho viento. Los marineros sueltan poco a poco los cabos para que las cuñas del toldo se extiendan a lo largo de los radios que llegan hasta el centro y tiran de ellas para retraer las secciones que no son necesarias. Muchos estudiosos futuros pensarán que los cipos ubicados frente a la fachada del anfiteatro sirven para sujetar los largos cabos del *velarium* pero, como puedes comprobar, no es cierto. Todo se controla desde aquí arriba. Realmente no tendría sentido tirar enormes y larguísimas cuerdas por delante de la fachada. Por suerte, en nuestro futuro la investigación se habrá dado cuenta ya de ello.

El *velarium* es todo un ingenio tecnológico, uno más de los elementos que debemos admirar de esta increíble obra arquitectónica que es el Coliseo. Pero, si bien se trata del toldo más grande del mundo, no es el único, ni el primero. Otros muchos anfiteatros alrededor del mundo romano cuentan con él, aunque a menor escala, y ya en tiempos pasados se han colocado otros para cubrir espectáculos en espacios abiertos. En época de César se cubrió por completo el Foro con un *velum* para resguardar a la gente del calor durante unos juegos gladiatorios. Todo el mundo estuvo de acuerdo en que aquella obra era igual de increíble que los juegos que había pagado César.

LVDI MERIDIANI

Hora sexta

El sol ya está casi en su punto más alto, por lo que estamos llegando a la *hora sexta*, el momento en que comienzan los *ludi meridiani*, que toman su nombre del *meridies*, el mediodía. Y tengo que advertirte sobre ellos, pues no son agradables de ver, no solo para nosotros, sino también para muchos romanos. Esa imagen de sádicos que la cultura popular nos ha transmitido no es cierta, aunque nos lo parezca desde nuestra perspectiva si juzgamos los juegos matutinos. En realidad, hasta ahora lo que hemos visto son espectáculos donde lo fundamental ha sido siempre el valor y la habilidad, aunque puedan considerarse crueles en la mentalidad del siglo XXI. Recuerda que no estamos aquí para juzgar. Sin embargo, lo que viene ahora es bastante más cruel, sin paliativos. Por eso muchos romanos aprovechan este momento para salir del anfiteatro, comer algo y descansar para volver más tarde, dentro de una o dos horas. Algunos incluso las emplean en pasar un rato por las termas públicas; las inauguradas por el divino Tito son realmente monumentales, actualmente las más modernas del mundo, y están justo frente a la fachada norte del anfiteatro.

Los *ludi meridiani*, a pesar de que su nombre no lo revele, constituyen el espectáculo más sangriento y cruel de la antigua Roma. No son más que ejecuciones de condenados a muerte que se llevan a cabo como parte de los juegos. Por supuesto, no se trata de ciudadanos romanos, a quienes se les da la posibilidad honrosa de suicidarse para demostrar su virtud. En esta época el suicidio es visto por muchos como una actitud valerosa ante la muerte, algo que cambiará radicalmente con la integración del cristianismo en la sociedad romana en los próximos siglos. Solo algunos delitos muy específicos como el parricidio o el *sacrilegium*, o robo en un templo, son tan graves como para condenar a un ciudadano romano a morir devorado por las bestias.

Y hablando de cristianos, estoy convencido de que has oído, leído o incluso visto muchas veces a esos pobres siendo devorados por los leones en el anfiteatro. Bueno, pues precisamente eso son los *ludi meridiani*, aunque sin los cristianos, claro está. Las personas que van a ser ejecutadas dentro de este espectáculo son esclavos, fugitivos, extranjeros o, en cualquier caso, personas que no están dentro de los estamentos sociales romanos. ¿Es posible que entre ellos haya algún cristiano? Tal vez, pero no va a ser ejecutado por su religión, sino porque ha cometido algún crimen penado con la muerte.

Lo que nuestra cultura —ampliamente dominada por el cristianismo hasta el siglo XXI— nos ha enseñado proviene de la propaganda que la Iglesia extendió a través de los siglos para justificarse dentro de su contexto de inferioridad en la sociedad romana: ninguneados por quienes profesan los cultos cívicos romanos, despreciados por quienes los consideran prácticamente ateos por negarse a adorar a los dioses, mal vistos por los judíos tradicionalistas y, en ocasiones, temidos por el secretismo de sus ritos. Los cristianos no se están granjeando demasiados amigos en esta época, pero el Estado romano no los odia o los repudia de forma concreta o específica. Es cierto que dentro de dos siglos surgirán problemas bastante más graves, pero todo ello en un periodo en el que Roma pasará por momentos complicados que se achacarán a la falta de veneración por parte de una comunidad cristiana cada vez más creciente. Ni siquiera en ese contexto se podrá hablar de odio al cristianismo, sino de una incomprensión ante su negativa a venerar a los dioses para mantener el equilibrio entre ellos y los mortales que permite que Roma mantenga su estabilidad.

Creo que con esto queda bastante claro. Este es un espectáculo del que no todos los romanos disfrutan por su alto grado de violencia, pero no se trata de una caza de brujas contra los cristianos, sino de la forma en la que se llevan a cabo, de tanto en tanto, las ejecuciones de aquellos que no tienen los mismos derechos que los ciudadanos romanos. Recuerda que este tipo de espectáculos se organizan pocas veces al año por lo que, en ocasiones, pueden ser varios cientos de personas las que esperen su ejecución en la arena. Los más ancianos de esta época, aunque ya quedan pocos que lo hayan vivido, cuentan que durante el reinado de Calígula había tantos condenados que en una ocasión ordenó alimentar a los animales salvajes con los sentenciados a muerte, directamente en el *vivarium*, para ahorrar dinero en comida. Aun así, con estas cosas ya se sabe que la memoria puede fallar con los años, en especial si aquello que se recuerda está basado en rumores malintencionados. No obstante, es cierto que la acumulación de condenados es una realidad y, en ocasiones, anticipa la celebración de algún espectáculo excepcional como las *naumachiae*, de las que hablaremos en los próximos días.

Los criminales, dependiendo de sus delitos y de las aptitudes que tengan para el combate, pueden ser ejecutados *ad gladium* o *ad ludos*: morir en una lucha o condenado a luchar pero con posibilidades de sobrevivir, respectivamente. Sin embargo, aquellos que no sirven para ello son castigados con la *damnatio ad bestias*, las ejecuciones de los *ludi meridiani*. Por supuesto hay quienes, como Séneca, no distinguen entre estas *damnationes* porque consideran que todas ellas, por su carácter despiadado, no son más que meros homicidios.

Parece que la arena está casi lista para las condenas. Mi opinión, poniéndome en la mente de un romano, es que vista una, vistas todas. Incluso aunque te pueda llegar a parecer entretenido observar cómo un animal despedaza a una persona —siempre desde la perspectiva de una sociedad mucho más violenta y agresiva que la nuestra—, un espectáculo así acaba cansando por repetitivo. Los organizadores de los juegos son plenamente conscientes de ello y tratan de ofrecer siempre innovaciones que renueven el interés del público más exigente. La prueba de ello son esos otros marineros que acaban de llegar por las escaleras que hemos subido nosotros. Portan en sus manos unas sogas que están amarrando a uno de los cabos del *velarium*. Todavía no sé con qué fin las van a usar, pero estoy convencido de que no falta mucho para que lo descubramos.

Mientras anudan las sogas a los cabos del *velarium*, de una forma que no augura nada bueno, vamos a volver abajo; no creo que quieras estar aquí cuando comience el espectáculo. La teatralidad es siempre un recurso muy socorrido en este tipo de situaciones, e imagino que esto tiene que ver con la escena final de las condenas de hoy. Si la última suele ser la más «espectacular», las condenas iniciales normalmente son bastante más sencillas y monótonas y sirven para generar expectación. Una pareja de tigres cazando a dos o tres condenados primero, un oso pardo contra un hombre de aspecto fuerte para que exista la ilusión de que puede llegar a tener alguna

En esta escena del mosaico de Zliten se representan dos ejecuciones vía *damnatio ad bestias.* Un reo, atado a un poste, es atacado por un leopardo, mientras dos ayudantes armados con palos y un látigo empujan a un segundo condenado, amarrado a un pequeño carro, hacia otro leopardo que se abalanza sobre él. Museo de la Jamahiriya, Trípoli, Libia.

posibilidad de vencer, o simplemente un condenado especialmente peligroso y conflictivo atado a un poste en un carro conducido directamente contra un guepardo. Cada delito tiene su condena, decidida por el *iudex*, el juez. Y no todas son castigadas con la espada o los animales, algunos delitos tienen ejecuciones muy específicas. Por ejemplo, los pirómanos son quemados vivos y los piratas o los sediciosos son crucificados.

En ocasiones, para evitar que la gente sienta compasión de los condenados, les precede un *praeco* que porta un cartel con los crímenes que han cometido e incluso se proclaman de viva voz para añadir una humillación más a la ya terrible condena pública que les espera. Este tipo de sentencias convertidas en espectáculo parece que se vieron por primera vez en la Roma de Augusto y es desde época de Nerón en adelante cuando comenzaron a tener su mayor auge. La inauguración del Coliseo, por supuesto, las ha llevado a su máximo nivel. Se realizarán de forma regular hasta inicios del siglo III, durante el periodo de los emperadores Severos.

Mientras te hacía este pequeño resumen hemos llegado a nuestros asientos y así te he ahorrado presenciar esas ejecuciones. Créeme, es mejor así. Realmente forma parte de la jornada de espectáculos, pero no dejan de ser condenas, obligaciones judiciales que se deben realizar de una forma u otra. Si hay animales involucrados, qué mejor lugar que el recinto cerrado del anfiteatro para llevarlas a cabo. Incluso los que se quedan en las gradas tampoco prestan atención de continuo a lo que está sucediendo. Algunos charlan, otros echan una siesta a la sombra del *velarium*, al fin y al cabo la *sexta* es la hora apropiada para ello, y la que da origen a su nombre en castellano. Algunos incluso buscan sacar un provecho más elevado del espectáculo. Mientras hablamos, estoy oyendo a este padre con su hijo sentados justo delante de nosotros. El padre le está contando una historia moralizante a su hijo: se trata de la fábula de Androcles y el león, que tiene como escenario principal la arena del anfiteatro durante las condenas. La conozco, así que puedo contártela de forma resumida.

Androcles, un esclavo maltratado, huye de su amo y se refugia en una cueva. Al poco tiempo, es despertado por los rugidos de un león. Al principio se asusta pero después se da cuenta de que no son de amenaza, sino de dolor: el animal tiene una astilla clavada en la pata. Androcles decide ayudarlo, extrayéndosela. El león descansa aliviado y el esclavo se queda con él un tiempo antes de marcharse, para asegurarse de que está bien.

Años después, ambos son capturados. Androcles es condenado a ser devorado por bestias, y entre ellas está el león. Al enfrentarse, el animal reconoce a su salvador y, en lugar de atacarlo, lo lame y juega con él. Sorprendido, el emperador escucha la historia y decide liberar a Androcles, entregándole el león como premio. Y así vivieron juntos y en libertad el resto de sus días. El padre termina su historia con la moraleja de la fábula: quien bien actúa sin esperar nada a cambio, igualmente recibe su recompensa.

Es increíble cómo los romanos pueden extraer algo positivo incluso de un espectáculo como este. Sin embargo, buena parte de ellos no se centra tanto en el entretenimiento del saber como en aquel que les permite pasar el rato sin pensar demasiado. Mira a tu alrededor: estamos rodeados de gente entreteniéndose con juegos de azar, conocidos en latín como *alea ludi*. Las apuestas son ilegales en todo momento, excepto en los días de las *Saturnalia*, oficialmente celebradas del 17 al 19 de diciembre. Aun así, eso no impide que la mayoría abandone el que es uno de los mayores vicios lúdicos de la población. Unos juegan a los *tali*, las tabas, con cuatro astrágalos de vaca. Es un juego sencillo, para dos o más jugadores, que no requiere tablero y que solo consiste en lanzar las tabas como si fueran dados. Así que es fácil, rápido y divertido. Como las tabas tienen cuatro lados largos bien diferenciados, al tirarlas se mirará cómo han caído para saber quién gana. La mejor de todas las posibilidades es que cada una de las cuatro tabas caiga en una de las cuatro posiciones diferentes. A esto le llaman *iactus Veneris*, la tirada de Venus, y se lleva todo el bote que se haya acumulado apostando.

Otros se divierten con juegos más elaborados que requieren de una *tabula lusoria*, un tablero, aunque no lo tienen que traer, porque hay muchos tallados en el mármol de las gradas por otros jugadores que han pasado antes por aquí. Bueno, por aquí… pero también en tabernas, termas, escalinatas y básicamente cualquier espacio público que te puedas imaginar. Los hay muy conocidos por nosotros como el *ludus terni lapili*, el tres en raya, con muchas variaciones diferentes, y otros que se perderán dentro de pocos siglos a pesar de que ahora mismo son enormemente populares. En este último grupo destacan el *ludus latrunculorum*, el juego de los ladrones, que tiene similitudes con las damas o el ajedrez, y el más famoso de todos: el *ludus duodecim scriptorum*, el juego de las doce marcas, similar al *backgammon*.

En muchos lugares, los tableros del juego de las doce marcas se tallan de forma discreta para evitar problemas legales. En este caso, en lugar de casillas se utilizan palabras a uno y otro lado del tablero. Cada letra representa una casilla. Si alguien pregunta, solo se trata de un menú de comidas: «Cazadores: tenemos pollo, pescado, jamón y pavo para comer».

Este último juego, para dos personas, es el más adictivo de todos y hay gente que llega a apostar verdaderas fortunas en las partidas. Es una lucha entre dos jugadores con tan solo tres dados y quince fichas. Por ejemplo, esos dos que tenemos a la derecha, están jugando al *ludus duodecim scriptorum*. ¿Ves las fichas? En este caso son de plata; que se note que son jugadores pero caballeros. Además, estas en concreto tienen una particularidad: son fichas con motivos eróticos en una de sus caras. La investigación futura las conocerá como *spintriae* y durante mucho tiempo se pensará que se trata de monedas para pagar a las prostitutas en los lupanares o incluso para mostrarles qué tipo de servicios requiere el cliente. Y aunque seguramente en ocasiones alguna de esas cosas haya ocurrido, lo cierto es que se trata solo de fichas de juego. Lo más probable es que las hayan conseguido en momentos en los que, desde la arena, lanzan este y otros tipos de fichas decoradas

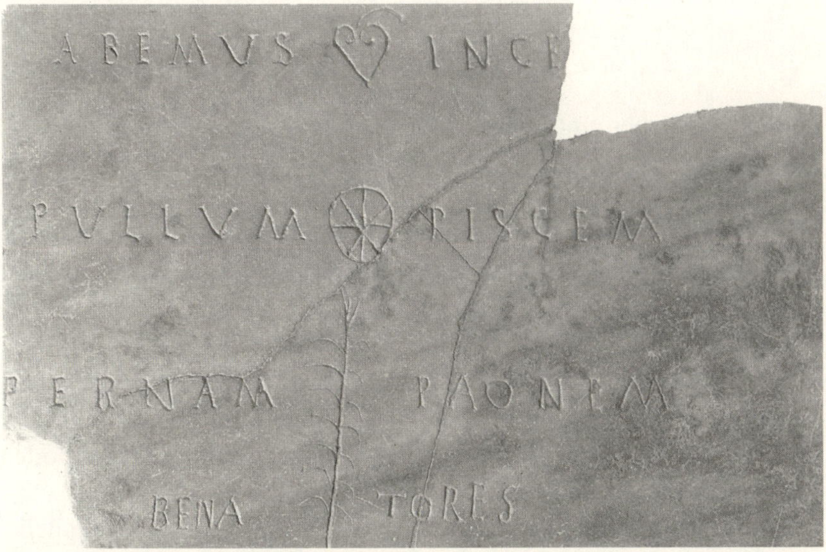

Tabula lusoria, «disfrazada» de menú, en la que puede leerse: *(H)abemus in cena / Pullum piscem / pernam pa(v)onem / benatores.* Cada palabra debe tener seis letras y como lo principal es el juego, da igual que a la palabra *habemus* le falte la H o que a *pavonem* le hayan quitado la V. Museos Capitolinos, Roma.

como regalo a los espectadores, aunque generalmente les suelen caer a senadores y caballeros.

Ya ves que los romanos no se aburren. Entretenimiento variado en la arena y también en las gradas. Y en ambos casos puedes llegar a presenciar escenas violentas. Con las de la arena ya contamos, pero las de las gradas son más frecuentes de lo que puede parecer. Los juegos de mesa generan muchos conflictos, y más si hay unos buenos denarios en juego. Precisamente por eso, verás que los jugadores cuentan con unas pequeñas torrecillas, llamadas *turriculae* o *pyrgi*, que sirven para evitar parte de las disputas que pueden tener lugar. Se trata de pequeñas estructuras de metal, hueso, madera o cerámica que tienen en su interior una serie de rampas que sirven para tirar los dados, asegurando que nadie está jugando con ventaja. Pero ya sabes lo que se dice: hecha la ley, hecha la trampa, porque también hay dados, de hueso o de metal, que tienen dentro pequeñas piezas de plomo para facilitar que caigan de uno de sus lados. En cualquier caso, lo mejor será que, tanto los jugadores como nosotros, hagamos caso a la inscripción que está tallada en esa *turricula* de bronce:

VINARI LAETARI
LVDERE RIDERE
HOC EST VIVERE
(Beber vino, alegrarse, jugar y reír, eso es vivir).

Mientras tanto, por la arena camina un *praeco* narrando la dramatización mitológica que cerrará los *ludi meridiani* de hoy. Se trata de un conjunto de escenas que emulan una serie de mitos del ciclo cretense. En primer lugar, nos cuenta la historia de Minos, rey de Creta, a quien el dios Poseidón envió un bellísimo toro blanco que, debido a su belleza, no quiso sacrificar. El dios, airado, provocó que Pasífae, la esposa del rey, se enamorara perdidamente del toro. Por ese motivo, le pidió a su amigo, el inventor Dédalo, que diera con una solución para poder mantener relaciones sexuales con aquel toro.

Un condenado vestido con túnica y que porta un cartel al cuello con el nombre de Dédalo entra en la arena arrastrando con dificultad una vaca de madera colocada sobre una plataforma con ruedas. Desde el otro lado llega también una mujer ataviada con ricos ropajes identificada como Pasífae. En el centro, los esclavos asistentes del anfiteatro abren una trampilla que la vaca de madera tiene en el lomo. Arrancan las vestiduras a Pasífae, atan sus manos y a la fuerza la introducen en la invención de Dédalo. Creo que imaginas lo que está a punto de ocurrir, así que te recomiendo que no mires, no va a ser agradable.

La vaca es colocada con los cuartos traseros orientados hacia la puerta este de la arena mientras aparece a través de ella un toro blanco que, azuzado con un hierro al rojo por los llamados *incitatores*, sale entre asustado y embravecido directo hacia la vaca. La embiste, hace colapsar la estructura de madera y aplasta a la mujer en su interior. Sus gritos de terror dejan de oírse, tal vez esté inconsciente o a punto de perecer. El toro regresa hacia ella y vuelve a embestir los restos mientras el *praeco* continúa con su discurso. Pasífae quedó embarazada del toro y de aquel embarazo nació Asterión, una criatura mitad hombre y mitad toro conocido por todos como el Minotauro. El rey le pidió a Dédalo que encerrara a aquel monstruo en un laberinto del que no pudiera escapar.

Un pequeño ejército de esclavos ha construido en el centro de la arena un recinto cerrado hacia el que ahora guían a una serie de condenados que van a representar a las víctimas de sacrificio que se deben entregar al minotauro para aplacarlo. De una de las trampillas de la arena surge un personaje con una cabeza de toro colocada sobre los hombros. Se trata del ejecutor que, con una espada en cada mano, se asemeja a un tipo gladiatorio conocido como *dimachaerus*, poco común en este periodo pero que se hará más famoso dentro de unas décadas. Las espadas serán los «cuernos» del minotauro que acabarán con la vida de todos los condenados, que nada pueden hacer contra él con sus manos y pies encadenados. Uno a uno caen al suelo ensangrentados, mientras el minotauro, convenientemente anónimo, cumple su cometido como ejecutor.

Finalmente, el *praeco* continúa narrando que solo un héroe, Teseo, será capaz de vencer al minotauro ayudado por el ovillo de lana de Ariadna. Sin embargo, el rey Minos piensa que Dédalo ha revelado los planos del laberinto al héroe y decide encerrarlo a él y a su hijo Ícaro en el interior. Un sonido llega desde el cielo, el de unas grandes sogas que descienden lentamente desde el *velarium*; precisamente las que hemos visto preparar cuando hemos estado arriba. Dentro del pretendido laberinto están ya Dédalo y un joven de unos quince años, que personifica a Ícaro. Les están colocando unas alas que representan aquellas que Dédalo ideó y confeccionó con cera para que ambos pudieran escapar. Además de las alas, los ayudantes les colocan también las sogas a la cintura y las anudan fuertemente, confirmando lo que los espectadores ya sospechaban que está a punto de ocurrir.

Las sogas se tensan, Dédalo e Ícaro comienzan a «volar» hacia el cielo para huir del laberinto de Minos. Sin embargo, el joven Ícaro, sube más alto y más rápido que su padre. En el mito se acercó demasiado al sol, por lo que sus alas de cera se derritieron, provocando que cayera al mar. Ahora los marineros han soltado las sogas y el joven condenado cae desde más de cuarenta metros de altura, impactando con su cuerpo contra la arena y salpicándolo todo con su sangre. Dédalo mira la escena desde las alturas. Los espectadores más sádicos aplauden el final del espectáculo. Pero, para sorpresa de todos —y en contra de lo que establece el mito—, Dédalo también cae, aunque más despacio y sin llegar a tocar el suelo. Allí, suspendido sobre la arena, el inventor condenado puede ver cómo un oso se acerca amenazadoramente y comienza a darle zarpazos, como si se tratara de una colmena de dulce miel que tuviera que desprender del árbol. Dédalo trata de soltarse de la soga que le envuelve la cintura, pero sus pataleos provocan aún más al oso, traído de Lucania, que termina con la vida de aquel pobre hombre que ha encontrado la muerte junto a su hijo Ícaro. Por supuesto, en el mito original, Dédalo no muere despedazado por un oso, pero a veces este tipo de representaciones no son fieles a la narrativa original precisamente para tratar de sorprender incluso a esos espectadores que ya lo han visto todo. Entre el público, algunos lloran ante la desgracia familiar que la mitología les ha ofrecido. Otros, en cambio, les instan a contener sus lágrimas, pues no se debe llorar por aquellos que no merecen compasión. El olor metálico de la sangre llega a las gradas, pero es mitigado por el incienso que arde en los braseros distribuidos por todo el anfiteatro. Están ahí para que el ambiente sea soportable incluso en los momentos más sangrientos.

Así terminan los *ludi meridiani,* mientras los espectadores regresan al anfiteatro. Nosotros, una vez más, estamos aquí para descubrir la historia y no para juzgarla, pero por supuesto podemos opinar. Es natural sentirse incómodos o incluso horrorizados ante esta situación. Este espectáculo no tiene nada que ver con nosotros, porque no somos romanos. Sin embargo, una experiencia así tendrá algo positivo si nos enseña a comprender que no debemos idealizar o romantizar el pasado, sino conocerlo y transmitirlo.

MVNERA GLADIATORIA

Hora septima

Suenan con fuerza las *tubae*, retumban los tambores. La melodía de las *tibiae duplices* hace enmudecer al público. Todos saben que ha llegado la hora de presenciar el espectáculo por excelencia de los juegos del anfiteatro: los *munera gladiatoria*. El sol brilla con fuerza en el cielo y el calor aprieta, pero las gradas vuelven a estar prácticamente llenas. El emperador Domiciano se levanta y, con un gesto de su diestra, da por inaugurada la tercera y última parte de los juegos.

Recuerda que esta tarde van a luchar en la arena un total de ciento cincuenta parejas de gladiadores y otros trescientos *gregarii* que servirán como entretenimiento previo a los combates más importantes. Es un número muy elevado de luchadores el que Domiciano nos está ofreciendo hoy, pero nada en comparación con los más de 10 000 gladiadores que se calcula que puede haber en estos momentos en todo el Imperio. De ellos unos mil morirán cada año, aunque la mayoría serán *gregarii*, faltos de experiencia y, muchas veces, condenados a morir igualmente en un plazo determinado.

Ya salen a la arena todos los luchadores de la tarde para saludar. Seiscientos en total. Si tomamos una media estadística como predicción del futuro próximo unos sesenta, el diez por ciento, no saldrán de la arena por sí mismos, sino que irán directos al *spoliarium*, y otros tantos tendrán que visitar el *saniarium* para suturar sus heridas tras los combates. Veremos qué ocurre, pero, teniendo en cuenta lo que siempre nos ha transmitido la cultura popular, son realmente pocos los gladiadores que morirán hoy.

Mientras todos esos hombres dan una vuelta completa a la arena, todavía hay quienes están apostando por sus favoritos. Ya sean unos cuantos ases con su vecino de asiento, para darle un punto de emoción a los enfrentamientos, o cientos de sestercios con profesionales de las apuestas ilegales y, en ocasiones, también de las estafas. Aquellos gladiadores que ya son veteranos llevan un cartel que muestra, con numerales de gran tamaño, la cantidad de combates que han luchado y en cuántas ocasiones han vencido. Cuanto más alto es el número de combates en los que ha salido victorioso, mejor será el gladiador, pero también disminuirá la cantidad pagada a quien apueste por su siguiente victoria. Por eso es tan importante fijarse en el número de combates en los que ha participado. Aunque haya sido derrotado por un adversario superior, ha luchado bien y por eso sigue vivo. Un gladiador con pocas victorias —una o dos—, pero con muchos combates —diez o doce—, puede ser una apuesta arriesgada, aunque afortunada si se dan las condiciones apropiadas. Bastará con que el contrincante esta vez no sea tan experimentado como él para mejorar ampliamente sus posibilidades de vencer.

A pesar de la ilegalidad manifiesta que suponen las apuestas, en días como este las autoridades suelen ser más permisivas, especialmente con aquellos que, más que por negocio, lo hacen por diversión. Al fin y al cabo, legales o ilegales, forman parte del interés que despierta la competición gladiatoria. Y el emperador lo sabe. Los Flavios han sido siempre favorables a los espectáculos del anfiteatro y la mejor prueba de ello es la impresionante estructura en la que nos encontramos. Habrá incluso emperadores que disfrutarán tal vez demasiado de la gladiatura, como es el caso de Cómodo. Sin embargo, otros no sintieron esa pasión, como Nerón, que prefería el teatro e hizo todo lo posible por minimizar los combates con final sangriento e incluso evitó ejecutar condenados en la arena siempre que fue posible. Aun así, la mayoría de los gobernantes está de acuerdo con que este tipo de entretenimiento es fundamental para mantener el favor del pueblo romano. Marco Aurelio reconocerá dentro de casi un siglo, en sus *Meditaciones,* que para él el anfiteatro es sinónimo de aburrimiento; siempre matanza tras matanza. Pese a ello, y más allá de su opinión privada, oficialmente creará la legislación más importante al respecto que llegará hasta nuestro futuro y mantendrá los juegos, ofreciendo en el año 175 un espectáculo masivo con 2757 luchas de gladiadores.

No podemos olvidar que sobre la arena también se demuestra el poder del emperador, algo que Cómodo, hijo de Marco Aurelio, llevará al extremo. Aunque este emperador no será el sádico antagonista que Ridley Scott imaginará en *Gladiator* a finales del siglo xx, lo cierto es que Cómodo, para cuyo nacimiento todavía faltan sesenta y cinco años, sentirá pasión por la gladiatura. Heredará el Imperio tras la muerte de su padre, posiblemente a causa de la terrible pandemia de viruela que asolará Roma en esos años. Y aprovechará su posición autocrática para dar rienda suelta a su afición gladiatoria. De todos modos, ya lo dejó claro el divino Augusto, no es propio de personas de alta cuna algo tan bajo como luchar en la arena. El Senado verá con muy malos ojos esta actitud. Precisamente por no pensar o actuar según se espera de él, Cómodo pasará a la historia —contada por senadores como Dion Casio—, como un loco que disfruta atemorizando a la aristocracia y que se quiere dedicar a lanzar flechazos contra los espectadores del Coliseo, aunque eso no sea más que un rumor extendido como propaganda de falsa bandera.

Cómodo no luchará nunca con armas afiladas, sino que lo hará en unas condiciones muy controladas que le permitirán exhibir sus habilidades minimizando el riesgo. También demostrará su puntería con los venablos matando en una ocasión a cien osos desde una plataforma elevada y sin ayuda de nadie. O mostrará ante los senadores, con una sonrisa, la cabeza de un avestruz que todavía chorrea sangre. Su mensaje, aprendido de emperadores anteriores, será claro: ama al pueblo, desprecia a la aristocracia.

Es lo mismo que Domiciano pretende hoy aquí. Aunque, sin duda, él lo hace desde una posición más cabal, educada y moderada, algo que cuadra con su auténtico carácter, como cuentan quienes en verdad le conocen y no le odian. Dicen que, personalmente, él disfruta más de las carreras de carros, pero también le gustan los gladiadores, incluso tiene un tipo de luchador favorito.

Algunos gladiadores, en parejas, se han distribuido a lo largo de la arena para que todos los espectadores tengan un punto en el que centrar su atención lo más cerca posible. Fíjate en que todavía no van armados, solo llevan el *subligaculum* y portan armas de madera. Tan solo están realizando las *prolusiones*, un calentamiento previo al combate que también les permite mostrarse ante los espectadores e ir preparándolos para lo que está por llegar.

Mientras, frente al palco imperial, comienza la ceremonia ritual de la *probatio armorum*. Todas y cada una de las armas de los gladiadores deben ser presentadas ante el *editor* o *munerarius* que ha financiado los juegos. En este caso se trata del emperador, que así puede comprobar que son reales y están lo suficientemente afiladas. O lo suficientemente romas, porque cuando el *editor* no quiere arriesgar demasiado dinero pide que no estén afiladas en exceso para evitar que haya accidentes que le puedan costar una buena fortuna.

Domiciano da su visto bueno a las armas mientras algunos de los gladiadores pasan por delante de ellas. Todavía no pueden tocarlas, pero ¿ves cómo las miran? Están deseosos de empuñarlas. En realidad, un gladiador tan solo toma armas reales unas pocas horas al año, durante los combates. El resto del tiempo practica con las de madera que vimos en los entrenamientos y que ahora también usan en las *prolusiones*. Recuerda que pesan mucho más y evitan cualquier posible incidente. Ahora saben que el momento de empuñar de nuevo —o por primera vez— las afiladas armas de combate, está cerca.

Algunos de los gladiadores ya han recibido su equipación y saltan a la arena en grupo. Se trata de cuarenta hombres armados, divididos en cuatro equipos de diez, que se han colocado en cada uno de los ejes de la arena para dar un espectáculo que pueda ser disfrutado desde todos los ángulos. Se van a llevar a cabo cuatro combates simultáneos de gladiadores gregarios. Cada uno de ellos de cinco contra cinco luchadores. Con el sonido de un silbato, que a muchos soldados les recordará a la disciplina que recibieron en las formaciones militares, dan comienzo los primeros enfrentamientos.

Se trata de luchadores a los que les falta experiencia y habilidad, pero capaces de blandir las armas. Algunos se muestran nerviosos y retraídos, otros ansiosos y agresivos. Estos combates no suelen alargarse demasiado a pesar de la cantidad de luchadores, pues su falta de habilidad hace que pronto reciban varias heridas que, sin ser mortales, les impiden continuar. Algunos de ellos están condenados a morir luchando; aunque tal vez no sea hoy el día, son conscientes de que en algún momento no saldrán vivos de la arena. Otros guardan la esperanza de ser liberados.

Sin embargo, uno de los *gregarii* lanza su casco al suelo dejando ver su rostro desaliñado, con el pelo y la barba largos al estilo bárbaro, como lo definirían los romanos. Se ha separado del resto del grupo que lucha; porta una lanza en su mano derecha y parece desesperado. Mira a todas partes, cae de rodillas y grita:

> *Quare, quare non omne tormentum, omne ludibrium iandudum effugio?*
> *Quare ego mortem armatus exspecto?*

Al momento, vuelve la lanza contra él y se la clava en la garganta para acabar con su sufrimiento casi al instante. El público abuchea el gesto ante su falta de valor. De los gladiadores se espera que tengan una actitud valerosa ante la lucha. No hay muchos que estén aquí para ver morir a estos hombres. Quien quiera ver violencia que se quede al mediodía en las ejecuciones. El público busca la habilidad, el combate igualado y la destreza de los movimientos. La muerte de este hombre es un desperdicio para Roma. Aun así, poniéndonos en su piel, probablemente era un prisionero de guerra condenado a morir en la arena que ha sido alejado de su tierra, separado de su familia y amigos y que ha abandonado toda esperanza. Lo que ha gritado antes de suicidarse se podría traducir como: «¿Por qué? ¿Por qué no huyo desde hace tiempo de todo tormento y de toda burla? ¿Por qué espero la muerte si voy armado?».

Este tipo de escenas son más frecuentes de lo que puede parecer. Precisamente esta es otra de las razones para impedir que los gladiadores tengan acceso a armas afiladas. Difícilmente acabará tomando una decisión así un gladiador aclamado, pero ¿qué le impide a un condenado terminar con su sufrimiento? Si lo consigue, al menos él mismo será quien tome la decisión de darse muerte. Desde la perspectiva del lanista, por otra parte, esto puede llegar a suponer un importante desastre económico pues como el gladiador no ha muerto en combate no podrá cobrar la indemnización correspondiente. Todo lo que haya invertido en su entrenamiento y manutención, que en este caso seguramente no fuera demasiado, se ha ido por la cloaca. En algunos casos, incluso, puede llegar a destruir la carrera de uno de estos empresarios gladiatorios. Me han contado que una vez un grupo de 29 gladiadores sajones se estrangularon unos a otros hasta la muerte en rebeldía la noche anterior de unos *munera*, dejando al lanista en bancarrota. Ante una anécdota así, me surgen dos pensamientos. El primero es saber cómo decidieron cuál de ellos iba a quedar con vida el último, puesto que uno no se puede estrangular a sí mismo. No sé qué le ocurrió, pero estoy convencido de que nada bueno. Y el segundo es que, aunque nosotros, desde nuestra perspectiva, podamos valorar esto como una desgracia humana, los romanos lo vieron como un acto de deshonor, cobardía y falta de valores cívicos.

Los combates, como si lo que acaba de ocurrir no importara, han continuado y ya han terminado prácticamente todos. Solo cinco de los cuarenta hombres que combatían han sido condenados. En unos jue-

Cantimplora de terracota con decoración en relieve (siglos I-II). Representa el momento final de un enfrentamiento entre gladiadores: el *murmillo*, vencedor, da el golpe de gracia a un *thraex* que yace en el suelo; al fondo pueden verse otros gladiadores luchando. Museo Romano-Germánico de Colonia, Alemania.

gos en los que el *editor* alquilara a los gladiadores, tendría que compensar con unos mil sestercios al lanista por cada uno de los ejecutados. Aunque estoy convencido de que cualquier lanista le descontaría una buena parte de estas muertes por el vergonzoso espectáculo del guerrero cobarde. Aun así, en este caso no sucederá ninguna de las dos cosas porque tanto los gladiadores como la escuela, recordemos, son propiedad del emperador.

El primer grupo de *gregarii* comienza a retirarse saludando al público, mientras los siguientes luchadores comienzan a prepararse para el combate. El calor aprieta, especialmente para aquellos a los que ya no cubre el *velarium*, y la gente empieza a resentirse. Algunos han ido a las fuentes y vuelven con jarros llenos de agua. Por supuesto, en Roma también aprovechan para vender todo el *merchandising* posible; mira la cantimplora de cerámica que lleva ese hombre colgada con una tira de cuero. Tiene varias escenas gladiatorias en la distancia, repartidas por la arena, y una principal en la que un gladiador está rematando a otro.

Debemos de estar cerca de los 30 grados, pero el Coliseo también ha sido preparado para esto. Alrededor de la arena, de forma disimulada, se encuentran instaladas varias tuberías de plomo, o *fistulae plumbeae*, de las que parten una serie de surtidores de bronce colocados a distancias regulares y orientados hacia el público. Unos esclavos dis-

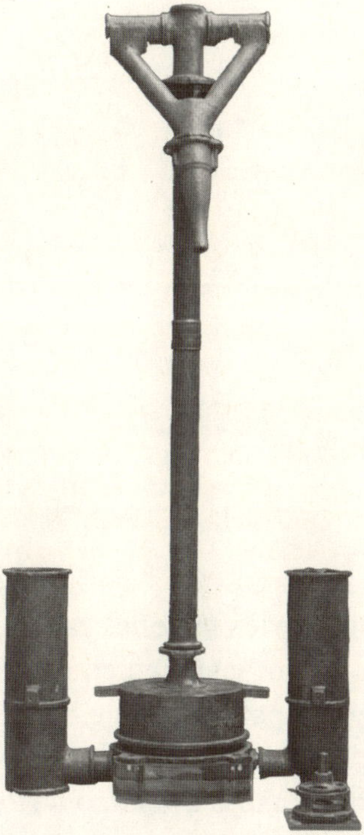

Bomba hidráulica romana, fabricada en bronce y fechada entre los siglos I-II de nuestra era, hallada en 1899 en las minas de Sotiel Coronada, Huelva. Museo Arqueológico Nacional, Madrid.

puestos en cada surtidor accionan las bombas manuales que permiten que de ellos salgan vaporizados chorros de agua perfumada con azafrán. Estas *sparsiones* de agua no solo están pensadas para refrescar al público en días calurosos como hoy, sino que ayudan a mitigar los olores. Ya no de la sangre o los animales, sino del sudor de las 50 000 personas que abarrotan las gradas. ¿Notas la mejoría? El incienso de los braseros, que llevan un rato encendidos, ayuda bastante, pero el agua fresca funciona mucho mejor. Ingenios técnicos como este no dejan de ser una más de las comodidades que solo un anfiteatro tan moderno como el de los Flavios se puede permitir, al menos de momento.

Como todavía quedan varias rondas más de *gregarii* y el agua nos ha refrescado, vamos a aprovechar para hacer algo que, en teoría, no podríamos. Carandus, el esclavo, me dijo que iba a estar guardando uno de los accesos a un espacio donde ningún espectador puede entrar. Pero no porque sea exclusivo, sino porque es una de las zonas de servicio del anfiteatro. ¿Te apetece ver los subterráneos del Coliseo? Quizá nos manchemos y probablemente haya olores fuertes, oscuridad y mucha humedad, pero merecerá la pena.

LAS ENTRAÑAS DE LA ARENA

Hora octava

Tenemos que bajar por esta escalera de madera. Ten cuidado, algunos de los tablones están un poco sueltos de la cantidad de personas que van y vienen en cada espectáculo. Estamos al lado de la puerta principal por la que hemos visto entrar animales, condenados y gladiadores, así que te puedes hacer a la idea del ajetreo que ha tenido hasta ahora a lo largo de todo el día.

Carandus está abajo, esperando para dejarnos entrar. ¡Cuidado! Métete en este recodo. Dejemos pasar a todos estos pigmeos que se preparan para salir a luchar. Parece que Domiciano ha querido innovar en cuanto a los combates que se van a ver en esta primera parte de la tarde. Diez pigmeos armados con pequeñas espadas de madera, escudos y cascos suben apresuradamente por la escalera. Se encuentran dentro de una categoría de gladiadores bufones conocida como *paegnarii*, que desarrollan combates burlones e incruentos para hacer reír al público y al emperador.

Mira, ahí está Carandus, que nos hace señas para que pasemos a una sala contigua. El suelo ya no es de mármol, sino de pequeños ladrillos cerámicos en forma de espiga. Este tipo de pavimento denota que hemos accedido a la zona de servicio, pero también que estamos en un espacio potencialmente inundable. Y no es por lo que las películas de Hollywood nos han contado; hace ya una década que en el Coliseo no se celebran batallas navales —y nunca más volverán a realizarse—, sino porque el agua de la lluvia se filtra desde las zonas superiores y hay un pequeño arroyo subterráneo, ahora canalizado, cuyo nivel en ocasiones sube más de lo debido. Dejemos aquí nuestras ropas de ciudadanos y pongámonos estas simples túnicas para evitar llamar la atención.

Aquí todo el mundo lleva prisa y siempre tiene algo que hacer, así que no se fijarán en nosotros si no destacamos. A nuestra izquierda se abre un largo corredor subterráneo iluminado por lucernas de cerámica colocadas en pequeños orificios en la pared y en el suelo. A menos de cien metros de distancia está el final. Lo vimos el otro día cuando estuvimos en el Ludus Magnus. En efecto, este es el pasadizo que comunica directamente el cuartel gladiatorio más importante con el anfiteatro, para que los gladiadores puedan entrar sin tener que salir a la calle. Una comodidad que a la mayoría le resulta innecesaria, pero que les facilita el acceso y ayuda a que los gladiadores famosos no sean avasallados por los espectadores más enfervorecidos. Veo en la distancia que vienen algunos gladiadores, así que vamos a seguir avanzando antes de que alcancen esta zona.

Si te das cuenta, este espacio está lleno de pasillos y salas laterales en las que se guardan armas, pero también algunos elementos de decoración a la espera de ser elevados a la arena. En estos corredores, que se adaptan a la forma oval del anfiteatro, puedes ver las jaulas en las que esta mañana han estado algunos de los animales que hemos visto en la arena. La mayoría ya están vacías, bien porque los animales han sido cazados o bien porque, los que han sobrevivido, han sido llevados directamente a los *vivaria*.

Aparte de las jaulas también puedes ver delante de nosotros, según avanzamos por el pasillo curvo, la estructura inferior de uno de los veintiocho ascensores de tracción esclava con los que cuentan estos subterráneos. Cada uno de ellos tiene una pequeña jaula que se eleva y llega hasta las trampillas de la arena. Los ascensores funcionan gracias a la fuerza de ocho esclavos, que deben ser de baja estatura para caber en los dos pisos en los que se reparten. Así, cuatro en el nivel que pisamos nosotros y otros cuatro en el entrepiso de madera, dan vueltas a un mástil que gira sobre su propio eje para tensar las cuerdas que hacen subir la jaula.

Mira cómo la base está hecha de bronce para soportar el desgaste de la madera. Además, en la placa metálica está grabado un numeral que identifica qué ascensor debe funcionar en cada momento. Imagina la complejidad de lo que ha ocurrido esta mañana aquí abajo, con cientos de esclavos introduciendo a los animales en las jaulas, dando las órdenes de subir los ascensores de forma sincronizada y accionán-

En las entrañas del Coliseo. Arriba, recreación de uno de los «ascensores», operados manualmente, utilizados para subir los animales a la arena; abajo, una de las bases de bronce en la que se encajaban los mástiles utilizados para tensar las cuerdas que los hacían subir.

dolos para que el espectáculo funcione como por voluntad divina en la superficie.

Ten cuidado al mirar hacia arriba, puede caer algo de arena que se cuela entre los tablones de madera que soportan el peso de los espectáculos. No solo de los gladiadores, sino en especial de los animales. La mera construcción de un espacio como este supone todo un hito para los arquitectos que lo han diseñado. Esta innovación, que ahora disfrutan todos los romanos, también se la debemos a Domiciano. Seguramente estaba en los planes iniciales para la construcción del anfiteatro, pero cuando se inauguró el Coliseo no contaba con esta maravilla técnica.

Se rumorea que, viendo que la salud de Vespasiano estaba empeorando, decidieron inaugurar cuanto antes el anfiteatro, sin llegar a terminar ni los subterráneos ni el nivel superior. Y aun así no lo consiguieron. Sin embargo, no hay mal que por bien no venga, puesto que la excavación de la zona de la arena, varios metros por debajo del nivel que originalmente se había previsto, permitiría durante un breve espacio de tiempo celebrar algunos combates navales aquí dentro. De todas formas, aquello fue más una demostración de poder que un verdadero espectáculo porque las auténticas representaciones de batallas navales son mucho más impactantes y no se celebran en el anfiteatro. Pero no me quiero adelantar, sigamos descubriendo los subterráneos.

Cruzando por aquí, a través de estos dinteles de travertino, podemos llegar hasta el centro de la arena. Si en algún momento notas fatiga, no dudes en decírmelo. Sería algo totalmente normal teniendo en cuenta el calor que se concentra aquí abajo, sumado a la humedad del ambiente y la falta de luz. Menos mal que las lucernas y algunas antorchas iluminan nuestros pasos. Aunque, por supuesto, no deja de ser peligroso que haya tantas llamas bajo una estructura de madera. Aun así el travertino y, en especial, la abundante toba que nos rodea —esa roca volcánica más oscura que forma prácticamente todos los muros de estos pasillos— actúan como potentes cortafuegos, resistiendo bien las altas temperaturas.

Hemos llegado al otro extremo de la arena. Para que te ubiques mejor, ahora mismo nos encontramos en el lado norte, justo donde hemos estado sentados toda la mañana. Mirando al suelo puedes ver unas conducciones cubiertas con tejas planas o *tegulae* por las que circula el agua que viene de la parte superior del edificio y que también canalizan ese arroyo del que te hablaba antes. Hace años suministraba agua al lago de la Domus Aurea que, no lo olvidemos, estaba en este mismo lugar. En esta parte abierta puedes ver cómo fluye el agua. ¿Ves esa pequeña pieza de plomo sumergida y atascada entre dos sillares? Es una maldición, probablemente de un gladiador en contra de otro, o contra el lanista. Nos tendremos que quedar con la duda. Es mejor no tocarla por si el dueño anda cerca y nos sorprende cogiéndola. Aun así, si la desenrolláramos tampoco sería nada fácil leerla; la letra suele ser una cursiva bastante endiablada y los conjuros están llenos de palabras mágicas que, literalmente, no significan nada en absoluto. Al fin y al cabo, como la magia proviene de Egipto se da por hecho que está plagada de términos incomprensibles.

Desde aquí podemos volver a recorrer el pasillo por el que hemos venido para llegar de nuevo al centro de la arena. Es bastante más ancho que el resto y cuenta con unas grandes rampas principales que descienden varios metros hasta donde estamos nosotros. Probablemente una de ellas se abrirá en algún momento de la tarde cuando los organizadores quieran hacer entrar a algún gladiador destacado. En ese momento destensarán las grandes sogas que vienen desde los extremos del pasillo y que están sujetas también en mástiles de madera. A nuestro lado pasan de vez en cuando esclavos cargados con las escenografías ya retiradas de la arena, también gladiadores que se preparan para salir a combatir y alguna que otra rata que se ha salvado de ser la comida de otro animal.

Estas estructuras también se podrán visitar en nuestro futuro, aunque entonces las veremos en parte modificadas. En ese momento encontraremos más ladrillo en lugar de tanta toba y este pasillo central habrá reducido mucho su anchura, porque en el siglo III se hará una reforma integral del anfiteatro tras un gran incendio que tendrá lugar el 23 de agosto del año 217 al ser golpeado por varios rayos en una enorme tormenta durante el reinado del emperador Macrino. En este espacio central se añadirán treinta ascensores y otros treinta más se repartirán en dos pasillos contiguos.

Cuidado ahora con esos tres hombres que tenemos delante. No les mires cuando pasemos junto a ellos, recuerda que no queremos llamar la atención. No sé si los reconoces, pero junto a ese gladiador están Máximo, el liberto de Partenio, prefecto del pretorio del emperador, y Estéfano, asistente de palacio, que lleva el brazo vendado. No podría jurarlo, pero me da la sensación de que no están tramando nada bueno, especialmente teniendo en cuenta la actitud de Partenio, su *dominus*, en la grada esta mañana.

Vamos a cambiarnos de ropa otra vez y a subir a las gradas, antes de que sospechen de nosotros. Lo haremos por la misma escalera de madera por la que bajamos, pero con una sensación muy diferente a la primera vez. A cada peldaño el aire se vuelve más ligero, menos húmedo y la luz se intensifica. Una suave brisa nos confirma que estamos de nuevo en el nivel de la calle. Hemos conseguido visitar los subterráneos del Coliseo en mitad de unos juegos. No está nada mal.

ESCOGE TU GLADIADOR FAVORITO

Hora nona

Parece que han terminado ya los combates iniciales. Los últimos *gregarii* saludan a la grada y se despiden mientras los músicos continúan tocando las melodías acostumbradas durante los interludios. Creo que este es un buen momento para que aprendas un poco más sobre los gladiadores que estamos a punto de ver. Por suerte, tengo por aquí un *libellus munerarius* traducido en el que aparecen explicados los distintos tipos de luchadores que se enfrentarán hoy en la arena. Venga, sentémonos para que puedas echarle un vistazo. Así sabrás quién es quién en los próximos combates y podrás elegir tu tipo gladiatorio favorito.

TIPOS GLADIATORIOS

Lo más importante que debes saber es que existen dos bandos principales de gladiadores. La característica fundamental que les diferencia es el tamaño de su escudo. Por un lado encontramos a los *scutarii*, gladiadores que portan escudos grandes y un armamento pesado que les protege, pero que también les hace lentos. Por el otro los *parmularii*, aquellos que llevan escudos pequeños, *parmulae*, y un armamento más ligero que les permite ser más ágiles, aunque también están más expuestos ante el adversario. Lo normal es que se enfrenten dos gladiadores totalmente opuestos, para que el combate quede bien equilibrado en cuanto a fuerza, protección y velocidad. Uno de ellos tendrá más desarrolladas algunas de esas cualidades y el otro las contrarias. Aun así, también se dan combates entre gladiadores de un mismo tipo.

Se podría decir que la mitad de Roma apoya a unos y la otra a los otros. De hecho, es una rivalidad bastante sana y hasta divertida. ¿Quieres saber a cuáles apoyo yo? Curiosamente coincido con el emperador Domiciano, son los… Bueno, mejor elige primero y después te lo digo yo, que no quiero interferir en tu elección.

Como podrás observar, todos los gladiadores tienen en común que usan el *subligaculum* del que ya hemos hablado y que constituye la prenda básica, así como el *balteus* o cinturón y las *fasciae*, tiras de cuero que se enrollan alrededor de brazos y piernas para protegerlas. A partir de ahí, en realidad, pocos elementos son iguales entre unos gladiadores y otros. A ver, todos llevan yelmo, *galea*, pero cada uno es diferente. Bueno, y luego está el *retiarius*, uno de los tipos más queridos por el público, que ni lleva escudo ni tampoco casco, aunque le podríamos contar entre los *parmularii*, puesto que es un gladiador ligero.

Algunos de ellos portarán defensas adicionales como el llamado *cardiophylax*, una placa que protege el pecho. También las *ocreae*, piezas de bronce que se colocan en las piernas y que pueden llegar desde el tobillo hasta la rodilla o sobresalir por encima de ella para proteger los muslos de los ataques del contrincante. Finalmente, otro elemento que usan muchos gladiadores es la *manica*, una protección que cubre por completo el brazo derecho, o el izquierdo en el caso de que el gladiador sea zurdo. En definitiva, protege el brazo que queda más expuesto a los golpes. La *manica* está hecha de lana y va amarrada con tiras de cuero. Adicionalmente puede ir recubierta con una protección de placas de cuero o de planchas metálicas que proporciona al gladiador una sólida armadura para evitar cualquier tipo de corte en su brazo dominante.

Vamos a verlos uno por uno.

Scvtarii, los pesos pesados

Provocator

Se trata de un gladiador pesado, fuertemente armado y bien protegido. Surgió en los últimos momentos del periodo republicano y es uno de los tipos más frecuentes en la arena. Es un gladiador que se suele comparar en cuanto a sus características con los soldados del ejército romano. Como su nombre indica, provoca el ataque de su adversario para después responder con contundencia.

Originalmente portaba un casco de tipo militar con carrilleras que le cubrían los lados de la cara, pero dejaban al descubierto la parte central. Hoy en día, aunque sigue manteniendo la estética básica del yelmo de los legionarios, la tipología ha evolucionado hasta quedar completamente cerrado. Esto le otorga mayor protección contra cualquier tipo de golpe, aunque reduce su campo de visión. Sin embargo, más que un fallo es un diseño realizado a propósito para restarle ventaja, además de otorgarle un completo anonimato. El casco cuenta con una visera que le protege de los golpes frontales, un cubrenucas para los ataques desde la retaguardia y dos grandes aberturas circulares para los ojos, cerradas por una rejilla. Alternativamente, también pueden presentar una rejilla continua que cubre toda la cara. Coronan los lados del casco dos plumas de vivos colores.

Provocator

En cuanto a las armas, porta una espada corta y un escudo de tamaño medio o grande. Completan el equipamiento una *ocrea* corta, hasta la rodilla en la pierna izquierda, un *balteus* metálico de gran anchura que le cubre el vientre, una *manica* de lana y un *cardiophylax* de gran tamaño que le protege el pecho casi por completo.

Es un gladiador muy bien pertrechado, pero a la vez versátil y con bastante capacidad de ataque. Todo ello le proporciona tales ventajas que este tipo de gladiador habitualmente solo se enfrenta a contrincantes de su misma tipología. Muchos *auctorati* que vienen de la legión acaban siendo *provocatores*. Suelen ofrecer combates muy vistosos, pero con bajas posibilidades de recibir heridas gracias a su buen equipamiento, lo que les convierte en la opción perfecta para abrir los espectáculos gladiatorios.

Mvrmillo

Este gladiador *scutarius* es uno de los favoritos de los aficionados. Porta un equipamiento muy pesado y por ello los *murmillones* suelen ser hombres altos y muy fuertes. Su nombre proviene posiblemente del *mormyrus*, un tipo de pez muy popular en la gastronomía romana al que este gladiador representa. Su casco tiene una cresta y un ala ancha que recuerda a las aletas de un pez, o eso es lo que dice la tradición. Dispone de una rejilla con visión reducida pero gran protección incluso del cuello. La cresta del casco se suele decorar con plumas o crin de caballo y cuenta en ocasiones con dos plumas extra en los laterales, como las del *provocator*.

Lleva un *gladius* —la espada corta por excelencia del ejército romano— de unos 40 centímetros de largo, de la que deriva la palabra *gladiador*, 'aquel que porta el *gladius*'. Su escudo, grande y curvo, le protege prácticamente todo el cuerpo. Se trata también de una adaptación del escudo típico de los legionarios. Complementan su equipo una *ocrea* corta en la pierna izquierda, un *subligaculum* con un amplio *balteus* y una *manica* de lana cubierta por placas metálicas. Todo ello hace de este un gladiador casi inexpugnable.

De su asociación con un origen marino proviene su emparejamiento con el *retiarius*, que representa al pescador, creando una lucha alegórica muy interesante. De todas maneras, la desigualdad que suele suponer este tipo de enfrentamiento hace que no se dé con tanta frecuencia como cabría esperar. Sus contrincantes, por el contrario, suelen ser el *secutor* y especialmente el *thraex*. Contra ellos, el *murmillo* utiliza una estrategia que se basa en una defensa de los golpes que aprovecha la cercanía del oponente para realizar contraataques contundentes.

MVRMILLO

El origen del *murmillo* está en otro conocido como *gallus*, el guerrero galo. Sin embargo, la corrección política hizo que en época de Augusto se dejara de utilizar este nombre para evitar problemas con los galos, que ya eran por derecho parte del Imperio romano.

SECVTOR

Esta tipología de gladiador parece tener su origen en el *samnis*, otro de los tipos eliminados por corrección en tiempos de Augusto. Los gladiadores samnitas están entre los más antiguos, y surgieron a partir de los prisioneros de las tres guerras samníticas. Aun así, el *secutor* también parece ser una evolución especializada del *murmillo*. Los *secutores* tienen mucho en común con los *murmillones*: gran escudo, espada corta, *ocrea* corta en la pierna izquierda, que se mantiene siempre adelantada y por ello necesita más protección, y *manica* de lana atada con *fasciae* de cuero.

Las diferencias más importantes entre ellos están en el escudo, porque el del *secutor* suele tener la parte superior curvada en forma de arco, y en especial en el yelmo. Tiene una estructura completamente lisa. Lleva bien protegido tanto el cuello como la nuca por una placa continua que rodea toda la cabeza. La cresta es curvada y sin ninguna parte que sobresalga. Todo ello está pensado para el enfrentamiento con su mayor rival, el *retiarius*. La forma lisa del casco evita que la red del pescador se pueda enredar en cualquier pequeño saliente. A cambio, no obstante, la visión del *secutor*, también conocido como *contraretiarius*, es tremendamente limitada. Solo puede ver el mundo más allá del interior de su casco a través de dos pequeños orificios circulares pensados para evitar que el tridente del *retiarius* pueda penetrar a través de ellos. El enfrentamiento entre estos dos gladiadores suele ser contemplado también como una alegoría entre el agua, representada por el pescador, y el fuego, que encarnaría el *secutor*, cuyo nombre significa 'perseguidor', como el fuego que persigue todo lo que encuentra a su paso.

Secvtor

Aun así, al *secutor* también se le puede ver luchando contra el *murmillo*, algo lógico si tenemos en cuenta su posible origen común. Ambos son gladiadores muy pesados y eso puede dar lugar a un combate muy interesante. El *secutor*, perseguidor, forzará el ataque y el *murmillo* el contraataque, en el que está especializado.

Scissor

Nos encontramos ante un gladiador poco frecuente pero ciertamente intimidante. Es muy similar al *secutor* en cuanto a su tipología básica. Ambos comparten el casco y la espada corta. Sin embargo, el *scissor* destaca por no disponer de escudo. Podría parecer que, sin él, está completamente desprotegido, pero no es así. En primer lugar, cuenta con una amplia armadura que le cubre todo el cuerpo. Brazos y piernas están cubiertos por *manicae* de lana y *ocreae* metálicas cortas en ambas piernas. Su torso al completo está cubierto por una *lorica squamata* o coraza de escamas metálicas con un *subarmalis* de lana o cuero que se coloca bajo ella para amortiguar los golpes.

Scissor

Es evidente que el *scissor* está preparado para recibir los ataques directos de su enemigo, pero también cuenta con una potente arma adicional que hará que el oponente se lo piense dos veces antes de entrar en un combate cuerpo a cuerpo. Se trata de un cilindro metálico en el que se introduce el brazo derecho hasta el codo y que cuenta con una empuñadura interna. El remate exterior está formado por una afilada cuchilla en forma de media luna y terminada en dos puntas laterales. Puede servir tanto para cortar como para golpear desde diferentes ángulos y posiciones. De ahí viene su nombre, *scissor*, 'el cortador'. En algunos momentos y, especialmente en Oriente, también se le conoce como *arbelas*, por el nombre que recibe la cuchilla en griego, ἄρβηλος, *arbelos*, una herramienta propia de los curtidores de piel.

Su enemigo habitual, del mismo modo que el del *secutor*, es el *retiarius*. Para muchos, este es el verdadero *contraretiarius*, que puede cortar sin esfuerzo la red del pescador cuando se le viene encima y hasta enganchar y partir el tridente con su peligroso gancho cortante. Aun así, por el riesgo mortal que supone la extraña arma, este tipo gladiatorio no suele verse demasiado en la arena. No son muchos los *editores* que se atreven con el *scissor* porque puede causar heridas profundas a su rival, especialmente si este cuenta con un armamento ligero.

Parmvlarii, los pesos ligeros

Thraex

El gladiador *thraex*, o tracio, tiene su origen en la región de Tracia, lo que será Bulgaria en nuestro futuro. Surgió en la primera mitad del siglo I a. C., en concreto hacia el año 80 a. C., durante la dictadura de Sila, quien llevó a Roma prisioneros de esta región en un momento en el que Tracia ya era un Estado clientelar de la República. Se trata del gladiador más reconocible del grupo de los *parmularii*. Son varios los elementos principales que lo definen. En primer lugar su yelmo, con una gran visera similar a la del *murmillo*. De este se diferencia especialmente por el remate de la cresta, que cuenta con la cabeza de un grifo tallada en el bronce. Según narra Plinio, esto es debido a que los grifos habitan en Escitia, muy cerca de Tracia. Por encima siempre lleva una abundante cantidad de plumas de oca para formar la cimera y dos más en los laterales que le confieren una gran vistosidad. La visión es igualmente reducida y solo puede ver a través de una rejilla, aunque de un tamaño razonablemente amplio.

Thraex

El escudo que porta es una *parma*, la pieza que define el nombre del bando gladiatorio. Se trata de un pequeño escudo, normalmente cuadrado, que le sirve como protección pero que a duras penas llega a cubrir el torso por completo. Precisamente para compensar la falta de protección lleva dos grandes *ocreae* que pasan de sobra por encima de las rodillas, llegando a cubrir buena parte de los muslos.

Por fin, su rasgo más definitorio es la *sica*, una espada curva y angulada de origen balcánico (especialmente de Iliria, Tracia y Dacia) que le permite atacar desde el frente alcanzando la espalda de sus contrincantes. Es un arma muy peligrosa que también puede usar para abrir la defensa de su oponente, agarrando el escudo o incluso arrancándolo de las manos del gladiador contrario. Además, el brazo derecho lo lleva completamente protegido por una *manica* rematada con una protección adicional que le cubre el dorso de la mano.

El *thraex* se suele enfrentar a otros *parmularii* como el *hoplomachus*, pero su duelo más célebre siempre es aquel en el que lucha contra el *murmillo*. Así se gesta el combate que desata las pasiones de todos los aficionados. El enfrentamiento entre los dos luchadores más representativos de los dos bandos gladiatorios tiene asegurado el interés de todo el público.

Hoplomachvs

El nombre de *hoplomachus* proviene de la palabra griega όπλον, *hoplon*, la panoplia o armamento del soldado en la guerra. De ahí que los que portaban las armas en la antigua Grecia fueran los hoplitas. El *hoplomachus*, por tanto, imita la tipología del armamento griego.

Hoplomachvs

Cuenta con un casco cerrado completo que pretende recordar al de los antiguos hoplitas, provisto de visera, cubrenucas y una cresta emplumada al estilo de otros como el *murmillo* o el *thraex*. Lleva ambas piernas bien protegidas y acolchadas por completo. Están cubiertas desde los tobillos hasta los muslos, quedando las protecciones por debajo del *subligaculum*. Como defensa adicional cuenta con dos grandes *ocreae* de bronce que sobresalen por encima de las rodillas. Todo ello compensa ampliamente la falta de protección que le proporciona su pequeño escudo.

Esta es la parte más característica de su armamento. Se asemeja al *aspis* griego, el escudo circular de gran tamaño que portaban los hoplitas, pero en este caso con un tamaño mucho más reducido. Tras él, agarrado también con la mano izquierda, el *hoplomachus* esgrime un *pugio*, puñal que le sirve como arma secundaria en caso de que pierda la principal. En la mano derecha porta una lanza larga que usa para ejecutar ataques a distancia, aunque no es común que la lance a modo de jabalina puesto que perdería su fuerza principal de ataque y quedaría indefenso. Aun así, el puñal de la mano izquierda todavía le ofrece una última alternativa.

Este gladiador se enfrenta habitualmente tanto al *thraex* como al *murmillo*, combinándose en las luchas de forma frecuente estos tres tipos gladiatorios. Su estrategia de ataque se centra sobre todo en la cabeza de su oponente.

Retiarivs

El *retiarius* es el gladiador que más pasión despierta entre los romanos. O lo amas o lo odias, pero no deja a nadie indiferente. Se trata de un luchador muy ágil ya que carece prácticamente de cualquier elemento que le pueda suponer un peso excesivo, que le haría más lento. También tiene intacto su campo de visión, a cambio de no llevar casco que le defienda de los golpes de su adversario. Esto hace que el *retiarius* sea el único tipo de gladiador que no cuenta con el anonimato que el yelmo proporciona a los otros. Tampoco porta protección alguna en las piernas, ni metálica ni de lana, y va vestido solo con un *balteus* metálico y con un pequeño paño o perizoma, más reducido que los *subligacula* del resto de gladiadores.

No tiene escudo alguno, para defenderse depende solo de su habilidad para esquivar los golpes y su propia ofensiva. Por suerte, cuenta con un largo tridente, la *fuscina*, que empuña con ambas manos y le permite atacar sin que el gladiador contrario tenga opción de acercarse demasiado. En el brazo izquierdo, que siempre está más adelantado, porta una *manica* recubierta de cuero que cubre incluso la mano y está rematada en el hombro con la única pieza de armadura que se incluye dentro del equipo del *retiarius*. Se trata de una placa metálica conocida como *galerus* que sube por encima del hombro para proteger desde el frente la cara y el cuello del gladiador en su posición de ataque.

Además del tridente, dispone de una gran red, *rete* en latín, que puede lanzar al adversario para «pescarlo» y tratar así de dificultar sus movimientos. Comúnmente, la red termina en una cuerda que va atada a la cintura del *retiarius* para que pueda recogerla en caso de haber fallado el lanzamiento, o también para hostigar al enemigo tirando de ella si está enredada en sus armas. Es posible que le despoje así de la espada o el escudo y, con suerte, logrará tirarlo al suelo.

Retiarivs

Pero la red es un arma de doble filo porque el gladiador contrario puede llegar a agarrarla y, tirando de ella hacia sí mismo, dejar indefenso al *retiarius*. Precisamente por eso, este último cuenta con un puñal envainado en el *balteus* al que puede recurrir en caso de que suceda algo así. No obstante, cortar la cuerda debe ser una decisión bien calculada porque significará perder su red. La lucha del pescador contra el pez, ya sea *el secutor* o el *murmillo*, es una de las más espectaculares y vistosas que se pueden desarrollar en la arena de un anfiteatro.

Existe también una posible variación de la tipología de los *retiarii* que sustituye la red por un lazo con el que apresar desde la distancia a los oponentes. Se le conoce como *laquearius* y su aparición es muy poco frecuente. La única arma de la que dispone, además del lazo, es un puñal similar al del *retiarius*, a quien se parece mucho en el resto de elementos de combate.

Otros tipos de gladiadores

Todos los anteriores son los tipos gladiatorios más famosos y comunes en unos *munera*. Sin embargo, la lista es más larga e incluye algunos otros que no se pueden clasificar dentro de los grupos anteriores por su rareza o, simplemente, porque sus características los hacen inclasificables.

Sagittarivs

Se trata de un gladiador que lucha disparando flechas con su arco, al estilo de las tropas auxiliares orientales del ejército romano. Porta un casco cónico, de tipo frigio, que lleva un penacho y protección facial casi completa. En ocasiones, la parte frontal puede adoptar la forma de una barba, dejando abierta la zona de los ojos. Su armamento suele completarse con una espada y un puñal, además del carcaj donde guarda sus flechas. Presenta una protección total del cuerpo, con túnica y coraza de escamas o cota de malla, conocida como *lorica hamata*. Participa en espectáculos muy concretos en los que el lanzamiento de flechas está muy controlado para evitar que salgan disparadas hacia el público. Su estilo de lucha se basa en una exhibición de puntería a largas distancias.

Eqves

Este gladiador sale a la arena montado a caballo vestido con una túnica. Se enfrenta siempre a otro *eques*, atacando con una o varias lanzas, *hastae*, en especial al caballo de su oponente. Su armamento incluye también un escudo circular de pequeño tamaño, propio de la caballería militar, *parma equestris*, y una *spatha*, de una longitud algo mayor al *gladius*, diseñada para el combate a caballo. Cuando uno de los dos caballos resulta herido, los dos *equites* desmontan y continúan la lucha a pie. Como ambos portan el mismo equipamiento, tanto las túnicas como los escudos suelen tener colores diferentes para que el público los pueda distinguir, siendo los más comunes el rojo y el azul, aparte del blanco. Como protección, llevan un casco esférico con visera y plumas de vivos colores a izquierda y derecha. En ocasiones también llevan *manica* y protecciones de lana en ambas piernas. Suelen ser los primeros gladiadores en salir a la arena al comenzar los *munera*.

Essedarivs

Recibe su nombre del *essedum*, un carro de guerra de origen celta adoptado principalmente por galos y britanos. El *essedarius* es un gladiador que va montado en este carro tirado por dos caballos y se enfrenta a otro luchador de su misma tipología. Va armado con jabalinas que lanza a su oponente. El combate final suele desarrollarse a pie, una vez que los carros han quedado inutilizados a causa de los ataques. Este tipo de combate, no muy frecuente, llegó a los anfiteatros a partir del reinado del emperador Claudio, tras la conquista de Britania.

* * *

Bueno, ahora ya conoces a todos los que saldrán a batirse a la arena. Puedes quedarte con el *libellus* si quieres, para consultarlo cuando te parezca. Por cierto, ¿te has decidido ya? ¿Eres más de los *parmularii* o de los *scutarii*? Yo reconozco que soy seguidor de los *scutarii*, me gusta su estilo de combate firme, en especial el del *murmillo*. De hecho, no es ningún secreto que este también es el tipo de gladiador favorito del emperador Domiciano. Curiosamente, su hermano Tito siempre fue defensor del *thraex* y los *parmularii*. Una sana rivalidad entre hermanos.

PVGNATE!

Pon atención ahora, los músicos han vuelto a salir a la arena y para el espectáculo principal han traído algunos instrumentos nuevos. Además de las *tibiae duplices*, las *tubae* y los *cornua*, esos cuernos circulares muy reconocibles, ahora vamos a poder escuchar el *hydraulis*. Es un órgano con tubos, similar a los que puedes haber escuchado alguna vez en nuestro futuro. Sin embargo, tiene la particularidad de que funciona con una bomba de agua que, accionada manualmente por dos esclavos, da presión al aire que sopla las notas a través de los tubos de bronce. Su sonido será perfecto para acompañar junto al resto de instrumentos los combates, especialmente teniendo en cuenta que este es uno de los mejores conjuntos musicales del Imperio. No es como en otros anfiteatros, en los que tienen que contratar compañías de música ambulantes, sino que se trata del conjunto de músicos imperiales que amenizan todo tipo de espectáculos y rituales en los que el emperador está presente. Están especializados y saben perfectamente cómo darle un toque extra de emoción a los enfrentamientos, variando la intensidad de la música en los momentos más destacados.

El primer combate, que ya está a punto de comenzar, enfrenta dos *equites*, como se puede ver en los cartelones que muestran sus nombres y el número de victorias que tiene cada uno. Se trata de Habilis y Maternus, ambos experimentados *equites*. Los dos entran galopando al anfiteatro sobre dos hermosos caballos blancos, entre los aplausos del público y el sonido de la música que anima el combate. Un grito se eleva por encima de todos los demás: *Pugnate!* ('¡luchad!'). Maternus toma la iniciativa y lanza la primera de sus *hastae* contra Habilis, que consigue esquivarla espoleando a su caballo. Fíjate en que, en la Antigüedad, montar a caballo tiene una dificultad añadida puesto que los romanos no conocen los estribos, que no llegarán a Europa hasta el siglo VI. La silla de montar tan solo está compuesta por un mantón que

Grupo de músicos en unos juegos gladiatorios, creando con sus instrumentos el ambiente perfecto para los combates. Los instrumentos representados son, de izquierda a derecha, la tuba, el órgano hidráulico y dos cuernos. Detalle del mosaico de Zliten.

va fijado con una cincha en el vientre del caballo. Una es de color rojo y la otra azul, para diferenciarlos fácilmente.

Habilis ha lanzado también un par de *hastae* y se dirige directamente hacia su contrincante. Ambos desenvainan las espadas que, en este caso, son largas para poder enfrentarse sobre sus monturas. Aun así, también he visto a algunos *equites* entrenando con espadas cortas, más útiles en el combate a pie. Maternus ha conseguido clavar su espada en el caballo de Habilis, que ahora relincha de dolor y tira al suelo a su jinete. Comienza la fase de lucha a pie, donde podemos seguir distinguiéndolos por el color de sus escudos. Habilis parece rabioso por cómo ha empezado el combate y trata de alcanzar el cuerpo de Maternus con toda la fuerza de su mano derecha. Uno de los golpes consigue partir por la mitad el escudo de Maternus que, indefenso, lo suelta y retrocede.

Mi sensación y la del público es que el árbitro debería parar el combate. Sí, por supuesto, las luchas de gladiadores tienen normas y el *summa rudis*, ese hombre con la túnica blanca con bandas estrechas de color rojo y una larga vara de madera en la mano, es el encargado de supervisar que se cumplan. Ahora te cuento más sobre él; parece que el combate se precipita. Ante la inacción del árbitro, Habilis sigue lanzando golpes hasta que uno, desafortunado, alcanza el cuello de Maternus justo por encima de la clavícula. *Practum est!*, grita alguien desde la grada; y tiene razón: está acabado. La sangre empieza a brotar profusamente, formando un gran charco de sangre en el que el gladiador yace inmóvil. Habilis se quita el yelmo y corre hacia su compañero. Intenta presionar la herida, pero ya es tarde. El golpe ha sido demasiado certero.

Buena parte del público estalla en vítores ante la aplastante victoria de Habilis, aunque otros tantos no aplauden un combate al que le ha faltado algo más de garra por parte de Maternus, que no ha seguido en algunos momentos el reglamento. Seguro que los próximos serán mejores, comentan algunos. Para mí, el gesto humano de Habilis le honra. Al fin y al cabo Maternus era, probablemente, su compañero de entrenamiento. No ha habido posibilidad de salvación, no ha habido veredicto. Te puedo asegurar que la mayoría de los combates gladiatorios no terminan de esta manera, pero ya se sabe: la realidad suele superar a la ficción.

No creo que el lanista esté contento con este resultado y dudo de que Habilis cobre esta victoria; aunque realmente era responsabilidad del árbitro haber detenido el combate cuando Maternus perdió el escudo, y este quizá debería haberse rendido. Pero, en ocasiones, todo sucede demasiado rápido y es imposible parar el combate a tiempo.

Mientras se llevan el cuerpo del gladiador y se prepara el próximo combate, aprovecho para explicarte un poco más sobre los árbitros. En realidad no hay solo uno, sino que son dos los que se encargan de que el combate se desarrolle de forma correcta. Cuando uno de los gladiadores inflige una herida al otro, cuando pierden alguna de las armas o cuando realizan algún movimiento que se considere abusivo, el combate debe ser detenido. Por eso es mejor que sean dos los árbitros que vigilen que todo se desarrolla según lo previsto. Es común que se trate de gladiadores retirados, que conocen desde dentro las normas de los combates, aunque también los hay que no han luchado nunca y pueden llegar a ser personas respetadas de la sociedad, libres de la lacra de la *infamia*. Por un lado está el hombre que porta la vara, el *summa rudis*. Es el árbitro principal y el que decide sobre el combate. Usa la vara para golpear a los gladiadores o separarlos cuando quiere que detengan la lucha. También la levanta entre ellos como señal de inicio y para que se reanude tras una pausa. Su asistente, colocado en una posición

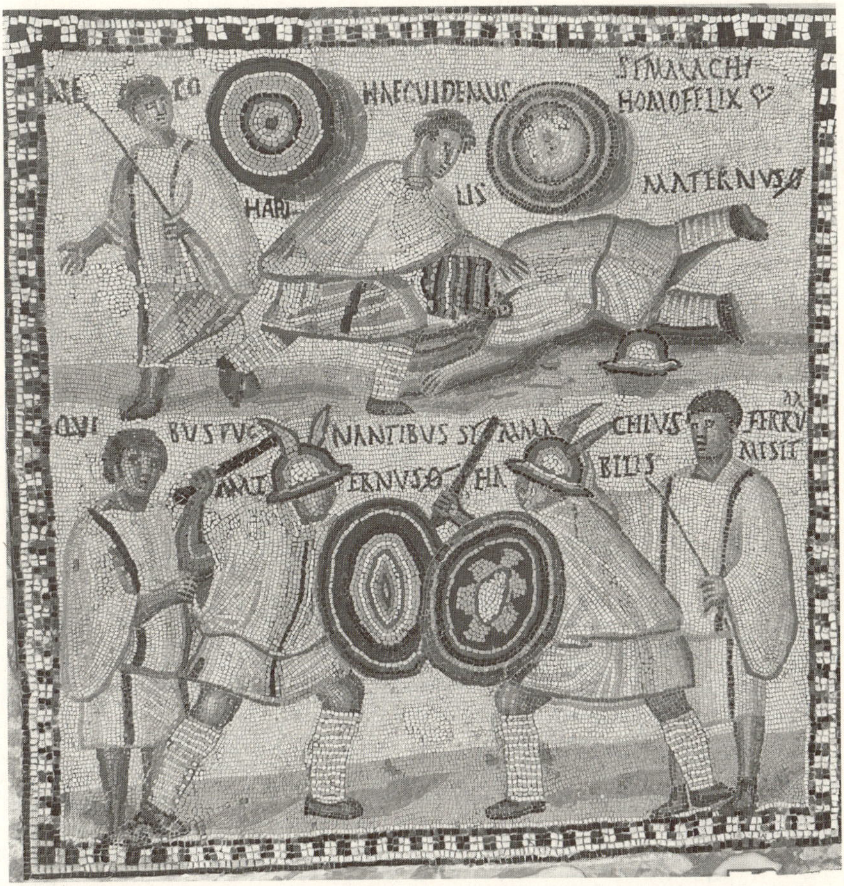

Mosaico del siglo III procedente de Roma en el que se representa la lucha entre Maternus y Habilis, dos gladiadores *equites*. En la parte inferior se puede ver el comienzo del combate a pie; a los lados, los dos árbitros. En la parte superior, Habilis aparece junto al cuerpo de Maternus, que yace muerto. Museo Arqueológico Nacional, Madrid.

opuesta, es el *secunda rudis*. Entre los dos amonestan a los luchadores cuando se producen golpes bajos y confirman las sentencias con las que terminan casi siempre los combates.

En el siguiente enfrentamiento van a luchar dos parejas de *provocatores*; cada una dispone de la mitad de la arena para desarrollar el combate. Por un lado se enfrentan Mansuetus contra Crispus y por el otro Clemens contra Iulius. Los cuatro proceden del Ludus Magnus. Son gladiadores pesados, *scutarii*, que van fuertemente armados y eso les protege del adversario; no obstante, piensa en lo que supone cargar con todo ese equipamiento. Pueden llegar a ser unos veinte kilos en total, con los que no solo debe cargar cada gladiador, sino que además debe desenvolverse con soltura para evitar los ataques del contrincante. Piensa también en el sofocante calor y el agobio que produce el casco, con la visión limitada y el sudor brotando con cada minuto de combate que pasa. Al menos ya ningún luchador porta el casco sin orificios de los antiguos *andabatae*. Se trata de un tipo desaparecido hace más de un siglo, que luchaba completamente a ciegas. En ocasiones llevaban campanillas para que el sonido los guiase hasta su adversario, que siempre era otro *andabata*. También se hacían combates en los que luchaban gladiadores ciegos. Este tipo de enfrentamientos, sin embargo, pasaron de moda puesto que en ellos no se demostraba habilidad en la lucha, sino que solía reinar el caos, llegando a producirse escenas tendentes a la burla y la pantomima.

Prosigamos. Los árbitros de ambos combates alzan sus varas y los *provocatores* empiezan a acercarse protegidos por sus escudos. Todos ellos van descalzos, algo que les permite sentir mejor dónde pisan en cada momento sin tener que mirar al suelo. La vista, la poca que tienen, nunca debe desviarse ni un segundo del contrincante. Los gladiadores están entrenados mentalmente para no reaccionar ante el dolor, sobrellevar el sufrimiento y demostrar solo valor durante el combate.

Uno de los *provocatores*, Iulius, sorprende a Clemens: alza su escudo y ataca frontalmente con él. Golpea el casco del gladiador, que cae al suelo desorientado. Ha sido una estrategia peligrosa, puesto que ha dejado por un momento todo su cuerpo al descubierto, pero el efecto sorpresa ha conseguido su objetivo. El *summa rudis* detiene el combate, el gladiador se levanta y continúa el enfrentamiento. El público aplaude entusiasmado. Salvo que quede inconsciente, es el gladiador golpeado quien debe expresar si quiere seguir combatiendo o se rinde para enfrentarse al veredicto definitivo.

Ambos combates continúan con intercambios de golpes vistosos, algo que el público siempre agradece. Seguramente no se alarguen mucho más. Los gladiadores, que se están esforzando por dar el máximo de sí mismos, empiezan a dar muestras de cansancio. No es habitual que un combate dure más de quince minutos, veinte a lo sumo. Recuerda que hay un total de 150 parejas que deben luchar de aquí a la *hora undecima*.

Finalmente, después de haber soportado un fuerte golpe en la cabeza y algunos más en su cuerpo, Clemens se muestra demasiado agotado para continuar y se produce el gesto de la rendición. Tira su escudo lejos de él, hinca la rodilla izquierda en la arena y levanta el brazo izquierdo mostrando un solo dedo que sobresale del puño. La norma es clara: *ad digitum pugnare*, literalmente 'luchar hasta el dedo'. Alzando el índice asume su derrota y se expone al veredicto final. El *summa rudis* detiene la lucha, a la espera del veredicto. En el segundo de los combates, Crispus pierde el escudo en un lance, pero decide continuar luchando incluso sin su mejor defensa. El público sabe valorar gestos como este. El gladiador está arriesgándolo todo por el espectáculo; es consciente de que eso le granjeará la simpatía de los espectadores incluso aunque termine siendo derrotado. Y, en el caso de que consiguiera vencer a Mansuetus, su fama sería mucho mayor. Finalmente, Crispus entiende que no puede hacer nada más ante su rival y decide rendirse al veredicto final.

Ambos combates han terminado y el público estalla en gritos que, o bien piden la muerte o bien la salvación de los gladiadores derrotados. En este caso parece que todo el mundo lo tiene claro. Casi como una única voz, el anfiteatro al completo grita: *Mitte!, mitte!*; '¡sálvalo!', le piden al emperador. Los brazos se alzan al cielo con el puño cerrado para expresar su opinión. Ambos gladiadores han luchado con honor, han resistido fuertes golpes con valor y han continuado el combate incluso en inferioridad de condiciones.

Domiciano manda callar a la masa con un gesto para entregar su veredicto. Señalando a la pareja que queda a su izquierda, que mira al emperador con atención, levanta el puño indicando la salvación, *missio*, de Clemens. Apunta también a Crispus y vuelve a levantar el brazo. Ninguno de los dos gladiadores merecía morir hoy. Aunque sus rivales han sido superiores, han luchado bien. Varios esclavos se acercan a Iulius y Mansuetus para entregarles las palmas de la victoria y sus *praemia*, dinero en metálico como pago por su triunfo. Ambos celebran con orgullo que suman un combate más a su palmarés. Cuantos más añadan, más experiencia y carisma conseguirán, otorgándoles cada vez más posibilidades de sobrevivir a la vida gladiatoria. Ahora, mientras se preparan los siguientes combates, darán una vuelta de honor a la arena para recibir el calor del público y, por qué no decirlo, para recoger cualquier objeto de valor que les puedan lanzar los espectadores más ricos desde la grada.

Mientras lo hacen, te puedo explicar con detalle lo que acaba de ocurrir. El público es libre de dar su opinión, pero no deja de ser más

Relieve funerario de Gneo Aleyo Nigidio Mayo, un influyente patrocinador pompeyano de espectáculos gladiatorios, en el que aparecen escenas de unos juegos de anfiteatro. La escena central del relieve, partida, muestra a un gladiador levantando el dedo índice de la mano izquierda en señal de rendición. Museo Arqueológico Nacional, Nápoles.

que eso. Nadie se pone a contar qué porcentaje del público pide cada veredicto. Siendo justos, en realidad el único que decide en el anfiteatro es el *editor.* Y su criterio es el que prevalece. En ocasiones no coincidirá con lo que pide la gente, pero lo normal es que sea compartido. Estoy seguro de que has visto muchas películas de romanos donde siempre nos muestran los supuestos gestos para salvar o condenar a un gladiador. Y, sin embargo, aquí no hemos visto un pulgar hacia arriba ni hacia abajo. Si te das cuenta, este es un momento muy importante: acabamos de comprobar que, en realidad, esos gestos no existen en la antigua Roma.

Como seguramente veamos algún combate en el que el gladiador sea condenado, no quiero revelarte todavía cuál es el gesto que se usa para pedir su muerte, sino que me voy a centrar en el de la salvación. Si te has fijado, todo el mundo, incluido el emperador, ha levantado el puño bien alto y lo ha agitado para perdonar la vida al gladiador. No obstante, el detalle que se puede escapar es que el pulgar —*pollex*— estaba apretado dentro del puño. El *pollex* es la parte más importante del gesto, simbólicamente hablando. Se trata de la representación de la espada ejecutora. Así, para pedir la vida, el pulgar queda «envainado» dentro del puño. Pese a todo, si el *editor* solo hiciera un leve gesto con el pulgar, únicamente quienes estuvieran más cerca de él podrían ver cuál es su decisión. Por eso es tan importante que, a la vez que se introduce el pulgar en el puño, este se alce con energía. Es el gesto conjunto del pulgar con el brazo entero el que confirma la salvación del gladiador.

En el próximo combate, el *thraex* Celadus se enfrenta al *hoplomachus* Atticus. El primero solo ha combatido tres veces, pero ha ganado todos sus combates y se ha hecho muy popular. De él se dice que es atractivo, aunque solo hay que darle tiempo para que el entrenamiento y los golpes terminen por deformar su figura y su rostro. El segundo lleva catorce victorias a sus espaldas. La de hoy podría suponer su liberación.

Celadus está tranquilo, es un excelente luchador y sabe que solo debe hacer un buen combate, pelear de forma honrada y valerosa, como le ha enseñado su entrenador. Las estadísticas están en su contra, pero ser derrotado por un gladiador con experiencia que ya cuenta con tantas victorias no es vergonzoso. Atticus, en cambio, parece algo nervioso, sabe que este combate es fundamental para él, su libertad le espera. Veremos si los nervios no le juegan una mala pasada.

El *thraex* prepara su brazo derecho lanzando ganchos con su *sica*, a la espera de poder atravesar la barrera del pequeño escudo circular del *hoplomachus*. Comienza el combate y Atticus con su lanza propina certeros golpes que impactan en la parte alta del escudo de Celadus. Este debe resistir con su escudo el empuje de la punta metálica si no quiere que termine alcanzando su cuello. Los movimientos de Atticus son agresivos pero la defensa del *thraex*, más joven y resistente, es férrea. Tanto que, según pasan los minutos, el *hoplomachus* comienza a desesperarse y opta por dirigir su lanza hacia el casco de Celadus. Este tipo de movimientos se encuentran en el límite de lo que se puede considerar legal y el *summa rudis* permanece muy atento para evitar que pueda incurrir en un juego sucio que empañe el combate.

Sin embargo, Atticus está obcecado y fija su objetivo en los ojos del *thraex*, que le miran desde el interior del yelmo. En un ataque combinado entre la lanza y el escudo, consigue encadenar dos golpes directos. La lanza choca contra la visera y se escapa de las manos del *hoplomachus*; el segundo golpe, con el escudo, impacta directamente contra las rejillas del casco de Celadus que protegen sus ojos. El *thraex* cae al suelo de espaldas y el *summa rudis* amonesta a Atticus. El *thraex* vuelve a levantarse y se lleva la mano derecha hacia el yelmo y abre la máscara frontal. Su cara está ensangrentada. Probablemente tenga la nariz rota y algunas astillas de madera clavadas en los ojos, inyectados en sangre. Se puede oír a un espectador gritar: *Attice! Hoplomachus nunc es, fueras opthalmicus ante! Fecisti medicus quod facis hoplomachus!* (¡Atticus! ¡Ahora eres *hoplomachus* pero antes fuiste oftalmólogo! ¡Hiciste como médico lo que ahora haces como gladiador!).

Atticus no cuenta con que un rival herido de gravedad es siempre el más peligroso, porque no tiene nada que perder. Celadus vuelve a cerrar la máscara de su casco y ataca con fuerza, antes de que las heridas acaben con él y sus ojos dejen de ver el mundo a su alrededor. El público se vuelca a su favor. Con su espada curvada consigue rasgar la espalda de Atticus y despojarlo de su escudo. Los siguientes golpes le provocan varias heridas más en el pecho y los brazos. El *hoplomachus* ya solo cuenta con el pequeño puñal para tratar de contrarrestar los ataques del *thraex*, pero sus heridas le han debilitado demasiado. El combate ha dado un giro total y Atticus termina arrodillándose sin poder continuar. Levanta el índice y espera el veredicto. Celadus tampoco está en unas condiciones mucho mejores, posiblemente le esperan meses de recuperación, si es que todavía le queda alguna esperanza. Se quita el casco y murmura alzando los brazos al cielo. No hace falta escucharle para saber que está invocando a los dioses por su protección.

El público, en esta ocasión, está dividido, aunque un clamor cada vez más fuerte silencia los gritos de aquellos que piden la salvación de Atticus. *Iugula!*, '¡degüella!', grita el anfiteatro mientras mueven sus brazos. Domiciano muestra su brazo derecho extendido con la mano abierta. Lo vuelve por un momento hacia su pecho y lo extiende de nuevo de forma enérgica hacia el frente. La cruel actuación del *hoplomachus* le va a costar su vida.

Occide, verbera, ure! '¡Mata, azota, quema!'. El público anima ahora a Celadus, el vencedor, a cumplir con su obligación. Atticus se ha quitado el casco y, de rodillas, espera el golpe final. Durante toda su carrera como gladiador ha sabido que, en algún momento, las Moiras, diosas de la muerte prematura, podrían alcanzarle. Asume su error, que le ha costado la vida, con dignidad. Celadus, ya no como adversario sino como compañero, debe darle la muerte más rápida posible. El código no escrito entre gladiadores así lo marca. Haz con los demás lo que te gustaría que hicieran contigo. Mantiene la espada con la punta apoyada sobre el hueco de la clavícula izquierda de Atticus esperando la confirmación para proceder. Es el propio Atticus quien le ayuda a encontrar el punto justo para que el arma no se desvíe en su camino. En el momento apropiado, la empuja hacia abajo con todas sus fuerzas, hundiéndola hasta el corazón del *hoplomachus* que cae inmediatamente al suelo en el momento en el que el *thraex* saca el arma.

En el cartel con el nombre de Atticus están marcados sus catorce combates y catorce victorias, que de poco le sirven ya, mientras un *pictor* traza con pintura negra una letra, la ø sobre ellas, como signo de la muerte del gladiador. Se trata de la *theta nigrum*, la primera de la palabra θανών, 'muerto'. También se la conoce como *theta infelix o theta mortiferum,* y hay quien prefiere pensar que no se trata de una letra griega sino de una O con una marca de abreviatura que esconde la palabra latina *obiit*, muerto. En cualquier caso, en griego o en latín, el significado es exactamente el mismo.

¿Te has fijado en el gesto con el que Domiciano ha condenado a muerte a Atticus? Al contrario que en el caso anterior, la mano se ha extendido abierta hacia delante. Si para pedir la salvación del gladiador el gesto es el de apretar el pulgar, *premere pollicem*, dentro del puño, al condenarlo el pulgar está completamente extendido. La espada ejecutora está desenvainada y lista para actuar. Es lo que se conoce como *verso* —o *converso*— *pollice*, 'pulgar vuelto', o *infesto pollice*, 'pulgar amenazante'. El emperador ha abierto la mano con el pulgar extendido y el resto de los dedos juntos mirando hacia delante antes de volverlo hacia sí, apuntando con el pulgar hacia su pecho. Finalmente, para completar el gesto, como si de una orden de combate se tratara, ha extendido de nuevo el brazo de forma rápida, señalando hacia la arena.

Ya ves que la cultura popular, una vez más, nos ha jugado una mala pasada en este sentido. Imagino que al menos te sonaba que eso del pulgar hacia arriba y hacia abajo no era real, pero no sé si alguna vez te habían explicado lo que acabamos de ver. Esto es historia viva, en directo. Aunque, en realidad, no es el cine de romanos el que nos colará este bulo histórico, sino que será el pintor historicista francés Jean-Léon Gérôme quien, en el siglo XIX, dará origen a esta tendencia. En 1872 pintará un cuadro que titulará precisamente *Pollice verso,* en el

Pollice verso, de Jean-Léon Gérôme (1872). Óleo sobre lienzo. Phoenix Art Museum, Arizona, Estados Unidos.

que aparece por primera vez el gesto del pulgar hacia abajo que tan famoso se hará después, especialmente en películas como *Gladiator*. Esta será su interpretación que, aunque errónea, calará muy hondo en nuestra cultura hasta el siglo XXI.

Una vez muerto el gladiador, un esclavo vestido ritualmente como si se tratara del dios Mercurio se acerca al cuerpo con un caduceo metálico al rojo vivo que está siempre a punto en un brasero encendido. Presiona con él la carne del gladiador para confirmar que ha fallecido. En esta época Mercurio, por herencia del griego Hermes, del etrusco Charun y del egipcio Anubis, se ha convertido en el dios que transporta las almas al inframundo. De esta manera se representa el ritual sagrado de paso antes de que el cuerpo sea trasladado en una camilla al *spoliarium* para retirarle el armamento y prepararlo para su entierro. Esto último lo llevan a cabo dos personajes asociados con Dis Pater, el dios del inframundo, que portan un gran martillo o *malleus* con el que, en ocasiones, también golpean la cabeza de los gladiadores muertos y la de los reos ejecutados.

Varios esclavos de la arena o *harenarii* ayudan a Celadus, herido y agotado, a llegar hasta la puerta de salida del anfiteatro entre vítores del público. Irá directo al *saniarium* donde recibirá la mejor atención médica posible. Ha luchado bien, esperemos que lo pueda volver a hacer en el futuro. Y, mientras todo esto ocurre, otros esclavos normalmente llamados *libertinarii* se apresuran a limpiar la arena de sangre para el próximo combate. Uno de ellos lleva un rastrillo para dispersarla entre la arena, pero el otro, si te fijas bien, la está recogiendo en un cubo con una esponja.

Me da la sensación de que no la está escurriendo en el cubo solo para retirarla, sino que está tratando de conservarla. Tal vez no lo sepas, pero existe lo que podríamos llamar un mercado negro de sangre de gladiador, que se emplea en rituales mágicos con diversas finalidades. Algunos dicen que beber sangre humana cura enfermedades como el *morbus comitialis*, la epilepsia. Se cree que la de los gladiadores, al haber soportado con valor la muerte, es aún más curativa y si, además, es posible beberla directamente de la herida su poder mágico es todavía más fuerte. En ocasiones también se emplea sangre de gladiador como afrodisiaco o incluso durante el ritual de la boda. Cuenta la tradición que, el día en que se celebran las nupcias, el pelo de la novia es recogido por primera vez en su vida en un peinado conocido como *sex crines*, seis rizos. Para ello se emplea la punta de una lanza, el *hasta caelibaris*, cuyo uso se remonta a rituales arcaicos. Lo que se suele decir es que el matrimonio sería más sólido y estaría bendecido si la lanza hubiera sido extraída del cuerpo de un gladiador muerto o, al menos, mojada en la sangre de uno.

Ya ves que los gladiadores, en muchas ocasiones, son tratados como trozos de carne de los que se aprovecha todo, en vida y tras su muerte. Tal vez por eso haya mujeres a las que les atraiga la figura de estos hombres siempre rodeados de un aura de valor temerario, misterio y exotismo. Incluso si sus cuerpos y sus rostros están deformados por los combates. Para gustos los colores, aunque no todos son feos, especialmente cuando son todavía jóvenes y están comenzando una prometedora carrera.

Pero incluso si no se puede tener a un gladiador en persona, al menos se puede soñar con ellos. ¿Cuántas veces no habrán fantaseado muchas mujeres, y hombres, con apuestos gladiadores? Ya sabes que en esta época la mayoría de los hombres no despreciaría a un apuesto y joven gladiador para desfogarse, incluso aunque normalmente les gusten más las mujeres; manteniendo, eso sí, un papel activo en la relación sexual y siempre y cuando no se trate de otro ciudadano. ¡La sexualidad también cambiará mucho durante los próximos siglos!

Pero no todos los sueños relacionados con gladiadores son eróticos. En algunos es uno mismo quien combate. Los intérpretes de sueños explican sus significados. He traído un pequeño volumen con apuntes de oniromancia que he copiado de ciertos textos que leí el otro día en la biblioteca. Aquí van algunos ejemplos. Verse a uno mismo en sueños como gladiador puede significar que se va a producir algún tipo de proceso judicial. Si la lucha es defensiva es que el proceso de litigio será en contra de uno y, si es ofensiva, que se inculpará a otros. Aun así, también hay sueños gladiatorios que predicen matrimonios. Dependiendo de cómo sea la lucha y cuál su resultado, pueden determinar cómo será la esposa. Si se lucha contra un *thraex* la mujer será rica, astuta y con valor para sobresalir. Si el adversario es el *murmillo* será bella, adinerada pero discreta, fiel y obediente. El *secutor* pronostica una mujer bella pero orgullosa y causante de muchos males. El *provocator* que será bella, coqueta y sensual. Pero no todos los adversarios auguran características positivas para los romanos. El *retiarius* indica que la esposa será pobre, lujuriosa y callejera. El *eques* que será rica, aunque poco inteligente. El *essedarius* que la mujer demostrará pereza y el *dimachaerus* o el *scissor* que la mujer será envenenadora y malvada, o fea.

Cada tipo de mujer se asocia claramente con las características del gladiador en cuestión. El *thraex* augura una mujer valiente y con arrojo porque este gladiador ligero promueve el ataque. El *murmillo* es uno de los gladiadores más respetados, pero muestra un carácter más defensivo y, a la vez, sólido. El *secutor* y el *provocator* llevan las características de las mujeres que se les asocian escritas en sus propios nombres: perseguidor y provocador. El *retiarius* es un tipo de gladiador que despierta reticencias en parte del público porque combate casi desnudo y a cara descubierta, sin yelmo, lo que interpretan como falta de pudor y vergüenza. Esas serán las características de la mujer. El *eques* y el *essedarius* encarnan valores de pereza o baja destreza por el uso de ventajas importantes como caballos o carros. Finalmente, el *dimachaerus* y el *scissor* son tipos que también cuentan con ventajas adicionales que, a veces, se consideran injustas y desproporcionadas, por lo que se asocia con ellos la imagen de la mujer malvada.

¿Te das cuenta de las vueltas que le dan los romanos a cosas como los sueños? Todo es interpretable si uno busca encontrar un significado. Desde nuestra perspectiva puede parecer un sinsentido, pero, de hecho, en nuestro futuro este tipo de pseudociencias se siguen utili-

Vasija romana, datada en el año 175, descubierta en 1848 en Colchester (Inglaterra) en una tumba romana. Probablemente de manufactura local, está decorada con escenas de lucha protagonizadas por dos *venatores*, Secundus y Marius, y dos gladiadores (en la imagen), el *secutor* Memnon y el *retiarius* Valentinus, vencido en el combate, que levanta el dedo en señal de derrota. Museo del Castillo de Colchester, Essex, Inglaterra.

zando, seguramente influidas desde lo que, por entonces, será el remoto pasado romano. No todo lo que han hecho los romanos por nosotros tiene por qué ser bueno.

Mientras hablábamos, los combates han continuado. El último ha sido el del *retiarius* Valentinus, que ha tenido que rendirse ante el *secutor* Memnon, que obtiene así su novena victoria. Seguramente los artesanos ya estarán preparando *souvenirs* de este y otros combates de hoy que podremos ver en los próximos días en el mercado. Y, hablando de *souvenirs*, se acerca ya el final de la *hora nona* y con él llega un momento muy especial en el que a lo mejor podemos llevarnos alguno.

INTERMISSIO

Es momento de la *intermissio*, un pequeño descanso antes de los siguientes combates. La gente permanece expectante porque, aunque han venido a ver las luchas, lo que está a punto de suceder también forma parte del espectáculo y les afecta directamente. En la arena aparecen acróbatas y bailarines mientras los instrumentistas cambian el ritmo de la música para hacerla más festiva.

Desde la arena los *harenarii,* montados en carros repletos de objetos, van lanzando a las gradas pequeños regalos en forma de comida para los asistentes. También desde la parte más alta del anfiteatro llueven galletas, pastas, dátiles rellenos y pan. Es un muy buen momento para que los espectadores puedan comer algo sin tener que salir fuera, ahora que se acercan los mejores combates. De los *vomitoria* también comienzan a salir esclavos con *sportulae*, cestas, de frutas que entregan a quienes se las piden. ¿Sabes que desde el año 56 a. C. existe una ley que dicta que lo único que está permitido tirar a la arena de forma agresiva, si un espectador se enfada por el resultado de un combate, es fruta? Piensa que si existe esta ley es por algo: anteriormente la gente llegaba a tirar zapatos, piedras y hasta braseros encendidos.

Pero no solo es comida lo que Domiciano ofrece al público en esta *sparsio* de regalos. Desde las sogas del *velarium* comienzan a descolgarse más objetos, entre ellos cestas repletas de fruta y también pequeñas bolas de madera que contienen premios mayores. Como si se tratara de una tómbola, el público se pelea por conseguir las bolas. Ten cuidado, porque la gente puede llegar a ponerse bastante agresiva en momentos como este. Y no hablo solo de la plebe; mira ese caballero cómo salta por encima de quien sea para llegar hasta una de las bolas que está bajando lentamente, o esos dos senadores que insultan mirando hacia la parte superior de la grada porque a ellos no les ha llegado ninguna.

En su interior, las bolas contienen pedazos de papiro con inscripciones que corresponden a los premios que se podrán canjear a la salida del anfiteatro en los lugares específicamente señalados a tal efecto. Ropa, vajillas de bronce y plata, caballos, ovejas y otros animales, y hasta esclavos, barcos, casas y granjas en el campo. Algunas de las bolas, por el contrario, contienen directamente los premios, si estos son suficientemente pequeños como para caber dentro. Monedas, fichas de juego y dados, pequeños pedazos de oro y plata, perlas, collares, pendientes, anillos y otras joyas. No te molestes en coger ninguna, ya sabes que no podemos llevarnos nada de vuelta; y así, de paso, también evitamos que alguno de estos nobles se nos eche encima para hacerse con los premios que van cayendo.

El público vitorea al unísono al emperador por su generosidad. Algunos le aclaman como *dominus*, una forma servil de dirigirse a alguien superior. Domiciano se levanta y hace gestos para calmar a la multitud, llamando la atención especialmente a aquellos que se dirigen a él como si fuesen sus esclavos. Al emperador nunca le ha gustado que le bailen el agua. De hecho, ha decretado de manera oficial que nadie se dirija a él con el apelativo *dominus*. A pesar de ello, algunos como Marcial, del que ya sabemos que es muy adulador, han tratado siempre de agradar al emperador con cumplidos extravagantes que han sido muy mal recibidos en la corte de Domiciano. Otros como el poeta de la corte, Estacio, han sabido alabar al *princeps* de una manera altiva pero más ajustada a los gustos imperiales. Aun así, aquellos que escribirán la historia de Domiciano obviarán la realidad y hablarán de él como el tirano que no fue y le atribuirán títulos como el de *dominus et deus noster* que Domiciano rechaza frontalmente. La destrucción de la memoria del emperador será total hasta que los investigadores —algunos ya en el siglo XIX, pero sobre todo en el XXI— sepan ver más allá de la propaganda senatorial para descubrir al verdadero Domiciano, el hombre que está ofreciendo estos juegos. Nosotros tenemos la suerte de estar aquí solo para confirmar lo que el avance de la investigación ha apuntado.

Ya te lo he comentado antes. Emperadores como él se ganan la simpatía del pueblo porque demuestran su generosidad en días como este y, a la vez, desprecian a la aristocracia más rancia, especialmente a quienes usan su influencia de forma corrupta. Domiciano ha conseguido, con buen criterio, mantenerse quince años en el trono. Su gestión le avala, pero este es un juego peligroso y el equilibrio se puede romper en cualquier momento.

EL COMBATE MÁS ESPERADO

Hora decima

No pierdas de vista la arena porque este es uno de los combates más importantes de la jornada de hoy. En realidad, lo han anunciado como el combate estrella del día, aunque todo el mundo sabe que Domiciano se está guardando alguna sorpresa más para el final. Se abre una de las dos grandes rampas centrales de la arena y a través de ella un nutrido grupo de *harenarii,* con ayuda de dos bueyes, comienzan a subir una plataforma de madera. Una vez arriba, la rampa vuelve a su posición original y, sobre ella, se coloca transversalmente el que será el escenario principal del combate. Se trata de un puente con una estructura central recta y elevada y dos rampas laterales por las que poder acceder a la zona superior.

Este es uno más de los elementos que dan vistosidad a la lucha que estamos a punto de presenciar. El puente, supuestamente situado sobre un río, nos da la clave para averiguar qué dos gladiadores van a combatir. Son ni más ni menos que un *retiarius* y un *secutor*, la lucha entre el pescador y el pez. Mira, ya entran los gladiadores. El público estalla en aplausos, no por los luchadores, sino por los *doctores* que los acompañan. Son Priscus y Verus, los dos exgladiadores vivos más famosos del mundo. Combatieron y ganaron su libertad durante los juegos inaugurales de este mismo anfiteatro hace dieciséis años y, desde entonces, se han convertido en los dos mejores entrenadores de gladiadores con los que cualquier recluta pueda soñar para llegar a ser una estrella. A Priscus lo vimos en el Ludus Magnus, y Verus entrena a los suyos en el Ludus Gallicus. Hoy están aquí, mostrándose en la arena, para enardecer los ánimos y acompañar a sus mejores alumnos. Flamma el *secu-*

Galerus en bronce, decorado con diversos motivos marinos, descubierto en Pompeya, en el cuartel de los gladiadores. Esta pieza estaba diseñada para proteger el hombro del *retiarius* y, adicionalmente, también su cuello al luchar sin casco. Museo Arqueológico Nacional, Nápoles.

tor, al que entrena Priscus, y Purpureus el *retiarius*, alumno de Verus. Flamma tiene veintiséis años y ha combatido ocho veces, ganando en siete ocasiones. Purpureus tiene veintiocho, ha combatido diez veces y ha ganado nueve de los combates.

Los gladiadores reciben el calor del público mientras terminan de ceñirse el armamento. Flamma aprieta con firmeza las *fasciae* que atan la *ocrea* de su pierna izquierda y ajusta su casco para aprovechar al máximo la mínima visión de que dispone. Mientras, Purpureus se coloca el *galerus* de bronce dorado que está decorado con motivos marinos. A la izquierda un timón, a la derecha un ancla, arriba un cangrejo y en el centro, un tridente en el que se enrosca un delfín.

El *retiarius* es ágil, pero también fuerte y muy resistente, cualidades que le serán útiles para evitar las embestidas del *secutor*. Purpureus comenzará el combate sobre el *pons*, el puente de madera, y Flamma tendrá que conquistarlo. Como no es una estructura muy elevada, el tridente del *retiarius* podría ser muy peligroso en los primeros momentos del enfrentamiento, antes de que su adversario pueda llegar hasta arriba.

Todos están en su posición, la música suena. El *summa rudis* ordena el inicio del combate y el público comienza a animar a su favorito. Reconozco que este es uno de los emparejamientos que más espectáculo ofrece a los que estamos en las gradas. No así para los gladiadores, que se enfrentan no solo a un complejo combate sino al escenario sobre el que deben luchar. El puente prácticamente no tiene espacio para los dos en la parte superior. Cualquiera de ellos podría caer, con un resultado impredecible.

Comienza el combate. Flamma gira alrededor del puente para establecer cuál será su punto de subida. Purpureus amenaza con su tridente cualquier amago del *secutor*. Ambos tantean sus posibilidades. De momento el *retiarius* ha decidido hostigar con el tridente, que sujeta con la mano izquierda, más protegida, por la parte delantera. La derecha, desde atrás, ayuda a impulsar los ataques. En ella también porta la red, plegada a la espera del momento apropiado para lanzarla contra su oponente. Desde la parte inferior, el *secutor* empieza a recibir los golpes del tridente, aunque su casco le protege y la

Mosaico que decoraba el atrio de una villa romana situada en Nennig, Alemania, fechado entre los siglos II-III, en el que se representa el combate entre un *retiarius* y un *secutor*. El primero intenta ensartar con su tridente al segundo, que bloquea el ataque con su escudo; el *summa rudis* observa atentamente el enfrentamiento, presto a intervenir.

cresta circular consigue desviar la mayor parte de ellos. Por suerte, el cubrenucas cumple su papel a la perfección, evitando que las puntas se claven en su cuello. El *secutor* también lanza varias estocadas con su *gladius*, pero ninguna consigue alcanzar las piernas del *retiarius*.

Tras un inicio de combate donde la ventaja ha sido para Purpureus, especialmente por su situación elevada, Flamma consigue por fin desviar una de las acometidas del tridente con su gran escudo y aprovecha la oportunidad para subir al puente. El *retiarius*, sorprendido, dirige con todas sus fuerzas el tridente a la pierna derecha del *secutor*, desprotegida aunque en una posición retrasada y, por ello, más difícil de alcanzar. Consigue rozar a Flamma y se derraman las primeras gotas de sangre del enfrentamiento. Sin embargo, la herida es menor y el *secutor* no parece inmutarse. El tridente de Purpureus sigue moviéndose con rapidez dando estocadas desde la distancia para distraer a Flamma, que debe concentrarse en evitar cada golpe mirando a través de los dos pequeños agujeros del yelmo.

La mano derecha del *retiarius* comienza a moverse. Está preparando el ataque con la red sin que el *secutor* pueda darse cuenta, porque está distraído rechazando los habilidosos embites del tridente. En el momento justo, Purpureus lanza la red que se extiende en el aire gracias a los plomos que lleva en los laterales y cae directamente sobre Flamma. El *secutor* se encuentra completamente enredado y debe luchar ahora por escapar de la red. Mientras forcejea, deja abierto el espacio justo con su escudo para que el tridente pueda impactar contra su hombro derecho. La *manica* de lana, de pronto, se vuelve roja por la sangre que brota de la herida. *Habet!*, '¡le ha dado!', gritan desde la grada. Flamma pierde el equilibrio y cae hacia atrás desde el puente hasta la arena. El *retiarius* no tiene tiempo de reaccionar y, por efecto de la cuerda de la red que lleva atada a la cintura, se ve también empujado cayendo encima del *secutor*. El *summa rudis* decide parar el combate para que ambos gladiadores se recobren.

La emoción se puede sentir en el ambiente, el anfiteatro entero está atento al tremendo duelo que se está viviendo en la arena. Los dos gladiadores se recomponen y el *retiarius* recupera su red, por lo que tendrá otra oportunidad de lanzarla. El *secutor* se duele de las heridas que ha recibido y del fuerte golpe contra la arena que ha soportado. El árbitro les da solo unos segundos para recuperarse antes de reanudar la lucha. Fuera del puente, el *retiarius* tiene más espacio libre para moverse y el *secutor* comienza a perseguirle.

Medallón de terracota hallado en la localidad de Cavillargues, en el sur de Francia (finales del siglo II y principios del III). Representa un combate entre el *retiarius* Xantus, vencedor en quince combates, y el *secutor* Eros, con dieciséis victorias en su palmarés. Museo de la Romanidad, Nîmes.

Purpureus vuelve a lanzar la red, que se enreda en el escudo de Flamma. El *retiarius* usa la cuerda que le ata a ella para tirar del escudo, arrebatándoselo a su rival. Sin embargo, a pesar de encontrarse en desventaja, Flamma se lanza para atacar a cuerpo descubierto y consigue desarmar al *retiarius*. Sin su tridente y con la red inutilizada, Purpureus debe recurrir al pequeño puñal que lleva en su perizoma para cortar la cuerda y continuar el enfrentamiento.

Habiendo perdido algunas de sus principales armas, heridos y cansados, los dos gladiadores siguen luchando con valor y fuerza. El puñal del *retiarius* consigue rozar el pecho del *secutor* en una rápida estocada que deja sin aliento al público. Parece que la balanza podría estar inclinándose de parte de Purpureus por las heridas de Flamma. Todos esperan que baje la rodilla al suelo y levante el dedo, pero no sucede. El *secutor* sabe que está en clara desventaja, no podrá aguantar mucho más; aunque, si consigue herir a su rival, podría tener una oportunidad. Pero las fuerzas le abandonan, pronto no podrá seguir manteniendo la espada alzada con su brazo herido.

Ambos saben que podrían ser liberados si ganan un combate como este. La lucha está siendo espectacular. Ninguno de los dos cede, incluso aunque eso pueda significar salir malheridos del combate. La fortuna hace que el *retiarius* falle al lanzar un golpe con el puñal y el *secutor* aprovecha la última oportunidad que tiene para dirigir el *gladius* hacia el costado izquierdo de su rival. La espada atraviesa la grasa, el músculo y los órganos vitales de Purpureus, que cae al suelo junto al escudo de Flamma, soltando el puñal y llevándose la mano al costado para detener el sangrado.

El *summa rudis* detiene el combate. El *retiarius* está malherido. La lucha ha terminado. Todo el público aclama a ambos gladiadores ante el magnífico espectáculo de habilidad, fuerza y valor que acabamos de presenciar. Flamma se quita el casco para poder respirar y cae también al suelo a causa del agotamiento y de las heridas que ha recibido. El veredicto no se hace esperar, Domiciano declara que Purpureus sea salvado. No merece morir. Ha luchado de manera formidable. Ambos lo han hecho.

Flamma trata de recuperar el aliento sentado en el suelo junto a su compañero herido. Purpureus recupera la consciencia y lanza al cielo una mirada de dolor ahogada por la sangre y su dignidad. Levanta la mano derecha llena de sangre y hace un gesto claro que todos pueden ver pero que va dirigido a Flamma. Con el pulgar y el resto de los dedos extendidos apunta al frente y después a su pecho mientras susurra: «Flamma, *occide me…*».

El *secutor* no se lo piensa dos veces. Su compañero gladiador le necesita. Coge su espada y acaba rápida y dignamente con su sufrimiento. *Vis et honor*, 'fuerza y honor'. El anfiteatro entero se queda unos instantes en silencio antes de ofrecer una ovación al gladiador muerto.

Flamma recibe, junto a su *doctor* Priscus, la palma, su *praemium* y una espada de madera. Domiciano ha ordenado su puesta en libertad entregándole la *rudis*. El emperador ha pagado por ella. Después de cuatro años lo ha conseguido. El *secutor* vencedor, a pesar de sus heridas, reúne fuerzas para tomar la espada que le otorga la libertad. Saborea por unos instantes el momento pensando en su gran logro, pero entonces entrega la espada a Priscus, rechazando su libertad. La muerte de Purpureus le ha hecho cambiar de opinión. No merece ser libre de este modo. Seguirá luchando como *auctoratus* para el emperador hasta que merezca ser libre de nuevo. Flamma acaba de hacer historia de la gladiatura. Este momento se recordará durante años y quedará grabado en los corazones de todos los que han tenido la suerte de presenciarlo.

Los esclavos de la arena recogen las armas de ambos gladiadores siguiendo órdenes del emperador. Es muy probable que, como en otros combates memorables, las hagan pedazos para convertirlas en peque-

Gladiador, exhausto, al término del combate. Sentado en el suelo, cubierto de heridas, todavía empuña su arma. Su rival yace muerto frente a él. Entre ambos, en la arena, pueden verse el tridente de un *retiarius* y el yelmo de un *secutor*. Detalle del mosaico que decoraba el *frigidarium* de los baños de una villa romana situada en la antigua Leptis Magna, cerca de Trípoli, Libia.

ños cuchillos que se repartirán pronto en alguna otra *sparsio* de regalos. Un aliciente más para no perderse los próximos juegos.

Flamma es llevado en camilla hacia el *saniarium* para curar sus heridas. Priscus y Verus se dan la mano y se retiran también sabiendo que han dado el mejor espectáculo posible al público. Este es un deporte en el que la disciplina y el entrenamiento son fundamentales, no solo en el aspecto físico, sino también en el psicológico, puesto que los gladiadores deben aprender a aceptar el dolor y a convivir con él, a esperar la muerte en cada momento. Si uno de ellos es herido, debe mantenerse firme y, si le llega la hora de morir, debe aceptarlo con honor, como acaba de ocurrir.

Y eso va más allá de la arena. Estos valores son verdaderos ejemplos que los padres tratan de inculcar a sus hijos. Muchos les traen a los *munera* desde pequeños para que aprendan a despreciar el dolor y la muerte, disciplinen sus sentidos y se conviertan en romanos virtuosos. El mismo padre que a mediodía le explicaba a su hijo la fábula de Androcles y el león, ahora le explica por qué a su corta edad está viendo un espectáculo de gladiadores. El niño, con su *bulla* dorada al cuello —el amuleto que le protege desde que nació— y la toga *praetexta*, no tendrá más de diez años y escucha atento a su padre con los ojos muy abiertos ante el espectáculo que acaba de presenciar.

—¡Mira, hijo, los golpes que soportan los gladiadores, hombres degradados o extranjeros! ¡Mira cómo los que están bien adiestrados prefieren recibir un golpe que evitarlo con vergüenza y en contra de las reglas! ¡Es evidente que ellos no desean otra cosa que satisfacer a su amo y a los espectadores! Incluso agotados por las heridas y sangrando, preguntan a su amo si está contento con ellos; si les dice que no, están dispuestos a dejarse caer a tierra. ¿Qué gladiador mediocre ha permitido que se le escape un lamento? ¿Quién ha hecho gestos de dolor? ¿Cuál de ellos se ha comportado ignominiosamente, no ya cuando resistía en pie, sino una vez vencido? ¿Cuál, una vez caído a tierra, ha retirado su cuello ante la orden de recibir el golpe? Tal es la fuerza del entrenamiento, la preparación mental y la costumbre.

Y mirando al niño a los ojos, como para enfatizar sus palabras, continúa:

—Y si esto lo consigue un gladiador, un hombre sucio y sin honor, digno de semejante vida y condición, ¿cómo un romano, nacido para la gloria, podría ser un cobarde que no pueda endurecerse con la preparación y la razón? A algunos el espectáculo de los gladiadores les suele parecer cruel e inhumano y puede que, tal y como ahora se desarrolla, sea así, pero es evidente que presenciarlo es el ejercicio más eficaz contra el dolor y la muerte.

Ese hombre está en lo cierto, aunque me da la sensación de que el discurso ya lo traía preparado de casa para sonar épico y asombrar a su hijo, y desde luego lo ha soltado en el mejor momento posible. De hecho, juraría que muchas de las frases están extraídas del segundo libro de las *Disputaciones tusculanas* de Cicerón, que trata precisamente sobre cómo sobrellevar el dolor. Aun así, eso no le resta valor a las ideas que le ha querido transmitir, pues encarnan algunos de los ideales más importantes de la *virtus* romana. Tampoco es raro ver a jóvenes que están a punto de alistarse en la legión observar con atención los combates para que, en el campo de batalla, no se horroricen ante las heridas y la sangre.

Ya hemos podido comprobar, sin embargo, que la mayor parte del público no busca la sangre sino la habilidad y la belleza de la lucha. Los movimientos, grabados por instinto en las mentes de los gladiadores tras miles de horas de entrenamiento frente al *palus*, son decididos y fuertes, pero sobre todo elegantes, en aquellos que dominan realmente el arte del combate. Defensas, ataques, no importa cuál sea el movimiento, todos ellos resultan fluidos ante el público, que disfruta de la exhibición. Y si además han aprendido bien los valores morales de la gladiatura, harán gala de su juramento como Flamma y Purpureus, luchando con valor hasta el final.

GLADIADORAS A LA LUZ DE LAS ANTORCHAS

Hora undecima

Aunque un día normal de juegos en el anfiteatro habría terminado con el gran combate de Flamma y Purpureus, es evidente que todavía nos quedan por vivir algunas sorpresas más. Nadie se mueve de sus asientos a pesar de que el sol ya ha caído por debajo de la fachada del Coliseo y la luz es cada vez más tenue. Varias decenas de esclavos comienzan a salir a la arena portando grandes antorchas que van colocando alrededor para iluminarla. La sociedad romana, como todas las que precederán a la invención de la luz eléctrica, depende completamente del ciclo solar. De hecho, recuerda que las horas solares romanas no son como las nuestras. Ahora mismo estamos en la *hora undecima*, lo que para nosotros serían más o menos las cinco de la tarde en este momento del año. Estamos cerca del equinoccio de otoño, cuando hay doce horas de luz y doce de oscuridad. Es en los equinoccios cuando las horas romanas duran exactamente lo mismo que las nuestras. En el solsticio de verano las solares llegan a durar 75 minutos cada una y en el de invierno solo 45.

El caso es que, como ya te comenté, se levantan con la salida del sol y se van a dormir cuando llega la oscuridad. Por eso son tan importantes los momentos como el que vamos a vivir ahora: la victoria romana sobre la oscuridad de la noche. Convertir la noche en día a través del ingenio humano, aunque sea con algo tan sencillo como el fuego de las antorchas, resulta simbólico. Aunque ya empieza a atardecer, podemos continuar con los espectáculos.

Un *praeco* sale ahora a la arena y comienza a dar un discurso laudatorio protocolario; no es necesario que lo traduzca palabra por palabra. Créeme, consiste en alabar una y otra vez al emperador, agradeciéndole todo lo que hace por su pueblo, por la *res publica* y por el mantenimiento del poder romano en el mundo, así como la prosperidad que lleva asociado. El final, por otra parte, sí es interesante porque anuncia el próximo espectáculo:

Belliger invictis quod Mars tibi servit in armis, non satis est, Caesar, servit et ipsa Venus.
(Que el beligerante Marte te sirva con sus armas invictas no es suficiente, César;
también te sirve la mismísima Venus).

¿Entiendes lo que quiere decir? El dios Marte representa a los gladiadores, por tanto, que mencionen a la diosa Venus como servidora del emperador solo puede significar una cosa: mujeres gladiadoras. En efecto, comienzan a salir a la arena varias parejas de mujeres ataviadas con las armas de los gladiadores y se distribuyen a lo largo del espacio iluminado por las, cada vez más necesarias, antorchas. Las luchas de mujeres no son algo frecuente en los espectáculos romanos. De hecho, en latín no se usa la palabra *gladiatrix* para definirlas. En ocasiones, a las mujeres que entrenan en el *ludus*, algunas de las cuales pueden llegar a la arena, se les llama *ludiae*. Aun así, recuerda que hemos podido ver esta mañana a la cazadora Mevia que, junto con estas mujeres que ahora comienzan el calentamiento previo al combate, demuestran que, a veces, sí se cuenta con ellas en los *munera*. De hecho, están siendo especialmente frecuentes los combates de mujeres durante los años de reinado de los emperadores Flavios, que las están integrando en los espectáculos como novedad importante.

Todavía hay quien opina que si una compañía gladiatoria tiene muchas mujeres no es demasiado buena, aunque eso podría aplicarse solo a las provincias. Como siempre, en el Coliseo se ofrece el entretenimiento del más alto nivel y todas estas mujeres son seguramente las mejores gladiadoras que hay ahora mismo en el mundo. No te voy a mentir, para muchos de los hombres que nos rodean existe un componente erótico importante en este tipo de espectáculos. No diría que se trata de algo puramente sexual, sino de un elemento de poder y dominación que les lleva a admirar, desde una moral algo desviada de la vir-

Estatuilla de bronce que representa probablemente a una gladiadora con una *sica* en su mano levantada (siglo I). Museo de Artes y Oficios, Hamburgo.

tud oficial que debe mostrar un romano, a estas mujeres que toman las armas como si de hombres se tratara. Una vez más, es su sociedad, no la nuestra. Se las suele relacionar mucho con la figura mitológica de las amazonas, las mujeres guerreras, por eso algunas de ellas, tomando este tópico, van con el pecho al descubierto para demostrar su valor.

Algunas portan las armas de los *secutores*, otras las de los *provocatores*, los *murmillones* o los *hoplomachi*. La mayoría de ellas se dispersan por los laterales de la arena y solo dos parejas se colocan en la zona central. Se trata de Achilia y Herculea, que lucharán respectivamente contra Pentesilea e Hipolita. Una vez más, el mito de las amazonas cobra fuerza en estos combates. Se van a enfrentar dos gladiadoras que personifican a Aquiles y a Hércules, los dos héroes que lucharon y vencieron a las reinas de las amazonas. Pentesilea —que acudió en ayuda de los troyanos— contra Aquiles; Hipólita frente a Hércules, como en el noveno de los famosos trabajos que el dios tuvo que realizar.

En el duelo de la primera pareja ambas esgrimen las armas de los *provocatores* y en la segunda una de ellas lucha como *murmillo* y la otra como *thraex*. La única diferencia importante con respecto a los combates masculinos es que ninguna lleva puesto su yelmo para que todo el público pueda comprobar que, efectivamente, se trata de mujeres luchadoras. Solo en el último momento antes de comenzar, se lo colocan y se preparan para combatir.

Los árbitros de los dos combates principales y los de los demás, formando un anillo alrededor de la arena, dan la orden conjunta para que comiencen a luchar las contendientes. Los golpes son fieros, el valor grande. Si no hubieran entrado a la arena sin sus cascos muchos espectadores pensarían que son hombres los que luchan. Así de experimentadas y hábiles son estas gladiadoras.

Pasan los minutos y todos los combates van terminando. Las derrotadas son salvadas por el emperador mientras el público aplaude y la atención se concentra en la única lucha que continúa durante más de media hora. Ni Achilia ni Pentesilea se rinden. Ninguna tira su escudo. Después de más de cuarenta minutos, el *summa rudis* decide finalmente que el combate debe finalizar. Ambas tiran sus armas, se quitan el casco y esperan el veredicto como marcan las normas. En este caso se trata de una formalidad, puesto que ambas han luchado con honor y se les va a declarar *stantes missae*, 'salvadas en pie', un empate técnico.

No es nada frecuente que se produzca un final como este en los combates. Normalmente uno de los gladiadores se rinde cuando siente

Relieve de mármol con dos gladiadoras fechado entre los siglos I-II, procedente de Halicarnaso, actual Bodrum, Turquía. Fue tallado con motivo de la *missio* de dos mujeres luchadoras, Achilia y Amazona. Llevan el mismo equipamiento que los gladiadores masculinos, incluyendo sus cascos, que están en los extremos inferiores del relieve. Museo Británico, Londres.

que le fallan las fuerzas. El empate es la máxima expresión del valor de los gladiadores que han combatido. Aun así, no todo el mundo queda contento cuando se produce. Los más quisquillosos consideran indigno que no se resuelva el enfrentamiento. Debe haber vencedor y vencido. Sin embargo, en ocasiones el coraje aviva las fuerzas y el orgullo mantiene a los oponentes en la lucha. Y eso es algo que el público premia con su aplauso. El valor de estas dos gladiadoras y el espectáculo que han ofrecido será, sin duda, recordado.

FAMA ETERNA

Hora duodecima

La luz casi se ha agotado en el anfiteatro, cuesta ver en la distancia, pero los músicos siguen interpretando su música. ¿Es posible que Domiciano todavía tenga algo más impresionante reservado para culminar el espectáculo? De pronto, los mismos esclavos que antes habían llenado la arena de antorchas reparten faroles entre el público para que también queden iluminados todos los niveles del graderío. La visión es grandiosa. El cielo rojizo del atardecer se funde con las miles de llamas que iluminan toda la estructura del Coliseo, dentro y fuera de la arena.

La rampa central vuelve a descender hasta el nivel subterráneo para que suban a través de ella los dos últimos protagonistas del día. La música se hace más intensa, se acelera incluso, y de las profundidades del anfiteatro surgen dos gladiadores. Cada uno lleva una espada en la mano. Las levantan hacia el cielo para que se pueda ver que no son de metal, sino de madera. Son dos *rudiarii*, dos exgladiadores que han conseguido la *rudis* en combate y que han alcanzado, por ello, la libertad. La luz de las antorchas deja ver un *murmillo* y un *thraex*, ambos sin casco para que todos puedan ver sus rostros.

No son jóvenes, como los anteriores gladiadores, son dos hombres experimentados que hace años lucharon en la arena. No creía que fuera posible, pero lo llevo sospechando todo el día. Los aplausos y los gritos del público dejan claro que, igual que yo, los ha reconocido el anfiteatro entero. Se trata de Priscus y Verus, los dos entrenadores de gladiadores.

En algunas ocasiones muy especiales, el *editor* puede llegar a pagar verdaderas fortunas a exgladiadores famosos para que combatan una vez más sobre la arena. Domiciano nos está regalando un acontecimiento único. Pero esto es mucho más que dos antiguos gladiadores regresando para un último combate. Priscus y Verus lucharon en la arena por última vez hace dieciséis años y en ese combate se enfrentaron el uno contra el otro.

Sucedió durante los juegos inaugurales del Coliseo. Priscus y Verus, *scutarius* y *parmularius* respectivamente, lucharon de manera valerosa durante largo tiempo. El combate se prolongó tanto que el público comenzó a pedir que ambos fueran declarados vencedores. Pero el emperador Tito acató las normas: debían seguir combatiendo hasta que uno de los dos luchadores levantara el dedo. El combate fue detenido en varias ocasiones para que los dos gladiadores pudieran reponerse, comer algo y descansar antes de seguir. Solo después de que no quedaran dudas de que aquella lucha estaba enfrentando a los dos mejores gladiadores de su tiempo, y que podría durar eternamente, el emperador declaró el final del combate. A ambos se les entregó la palma de la victoria y fueron inmediatamente liberados. Lucharon los dos y los dos fueron vencedores.

¿Se repetirá hoy la misma situación? Priscus y Verus saludan al público y, tras dar una vuelta de honor, se colocan sus cascos y cambian las espadas que demuestran su libertad por las de frío y afilado hierro. Están usando una equipación de lujo para el enfrentamiento. Además de contar con relieves, sus cascos están también pintados de vivos colores, al igual que sus escudos. El *summa rudis* junto con el *secunda rudis* están listos para que dé comienzo el combate. ¿Qué se les pasará en este momento por la cabeza? ¿Estarán recordando lo que ha sucedido hace un rato en el combate entre sus alumnos, Flamma y Purpureus? Sea lo que fuere, los pensamientos se esfuman en el momento en el que el *summa rudis* hace un gesto para que empiece la lucha. El silencio da paso a los ensordecedores gritos de 50 000 personas que animan por igual a los dos gladiadores.

El combate comienza muy igualado. Ser entrenadores conlleva que ambos tengan interiorizadas a la perfección las mejores estrategias de lucha y, a la vez, sepan adelantarse con habilidad al siguiente movimiento de su oponente. Uno y otro lanzan diestros golpes que son inmediatamente repelidos. La *sica* del *thraex* no consigue dar con el hueco para introducirse, aprovechando su forma curva, tras el gran escudo del *murmillo.* El *gladius* de este tampoco logra romper la defensa rival. Aun así, la habilidad de ambos emociona al público. Incluso el emperador se ha levantado, algo poco frecuente, en el palco imperial. Su interés no pasa inadvertido.

Pasan los minutos y la lucha mantiene su feroz intensidad, como si los gladiadores hubieran viajado atrás en el tiempo y volvieran a tener la fuerza de sus mejores años de combate gladiatorio. Ninguno de los dos cede, ninguno flaquea. Solo un movimiento de extrema pericia puede inclinar la balanza de un lado o de otro. Finalmente, llega el momento. Verus ataca con su *sica* el costado derecho de Priscus, que recibe el golpe y comienza a sangrar. Sin embargo, en ese mismo instante, el escudo del *murmillo* se eleva por sorpresa, soportando el dolor de la herida y despojando de su defensa al *thraex*. Priscus ha entendido que, si todos los golpes y sus defensas eran perfectos, el combate no terminaría jamás. No se puede conformar con un empate, ya no. Se lo debe todo al emperador, que le ha hecho rico. Los dos han luchado con honor, si se quiere retirar en paz debe hacerlo con la victoria. Por eso se ha arriesgado y ha permitido que Verus le hiera, para aprovechar después a lanzar su contraataque.

Verus se ha quedado sin escudo, pero aun así lucha por defender su *virtus* y para servir de ejemplo a todos los gladiadores a los que ha entrenado. Se lo debe también a Purpureus y a los que ha perdido antes que él. Solo tiene su *sica* y la agilidad que su cuerpo le proporciona. Aguanta todo lo que puede, pero recibe nuevos golpes de Priscus. No los puede evitar. Ambos están exhaustos, están cerca de los cuarenta años y llevan más de media hora luchando. Verus mira a Priscus a través de los orificios de su casco y sabe que, hoy, su antiguo compañero le ha vencido. Hinca la rodilla en el suelo y levanta el índice de la mano derecha. Al quitarse el casco, está sonriendo.

Priscus también tira las armas, se quita el casco y espera el veredicto. Los puños de todos los asistentes se elevan con fervor. El grito de *Mitte, mitte!* es unánime. Domiciano declara al gladiador salvado. Priscus tiende la mano a Verus y le ayuda a alzarse. Se funden en un abrazo de hermandad. El *murmillo* recibe la palma de la victoria directamente de manos de Domiciano, que ha bajado a la arena para dar por concluidos los juegos. Aun así, antes de hacerlo, varios esclavos salen a la arena portando sacos enormes mientras el emperador anuncia que, para conmemorar sus quince años de reinado, quiere hacer un regalo a quienes más lo necesitan. Los esclavos abren los sacos, que están repletos de monedas. Cada ciudadano romano sin recursos, la *plebs frumentaria*, recibirá trescientos sestercios del erario público. Esta será

Detalle del gran mosaico (siglo II) descubierto en 1893 en Bad Kreuznach, Alemania, en el que alternan escenas venatorias y gladiatorias. Esta en concreto representa el combate entre un *thraex* (izquierda) y un *murmillo* (derecha).

la tercera, y última, vez que Domiciano lleve a cabo esta muestra de su generosidad, que se conoce como *congiarium*. Sin duda, es el mejor remate posible para uno de los días de juegos más increíbles que se han vivido en el Anfiteatro Nuevo de Roma.

El público sigue en pie, aplaudiendo y vitoreando, mientras los gladiadores y el emperador salen de la arena. Domiciano vuelve hacia su palco, bajo el cual hay un pasadizo que él mismo ha mandado construir, con mosaico en el suelo, placas de mármol en las paredes y estucos en relieve en forma de casetones cuadrados en la bóveda. A través de él puede salir del anfiteatro sin ser visto y llegar hasta la zona de las escuelas gladiatorias junto al monte Celio, desde donde puede continuar con su séquito hacia el palacio imperial. En nuestro futuro, curiosamente, se le dará el nombre de Pasaje de Cómodo; será excavado en los años 80 y 90 del siglo XX y quedará abierto a la visita del público tras su restauración entre 2020 y 2024.

¿Qué te ha parecido la jornada de hoy? Te puedo asegurar que no todas son tan intensas en el día a día de Roma, pero ya te dije que había escogido la mejor semana posible para vivirla con intensidad. Y ahora vamos a tratar de salir lo más rápido que podamos. Está a punto de comenzar la *prima vigilia* y no quiero que permanezcamos mucho tiempo caminando por Roma de noche. Coge uno de los candiles, nos vendrá bien para ir iluminando nuestros pasos.

Por intensa y memorable que haya sido esta experiencia en el Coliseo, recuerda que la gladiatura no es el deporte más seguido por los romanos, aunque queda en un respetable segundo lugar gracias a jornadas como la de hoy. Y, a veces, parece que pueda llegar a mirar cara a cara al verdadero espectáculo rey de la antigua Roma: las carreras de carros. Mañana nos espera el primer día de carreras, esta vez en el Circo Máximo. Venga, volvamos a la *domus*, debemos descansar y procesar todo lo que hemos vivido hoy.

LVDI CIRCENSES

Ante diem XIIX Kalendas Domitianas
(15 de septiembre)

EN EL CIRCO MÁXIMO

Hora secunda

¡Arriba, a levantarse! Hace rato que es de día. ¡Nos hemos dormido! Está a punto de comenzar la *hora secunda*. Estoy seguro de que la gente ya está empezando a entrar en el Circo Máximo. Recuerda que hoy comienzan los *ludi circenses* y no podemos perdernos la procesión inaugural. Aun así, no te preocupes, desayunemos tranquilos. Conviene coger fuerzas para el día de las carreras. Por suerte, no tendremos que hacer mucha cola para entrar.

Es mejor que hayamos podido descansar bien para estar de nuevo al cien por cien. Al fin y al cabo, la *pompa circensis* tiene un recorrido bastante largo antes de llegar al circo. Eso nos dará algo de margen. Solo la plebe que no se haya puesto lo suficientemente pronto en la cola tendrá que conformarse con ver la procesión en su recorrido. Nosotros, como la mayor parte del público, lo haremos ya sentados en las gradas del circo.

Piensa que, como «pertenecemos» al orden ecuestre, tenemos reservada la zona central del graderío. No estaremos los primeros, pero no tendremos que esperar tanto como la plebe. Mucha gente, en cuanto terminaron los combates de anoche, fue directa a acampar ante el Circo Máximo para conseguir los mejores sitios en la zona libre de las gradas. Y, cuando llegaron, seguramente ya había otros esperando. Todo sea por ver las carreras desde el mejor lugar posible. Venga, salgamos ya, y te sigo contando.

Fue el emperador Nerón quien permitió que los miembros del orden ecuestre, los caballeros, tuvieran un espacio reservado en las gradas. Lo hizo siguiendo la estela de su tío abuelo, el emperador Claudio, que había concedido por primera vez en la historia que los senadores tuvieran asientos privilegiados. Antes, todo el mundo, sin importar su condición social, tenía que esperar en la misma fila para entrar al circo. Imagínate cómo se pondría aquello la noche anterior. Es verdad que muchos senadores dejaban a sus esclavos haciendo cola de madrugada y luego ellos llegaban al amanecer, pero la mayoría de los nobles estaban allí en persona. De hecho, se cuenta que, una noche, el ruido que montaba la gente que esperaba era tan grande que despertó al emperador Calígula. De todos modos, dicho sea de paso, debes saber que Calígula tenía el sueño muy ligero y sufría de insomnio (no dormía más de tres horas por noche) y, por consiguiente, ya no se pudo volver a dormir. Así que envió a la guardia pretoriana para que dispersara a los alborotadores y, al hacerlo de manera violenta, la gente huyó por el pánico, lo que provocó una estampida. Aquella noche murieron aplastados más de veinte nobles, otras tantas matronas y algunos más de los que estaban a la espera para acceder a los mejores sitios.

No me lo puedo creer, ¿recuerdas que te hablé ayer de esa élite que desprecia los juegos y huye de la ciudad en estas fechas? Pues ahí va uno de sus mayores exponentes; ese que se está subiendo en el *carpentum*. Es Cayo Plinio Cecilio Segundo, más conocido por nosotros como Plinio el Joven, sobrino del famoso naturalista Plinio el Viejo, que murió en la erupción del Vesubio hace diecisiete años. En público, dentro de unos años, dirá que los espectáculos son importantes y edificantes para el pueblo, pero en realidad él no los puede soportar. La ventaja de venir del futuro es que nosotros ya hemos leído una carta privada que escribirá dentro de unos trece años a su amigo Cayo Calvisio Rufo. En ella le contará lo siguiente:

> Me resulta sorprendente que miles de adultos deseen ver una y otra vez, con una pasión tan infantil, caballos corriendo y *agitatores* de pie sobre los carros. Si fuesen atraídos al espectáculo por la velocidad de los caballos o por la habilidad de los *agitatores* habría al menos una cierta razón; pero es que aplauden a un trozo de tela [...]. Tal es la importancia que conceden a una tela miserable, no me refiero al populacho, más despreciable aún que la tela, sino a algunos individuos de prestigio. Cuando recuerdo que se mantienen sentados sin cansarse para presenciar un espectáculo tan fútil, aburrido, monótono, siento cierta alegría por no verme cautivado por este tipo de espectáculos.

(Plinio el Joven, *Cartas* IX, 6)

Recreación 3D de la zona del Circo Máximo en un día de carreras durante el reinado de Domiciano. Se puede ver también la estructura del palacio imperial detrás y el monte Aventino en el frente. A la izquierda, el Foro Boario.

Es muy respetable que no le gusten las carreras. Lo único que se le podría criticar es la hipocresía de pensar así y después adular a Trajano diciendo lo contrario sobre los espectáculos circenses que organizará el emperador. De todas formas, no le des mucha importancia, ya verás que las carreras son muy emocionantes. Dejemos a Plinio que se marche, todavía tiene muchas cartas que escribir para la historia, especialmente aquellas en las que, dentro de unos años, le explicará a su amigo Tácito cómo sucedió la muerte de su tío y la destrucción de Pompeya y las ciudades del Vesubio.

Ya lo tenemos ahí: el Circo Máximo. No te preocupes por las obras, solo afectan a una parte de la estructura en la zona sudeste. Nosotros estaremos en la norte. Fíjate en toda la gente que hace cola para entrar. Vamos a bordear el lado curvo para dirigirnos hacia el límite con el monte Palatino por la Via Circa Foros Publicos. Esta rodea el circo tanto por este lado como por el contrario, que da al Aventino, donde la fachada se encuentra en obras. Ten cuidado de no perderte con tanta gente a nuestro alrededor. Sígueme de cerca.

La fachada está compuesta, como en el anfiteatro, por una sucesión de tres alturas u órdenes. La primera altura contiene un pórtico con arcos, mientras que la segunda y la tercera tienen pilastras y ventanales cuadrangulares. Crucemos por uno de los arcos para acceder al interior de este pórtico corrido de más de seiscientos metros de largo que, en realidad, forma parte de la calle. Si te das cuenta, en cada una de las bóvedas laterales, hay *tabernae*. Estas tiendas venden desde comida hasta telas de los colores de todos los equipos de las carreras y, por supuesto, los más variados recuerdos que te puedas imaginar. Si quieres, a mediodía podemos venir a echar un vistazo.

Ahora vamos a subir por una de estas escaleras que están intercaladas con los espacios comerciales. Así podremos subir al nivel medio del graderío. Si te das cuenta, toda la estructura interna es de ladrillo, más barato y resistente para las construcciones modernas, especialmente cuando se combina con el *opus caementicium*. Te cuento un pequeño truco: puedes valorar de manera general la calidad de una de estas construcciones si miras el espacio vertical que hay entre ladrillos. Cuanta menos argamasa, mayor será el número de ladrillos que se deben usar y, por tanto, podemos pensar que el presupuesto de construcción es más elevado. Con el emperador Domiciano ya sabes que Roma vive un estupendo momento económico; hay dinero suficiente para esta y otras muchas construcciones monumentales en la ciudad.

Ya estamos en el segundo nivel. Este corredor es el que nos va a permitir acceder a nuestros asientos en la *media cavea*. No tenemos un sitio específico asignado más allá del que está situado en esta altura del circo, así que entraremos por el primer *vomitorium* en el que veamos un hueco. Por ejemplo, en este, que es un lugar estupendo. Si miras hacia delante verás claramente por qué. Estamos justo en el centro del circuito y desde aquí vemos perfectamente toda la pista. Además, delante de nosotros está el gran obelisco que el emperador Augusto mandó trasladar desde Heliópolis en el año 10 a. C. Luego te explico un poco más sobre él, porque es uno de los elementos más importantes de la estructura simbólica del circo.

No te lo he dicho hasta ahora, pero aunque Domiciano haya mandado construir enteramente el Circo Máximo, a decir verdad solo se trata de la última gran monumentalización de esta estructura. De hecho, el circo de Domiciano, que el emperador Trajano concluirá dentro de unos años, será el que se use durante el resto de la historia romana hasta su abandono a mediados del siglo VI.

Sin embargo, los orígenes del circo son mucho más antiguos. Sentémonos aquí mismo para evitar que nos quedemos sin sitio y te cuento un poco más mientras llega la procesión. A propósito, como la entrada es libre, la gente suele apiñarse en las gradas, así que no te preocupes si se nos acercan mucho por ambos lados. Las carreras tienen tantos seguidores que nadie se las quiere perder, aunque eso signifique estar un poco incómodos. No tienes más que mirar hacia arriba para darte cuenta de que hay gente que lo tiene bastante peor que nosotros. Especialmente los que se sientan en la *summa cavea in ligneis*, el graderío más alto, hecho de madera, como en el Coliseo.

La tradición romana siempre ha considerado que la primera estructura del Circo Máximo fue levantada durante los reinados de Tarquinio Prisco o Servio Tulio, en cualquier caso, durante el siglo VI a. C. Aunque llamarlo estructura puede ser algo exagerado, puesto que simplemente se trataba de una zona de tierra alargada delimitada por filas de bancos de madera a ras de suelo, llamados *fori*, para los espectadores. Sobre ellos había un tejadillo igualmente de madera para que tuvieran algo de sombra. Es paradójico que esa comodidad ahora la hayamos perdido. El Circo Máximo no cuenta con un *velarium* como el Anfiteatro de los Césares. Aquí tendremos que aguantar el calor.

Dos siglos después, en el año 329 a. C., se construyeron de forma permanente las *carceres*, los cajones de salida de los carros que, si miras hacia la derecha, verás situados al fondo. Aunque desde época del emperador Claudio están forradas de mármol y bronce dorado, se hicieron de madera policromada, si bien no sabemos realmente qué colores tenían.

No fue hasta el año 46 a. C. cuando Julio César inauguró por primera vez la estructura completa del circo para conmemorar su cuádruple triunfo militar. Se levantó con muros de *opus reticulatum*, un tipo de construcción caracterizada por pequeños ladrillos de toba dispuestos en forma de retícula. En la zona baja todavía se pueden ver algunos de esos muros originales. Aun así, la parte superior del graderío se construyó con madera para abaratar el coste de una obra tan inmensa.

Además, en los laterales de la arena, junto al podio que la separa del graderío, se excavó un canal de agua de unos tres metros de ancho y otros tantos de profundidad. Se le conocía como *euripus* y funcionaba como una protección más para los espectadores. No tanto por las carreras de carros, sino porque, en esa época, también se realizaban aquí las cacerías de animales salvajes y las luchas de gladiadores. A falta de un buen anfiteatro, el Circo Máximo era el lugar perfecto. ¡Para que luego haya quien se queje de que la gente confunde los espectáculos de circo y anfiteatro! Estoy bromeando, por supuesto, pero no deja de ser algo curioso. Piensa que la historia romana es muy larga y para nada unitaria. La simplificación es una mala compañera a la hora de entender la historia.

De todos modos, el gran estanque ya no está, porque fue eliminado por orden de Calígula, que decidió aprovechar esos tres metros adicionales para añadir gradas en la parte más cercana a la arena. El nombre de *euripus*, no obstante, pasó a designar la espina central del circo, puesto que está compuesta por varios estanques, como puedes ver, a lo largo de toda su estructura.

En el año 31 a. C. el circo de César ardió y fue reconstruido por orden del futuro emperador Augusto y su mano derecha militar, el general Agripa, de su propio bolsillo, lleno del dinero que habían recaudado de sus simpatizantes y robado a sus enemigos, especialmente a Marco Antonio. Veintiún años más tarde, como te comentaba antes, Augusto mandó traer de Egipto, concretamente de Heliópolis, la ciudad de Sol, el gran obelisco, obra de los canteros del faraón Ramsés II. Es del siglo XIII a. C., o sea que ahora tiene más de mil trescientos años de antigüedad. En el siglo XXI se conservará, aunque ubicado en la Piazza del Popolo desde 1589. Para entonces llevará existiendo unos tres mil trescientos años. Augusto lo dedicó también al dios romano Sol, igual que los egipcios lo habían dedicado a Ra. Por eso, la parte superior fue coronada a su llegada a Roma por esa pieza de bronce dorado con forma de llamarada. Además, se construyó, en mitad de la grada, un templo dedicado igualmente a Sol, como dios protector de las carreras. Si miras hacia la izquierda verás su estructura, que ahora mismo todavía está siendo renovada, por lo que sigue toda cubierta de andamios.

Y precisamente fue aquí, en el Circo Máximo, donde comenzó el gran fuego que arrasó buena parte de la ciudad en el año 64. El famoso incendio atribuido falsamente a Nerón se inició, de manera completamente fortuita, en la zona de *tabernae* bajo los arcos del circo por donde hemos pasado hace un rato. Como puedes imaginar, ardió casi por completo, aunque me han dicho que solo dos años después ya se volvió a utilizar, pero en condiciones ciertamente precarias. Y así llegamos hasta la actualidad. A causa de la destrucción del año 64 y de otro incendio menor que se declaró hace unos años, reinando ya Domiciano, el emperador decidió reconstruir totalmente el Circo Máximo, dándole el esplendor que merece este espacio de ocio religioso.

No falta mucho para que se complete la construcción, en concreto ocurrirá dentro de siete años, ya durante el reinado de Trajano, pero cuando se concluya la capacidad total del Circo Máximo será oficialmente de 250 000 espectadores. Aunque tengo que decir que tal número de personas solo cabría aquí si todos nos juntáramos muchísimo. Hoy probablemente habrá algo más de 100 000, contando con que una parte importante del lateral izquierdo no se puede utilizar por las obras. Durante los últimos años, el circo se ha ido edificando por zonas para posibilitar que los espectáculos pudieran seguir celebrándose de forma ininterrumpida, a pesar de no poder contar con su aforo completo.

Siendo algo más realistas, yo diría que normalmente caben entre 150 000 y 200 000 personas. ¡Que ya son muchas! En especial hoy, que es el primer día de carreras de los *ludi romani.* Algo también muy importante es que, por primera vez, como ocurre en otros muchos monumentos construidos por orden de Domiciano, los asientos están hechos de mármol. La superficie es mucho más suave y eso se agradece si pasas todo el día aquí sentado. ¡Pobres de los que están en la *summa cavea in ligneis*!

POMPA CIRCENSIS

Hora quarta

Ya empieza a oírse a lo lejos la música que acompaña a la *pompa circensis*. En unos momentos entrará por el lado de las *carceres* al circo. Te dije que nos daría tiempo a llegar para verla, incluso habiendo dormido un poco más. En otros tiempos no lo habríamos conseguido, pero la procesión sagrada se ha ido alargando cada vez más con el paso de los años. Durante la República comenzaba en el Capitolio, pasaba por el Foro Romano y bajaba hacia el Velabrum a través del Vicus Tuscus para finalmente llegar al circo, pero, con la llegada del Imperio, el recorrido ha ido aumentando progresivamente. La ampliación se debe a la importancia creciente que ha tomado la *domus augusta*, la familia imperial, en este tipo de rituales.

Se mantiene la tradición de que el recorrido comience en el templo de Júpiter Óptimo Máximo Capitolino, pero tras la muerte y divinización del emperador Augusto, al bajar el Clivus Capitolinus, el recorrido se desvió hacia el Clivus Argentarius para así atravesar el Foro de Augusto antes de volver de nuevo por la Via Sacra al Foro Romano. Con el tiempo, la procesión comenzó a detenerse en el templo nuevo del divino Augusto, situado en el Velabrum. Domiciano ha ampliado la ruta todavía más, realizando un recorrido que también pasa por el Campo de Marte, especialmente por las zonas de los funerales sagrados de los emperadores, el lugar donde se produce la *consecratio*, su divinización. Además, pasa también por el llamado *Divorum*, el pórtico que circunda sendos santuarios dedicados a los divinos Vespasiano y Tito. Finalmente, regresa al Foro y sigue el recorrido que ya te he mencionado.

¡Ahí entran! Las puertas de las *carceres* se abren y los músicos que ya estaban preparados en el interior del circo se unen a los que acompañan a la comitiva. En primer lugar, comienzan a aparecer carros de bronce dorado. La mayor parte de ellos van tirados por dos caballos, pero los primeros son portados por elefantes asiáticos para demostrar su mayor importancia. Se trata de los carros de los divinos Vespasiano y Tito y los de Augusto y Livia, que les siguen muy de cerca. Tras ellos, tirados por dos caballos cada uno, alcanzo a ver figuras de otros personajes destacados como Julio César; Domitila, esposa de Vespasiano; Julia, hija de Tito; Claudio y su madre Antonia; Agripina la Mayor, Drusila y alguno más que aún no distingo, aunque imagino que Británico y Germánico también estarán presentes. Por supuesto, entre ellos no hay ni rastro de los emperadores condenados al olvido por el Senado: Calígula y Nerón; de los perdedores de la guerra civil de la que salió victorioso Vespasiano: Galba, Otón y Vitelio; ni del pobre Tiberio, tan apático que ni fue condenado ni divinizado. Todos ellos representan a la *domus divina*, los familiares difuntos de la familia imperial (de la Julio-Claudia y de la Flavia) que ejercen como puentes de unión entre el cielo y la tierra, entre los dioses y los mortales.

Tras esta primera parte de la comitiva, entran a caballo y a pie un grupo de jóvenes romanos que representan a la *nobilitas*, los nobles de Roma. Les sigue una multitud de *agitatores*, los verdaderos protagonistas de la jornada. Van a pie junto a sus caballos y visten los colores de los seis equipos que competirán en los juegos. Todos, después de acceder a la arena, comienzan a dar vueltas alrededor de la espina central en el sentido contrario a las agujas del reloj, empezando por el lado más lejano a nosotros y acercándose a este lado de la pista desde la izquierda.

Como si se tratara de un interludio, después de los *agitatores* procesionan también coros acompañados por músicos. Primero cantores adultos, luego adolescentes y finalmente niños. Les siguen los bailarines, con túnicas púrpuras, y los acróbatas, vestidos de varios colores vistosos y con sus cabezas adornadas de plumas.

Por último, llegan los ayudantes de los ritos, que portan incensarios encendidos, cuencos de oro y plata y otros utensilios empleados en las ofrendas. Tras ellos, una nueva comitiva de carros porta estatuas de bronce dorado de los dioses. Entre ellos puedo ver a Victoria, Quirino, Saturno, Telus, Ceres, Venus, Neptuno, Júpiter, Juno, Magna Mater, Liber Pater y tantos otros.

Tras dar varias vueltas al circuito para que todo el público pueda ver de cerca la procesión, las estatuas de los miembros de la familia imperial y de los dioses son transportadas en andas por una escalinata a través del graderío situado a nuestra izquierda hasta llegar a la gran estructura del *pulvinar*, el palco principal, que tiene forma de templo. En él se encuentra ya el emperador Domiciano, vestido con su toga púrpura. Junto a él, su esposa, la augusta Domicia Longina, y los sacerdotes más importantes de la religiosidad romana: *flamines*, *pontifices*, *arvales*, *vestales* y algunos más.

En otros tiempos, la mayoría de los emperadores solían presenciar las carreras desde la terraza monumental del palacio imperial, que se encuentra detrás de nosotros. El emperador siempre debe estar presente en los juegos como signo de respeto a los dioses y al pueblo de Roma, pero eso no les impedía asistir desde la comodidad de su propia casa. Sin embargo, la altura que alcanza el nuevo circo provoca que desde la terraza ya no haya una vista directa de la pista, por lo que el emperador Domiciano ha regresado al *pulvinar* durante las jornadas de espectáculos. Esto también le da una imagen más cercana que el pueblo agradece enormemente.

Ahí están. Ya llegan las estatuas divinas, que se colocan justo detrás del palco de autoridades, para que también ellas puedan ver las carreras. Recuerda que, a diferencia de los espectáculos que vivimos ayer, hoy estamos en una celebración completamente religiosa. Aunque para nosotros pueda resultar raro, las carreras de carros son para los romanos la mejor forma de veneración a los dioses. Imagínate que en nuestro futuro presenciar una carrera de ciclismo, coches, motos o incluso un partido de fútbol fuera equiparable a asistir a una misa cristiana. Pues de eso trata justamente el espectáculo de hoy, y de los próximos días. Imagina lo honrados que se sienten los dioses cuando cientos de miles de personas se reúnen aquí en esta sagrada celebración. Las carreras son rituales de los que tanto los dioses como los mortales pueden disfrutar. Por eso, unos y otros están de cuerpo presente. Mantener la *pax deorum*, el equilibrio sagrado con los dioses, es crucial para la supervivencia del Estado romano; si además se puede conseguir a través de espectáculos que constituyen el ocio deportivo más seguido en la historia de la humanidad, mucho mejor.

La música cesa solo por un instante, para dejar que se oiga un grito: *Favete linguis!*, 'contened vuestras lenguas'. El silencio debe ser sepulcral para que el ritual se considere válido ante los dioses. Domiciano comienza junto a los *pontifices* a llevar a cabo los ritos inaugurales de los *ludi circenses*. Se coloca la toga por encima de la cabeza y, alzando los brazos hacia el cielo, inicia una oración a los dioses celestiales antes de verter incienso y vino sobre el fuego que arde en un trípode situado frente a él. Una vez realizada la *praefatio*, el *victimarius*, o ayudante de las ofrendas, se acerca tirando de una cadena enroscada alrededor del cuello de un buey. Los sacerdotes se apartan para que el sacrificio pueda continuar.

Espolvorean la *mola salsa* sobre el animal y los asistentes se preparan. El buey es conducido frente al altar, e inclinando su cabeza se procede al sacrificio. Los movimientos son rápidos, todo sucede muy deprisa. El *popa* asesta un golpe en las cervicales del animal mientras el *cultrarius* clava el cuchillo sacrificial en el cuello para desangrarlo. Dan la vuelta al buey mientras un *aruspex* se acerca con la *secespita*, otro cuchillo, esta vez más grande y triangular, y abre el vientre para examinar los órganos. Los dioses están complacidos. El ritual se ha realizado siguiendo escrupulosamente lo que marca la tradición. Domiciano levanta una pequeña tela blanca y la lanza al viento. Las carreras pueden comenzar.

FACCIONES ENFRENTADAS

El público, tanto el mortal como el divino, está expectante; las de hoy son seguramente las carreras más destacadas de todo el año. Es el primer día de espectáculos en el circo dentro de los *ludi romani*. A partir de mañana se celebrarán cuatro más; no obstante, la jornada inaugural siempre es la más vistosa. Hoy, los equipos exhibirán a sus mejores *agitatores*, elegidos entre los contratados, que suelen ser de seis a diez. Durante la noche han traído hasta aquí desde sus establos todos los elementos que pueden necesitar a lo largo de la jornada. Cada equipo tiene asignado uno, aunque todos ellos se encuentran en la zona del Campo de Marte, junto al Tíber y un poco más allá del Circo Flaminio. No en vano, la calle en la que se ubican lleva el nombre de Vicus Stablarius.

Mientras los *conditores* trabajan para poner a punto los carros para la primera carrera, deja que te hable un poco más sobre los equipos y su organización. Tradicionalmente, las carreras de carros contaban con cuatro equipos o *factiones*. La *russata*, roja; la *veneta*, azul; la *albata*, blanca; y la *prasina*, verde. Sin embargo, has visto que en la comitiva había dos equipos más. Se trata de las *factiones aurata* y *purpurea*, los dorados y los púrpuras, los colores relacionados directamente con el emperador. Ambas son una innovación de nuestro emperador Domiciano. El pueblo romano las ha aceptado, pero la pasión de las carreras muchas veces produce aficionados reacios a los cambios. La historia nos cuenta que dentro de pocos años caerán en desuso y las carreras volverán al formato de los cuatro equipos que han existido siempre.

Si miras a tu alrededor, encontrarás hinchas de todos los equipos vestidos con sus colores, pero dos de ellos dominan sobre los demás: los verdes y los azules. De todos modos, no es raro que alguien que siga a los verdes simpatice también con los blancos y quien se sienta

Emblemas de mosaico de la primera mitad del siglo III hallados en un cubículo de la Villa de los Septimios en la 16.ª milla de la Via Appia. Muestra a las cuatro *factiones* de las carreras del circo. Museos Nacionales Romanos, Roma.

del equipo azul anime también a los rojos. De hecho, dentro de aproximadamente un siglo, rojos y blancos serán equipos secundarios, y la gran rivalidad se centrará en especial en verdes y azules. Así que, si ayer elegiste tu tipo de gladiador favorito, ya sabes lo que te toca: tienes que decidir a qué *factio* vas a animar: azules, rojos, verdes, blancos, púrpuras o dorados.

¿Lo tienes claro ya? No te apures, cualquier elección es buena. No es raro que todos los equipos ganen al menos una carrera durante la jornada de espectáculos. Además, elijas el equipo que elijas vas a encontrar tanto afines como rivales en las gradas. Eso sí, te advierto que la gente vive mucho los colores. Para que veas hasta qué punto llega este deporte, el emperador debe apoyar públicamente a uno de los equipos. Todo el mundo sabe que Domiciano siempre se inclina por los verdes. La elección no es aleatoria, por descontado. Esta *factio* es la que tradicionalmente se asocia con la plebe, mientras que la aristocracia suele respaldar a la *veneta*. El emperador no pierde ninguna oportunidad de mostrar su odio a los más ricos. Aun así, también hay que decir que, desde hace un tiempo, los verdes son los que más victorias tienen en su palmarés, así que la elección es sencilla.

Cada equipo cuenta con varios conductores de carros. A los más inexpertos, que conducen las *bigae* o carros de dos caballos, se les llama *aurigae*, y los más hábiles, los *quadrigarii*, o conductores de carros de cuatro caballos, son conocidos como *agitatores equoroum*. Muchos de ellos son esclavos entrenados desde jóvenes, aunque también los hay que consiguen gran cantidad de dinero con el que pueden comprar su propia libertad. A diferencia de los gladiadores, para quienes esta supone también el final de su etapa como luchadores, hay muchos *agitatores* que siguen compitiendo siendo libertos por los enormes premios que pueden obtener si ganan. Al fin y al cabo, no pesa sobre ellos la lacra de la *infamia* y no se trata de un combate con armas. Aunque las carreras pueden llegar a ser bastante peligrosas y violentas, les compensa el riesgo a cambio del dinero y la fama que pueden conseguir.

La selección de los caballos es también fundamental. Los *domini factionum*, dueños de los equipos, son nobles que invierten mucho dinero en hacerse con los mejores. Sin duda, los équidos más preciados son aquellos que provienen de Hispania. Se les empieza a entrenar para correr desde los tres años, aunque solo pueden competir cuando cumplen cinco. De sus cuidados diarios se encargan los *veterinarii* y los *magistri*; les adiestran cada día para que sean los mejores en la pista. Algunos caballos de carreras pueden llegar a costar verdaderas fortunas y viven mejor que muchos humanos. Ahí tienes el caso de Incitatus, el caballo favorito de Calígula. El emperador dispuso para él un establo cubierto de mármol, un comedero de marfil, sábanas teñidas con púrpura y le regaló un collar de piedras preciosas. Que quisiera nombrarlo cónsul, por otra parte, no es más que otra de las bromas sarcásticas que el emperador dedicó al Senado, pero todo esto nos da una idea de la extravagancia que gira en torno a las carreras.

Fíjate en esas personas que atraviesan ahora la arena en dirección hacia la zona de las *carceres*. Se trata de los miembros de las llamadas *familiae quadrigariae*. Entre ellos destacan los *doctores* que entrenan a los *agitatores*, los *sellarii* que van a dar los últimos ajustes a los carros, los *sutores* que se encargan de revisar las riendas, los *sarcinatores* que preparan las vistosas túnicas de los *agitatores*, los *margaritarii* que engalanan, incluso con joyas, a los caballos, y los *villici*, que se ocupan de alimentarlos.

Algunos de ellos también se quedan en los espacios que existen en los extremos de la espina central. En los dos lados hay un monumento con tres conos conocidos como *metae*, una palabra que en origen significaba simplemente eso, cono, pero que, tras su colocación en el circo, ha adquirido la acepción de punto final de algo. Quienes se sitúan tras las *metae*, aparte de algunos miembros de cada equipo, son los llamados *moratores*, que están preparados para saltar a la pista a retirar cualquier objeto que los espectadores puedan lanzar. Su trabajo es fundamental para minimizar los accidentes durante las carreras. Muchos de ellos se producen ya cuando unos carros chocan con otros, con el comprensible disgusto de los sacerdotes. Recuerda que estamos hablando siempre de rituales religiosos, por lo que, si se produce una eventualidad de este tipo, se podría considerar que los dioses no están aceptando la ofrenda y habría que repetir la carrera. Así se hacía en el pasado, provocando que algunas jornadas de *ludi circenses* duraran mucho más de lo esperable. Fue el emperador Claudio quien decidió que esta tradición era demasiado estricta como para seguirla al pie de la letra.

Y no solo eso, sino que también costaba cientos de miles de sestercios al *aerarium publicum*. Los juegos, al ser rituales oficiales, son pagados en buena medida por las arcas del Estado. La celebración de los *ludi romani* supone un desembolso de casi un millón de sestercios, y estos son solo unos de los muchos espectáculos públicos que se ofrecen a lo largo del año. Todo el dinero invertido en rituales religiosos está bien gastado de cara a la opinión pública romana, pero evitar el derroche es importante. Domiciano lo sabe bien, como gran administrador económico que es.

EL RETUMBAR DE LA ARENA

Hora quinta

Ahora que ya identificas mejor las diversas *factiones*, puedes reconocerlas en la distancia. Dentro de cada uno de los doce cajones de salida se está terminando de preparar un carro tirado por cuatro caballos, una *quadriga*. Cada equipo cuenta con dos carros, aunque tradicionalmente serían tres, puesto que hasta ahora no existían los púrpuras y los dorados. El cajón que va a ocupar cada carro se sortea justo antes de comenzar. En principio, si te das cuenta, los de la derecha se sitúan un poco más cerca, creando una forma curvada para evitar que estén en desventaja con los de la zona izquierda, que van a salir directos hacia la recta principal.

Sobre la puerta central de las *carceres* se encuentra una estructura en forma de templo tetrástilo dedicada a Magna Mater y a Júpiter Arborator que es desde donde los magistrados dan la salida de cada carrera. Tal vez es difícil verlo desde aquí, pero uno de ellos está exhibiendo la *mappa*, una tela blanca que sujeta con la mano. En el momento en que la deja caer, un operario conocido como *tentor* tira de un sistema de cuerdas que abre los cajones de salida de forma simultánea y los carros de dos ruedas salen a toda velocidad para enfilar la primera recta.

Las carreras son realmente frenéticas. Gracias a la potencia de los caballos y a que los carros son ligeros, de madera recubierta de cuero, pueden llegar a alcanzar velocidades de hasta 70 kilómetros por hora en las rectas. Los doce *agitatores* tratan ahora de encontrar su hueco en la pista, que no llega a los 40 metros de ancho entre el muro de las gradas y la espina central. Algunos de ellos hacen amago de chocar contra

Relieve del siglo III en el que se puede ver una carrera de carros en el Circo Máximo. En la parte izquierda aparece el emperador, que sostiene el cetro imperial y la *mappa* que se deja caer para dar comienzo a los espectáculos. Museos Vaticanos, Ciudad del Vaticano.

los carros de sus adversarios, que procuran eludir a toda costa una colisión que podría resultar fatal. Tras recorrer más de 500 metros a toda velocidad frenan para girar en la primera curva, intentando que la trazada sea lo más cercana posible a la *meta* para evitar recorrer metros de más. Después encaran la segunda recta, la más cercana a nosotros.

Aprovecha ahora para fijarte en cómo cada *agitator* lleva un látigo en la mano derecha con el que espolea a los caballos mientras sujeta las riendas con la izquierda. Sin embargo, estas pasan por detrás de su cintura porque es el movimiento de sus caderas lo que marca realmente la dirección del carro. Este sistema de conducción permite que cualquier mínimo movimiento del *agitator* se transmita a los caballos, aunque puede convertirse en una trampa mortal en caso de accidente.

En total, los *agitatores* van camino de dar siete vueltas, *spatia*, alrededor de la pista. En los extremos de la espina central puedes ver dos pequeños templetes. El de la parte izquierda tiene siete huevos de bronce dorado y el de la derecha siete delfines del mismo material. Cuando los carros pasan por la curva correspondiente, los esclavos accionan un mecanismo para que uno de los huevos se eleve sobre los demás y uno de los delfines pivote, bajando la cabeza y expulsando un chorro del agua que tiene en su interior.

En general, a este ritmo, las carreras duran entre ocho y nueve minutos a lo sumo. Con el paso de las vueltas, empieza a distanciarse un grupo de tres carros, uno de los rojos, otro de los verdes y uno de los azules, que han conseguido algo de ventaja. Es interesante ver cómo, en el grupo de cola, el segundo carro de los verdes está haciendo de barrera para que ninguno de los demás tenga fácil alcanzar al grupo principal. Salvo sorpresa, la victoria se decidirá entre ellos. Si te das cuenta, los cuatro caballos no son exactamente iguales. Por un lado, están los dos *iugales*, aquellos que van en el interior, directamente unidos al *temo*, yugo o timón, del carro. Se trata de los motores principales, su función es aportar la fuerza bruta para que el carro avance. A izquierda y derecha de estos últimos se encuentran los dos *funales*. Están unidos por las riendas a los *iugales*, pero no al carro, para tener más libertad de movimientos; son fundamentales. El más veloz de ellos es el *dextrarius*, que va a la derecha del carro. Pero el más importante es el *introiugus*, el caballo situado a la izquierda que dirige a los demás. Es el más ágil y se encarga de tomar los giros con el ángulo justo para no perder tiempo pero que el carro no vuelque. Para tener mayor libertad de movimiento, ambos van unidos solo con las riendas a los dos caballos centrales. Todos ellos, como ves, tienen una función muy específica dentro de la *quadriga*, aunque el sistema también se emplea en carros de dos caballos, las *bigae*, y de tres, las *trigae*. Y en algunas rarísimas ocasiones se han llegado a ver de seis o incluso más caballos.

Los carros se acercan rápidamente a la última recta levantando una gran polvareda. Les falta muy poco para alcanzar la *alba linea*, la línea de meta, que se sitúa frente al templo de Sol. El *agitator* del equipo rojo parece que tiene algunos problemas y no consigue alcanzar al azul y al verde, que van en paralelo fustigando con los látigos a sus caballos. Los metros finales son frenéticos y, en el último momento, el *agitator* azul ha conseguido la victoria; aunque entre el polvo me ha parecido ver cómo uno de los latigazos iba directo hacia el *agitator* verde. El público grita el nombre de Marcianus, el *agitator* del equipo azul, especialmente en la zona baja del graderío, donde se concentran los senadores. *Victoria nostra est, veneta triumphabit!*

Mientras da la vuelta de honor montado en su carro, un *iubilator* se acerca para proclamar su nombre y su victoria, y los *sparsores* de su equipo corren con ánforas llenas de agua para dar de beber y refrescar a los caballos. Ahora que pasa cerca de nosotros saludando, y esperando que los senadores le tiren algunas monedas como premio, podrás

Mosaico del siglo III hallado en Roma en el que aparece un *agitator* de la *factio veneta* con la palma de la victoria. Un *iubilator* aclama al vencedor y el *sparsor* da de beber a los caballos. Museo Arqueológico Nacional, Madrid.

apreciar que los caballos están marcados. El de la izquierda porta su nombre, Inluminator, el que ilumina y guía. Los demás llevan inscrito en el costado el nombre de Getulus, que es uno de los dueños de criaderos de caballos hispanos más importantes de todo el Imperio.

Marcianus inaugura los *ludi* con la primera victoria del día, dedicada a los dioses. Además de la honra de haberlo conseguido, lo que añade un éxito más a su palmarés y aumenta su fama, se embolsará unos 20 000 sestercios que le entregarán ahora cuando suba al *pulvinar*. Allí también le concederán la palma de la victoria y realizará una ofrenda a los dioses en forma de libación de vino sobre las llamas del altar.

Marcianus ya tiene en sus manos varias bolsas repletas de monedas. Los *agitatores* más habilidosos pueden llegar a conseguir una buena fortuna en su carrera profesional, en especial si van cambiando de equipos. Muchos comienzan su andadura en uno de ellos hasta que, dado su potencial, son fichados por sus rivales que ofrecen grandes sumas de dinero. En otros casos, los mismos *agitatores* amenazan con marcharse si no les mejoran sus condiciones. Algunos incluso llegan a pasar por todas las *factiones* antes de retirarse.

¿Qué te ha parecido la primera carrera? De momento, ni un solo accidente, los dioses estarán complacidos. Todavía quedan veintitrés carreras más en el día de hoy. ¿Crees que son muchas? Pues hace solo ocho años, Domiciano celebró cien en un solo día; eso sí, el evento lo merecía. Mañana te explico. Hasta la época del emperador Calígula lo normal era realizar diez o doce carreras, pero, a partir de entonces, veinticuatro se ha convertido en lo más habitual. Justo como horas tiene el día; curioso, ¿verdad? En la simbología del circo nada es al azar.

LA SIMBOLOGÍA DE LAS CARRERAS

Con lo que está sucediendo esta mañana, queda patente que los *ludi circenses* son mucho más que carreras de carros para entretener a las masas. El circo, para los romanos, es la representación del universo entero. Todos los elementos aquí presentes nos demuestran que estamos ante uno de los rituales más elaborados y complejos de la Antigüedad.

El inexorable paso del tiempo se refleja en cada detalle. Se corren veinticuatro carreras como horas tiene el día, las *carceres* son doce como los meses del año, cada uno de ellos protegido y auspiciado por uno de los *dii consentes*, doce dioses consejeros, los más importantes de la cultura romana. Los equipos, al menos los cuatro tradicionales, encarnan las cuatro estaciones del año. Los dos más antiguos son los blancos y los rojos, que representan al invierno por el color de la nieve y el del caluroso sol. Los verdes se asociaron después con la primavera y los azules con el otoño.

Y, por supuesto, los carros dan un total de siete vueltas a la pista, como días tiene la semana planetaria. Las carreras del circo nos hablan de la vida que gira sin parar alrededor de la espina central que es el cosmos universal. Junto a la primera de las *metae*, a nuestra izquierda, está el templete dedicado a Neptuno, el dios de las aguas (y protector también de los caballos), simbolizando la fuerza del mar y de la naturaleza salvaje. En el extremo opuesto, el templete de Ceres, diosa de la agricultura, en representación de la tierra. Y entre ellos, numerosas capillas y estatuas de diosas como Pollentia, cuyo nombre está asociado con el poder, de *pollere*, tener fuerza. Es la protectora de las carreras y aparece sobre unas columnas con la forma de una Victoria alada. Además de ella, todos los dioses planetarios tienen su propio altarcillo: Saturno, Sol, Luna, Marte, Mercurio, Júpiter y Venus, que se corresponden con los días de la semana romana, que comenzaba con el sábado, el *dies Saturni*. Su ordenación, si miras de izquierda a derecha, dibuja las órbitas de los planetas: el primero es Saturno; le sigue Júpiter; después Marte, Sol, Venus, Mercurio y, finalmente, Luna. Para conseguir la ordenación de la semana tal y como la conocemos, solo hay que saltar los planetas de dos en dos. ¡Pruébalo! Y si todavía no te queda claro, te puedo dejar mi libro *Un año en la antigua Roma*, en el que lo explico con más detalle, cuando volvamos al siglo XXI.

Y junto a todos ellos, sobre algunas columnas más, las figuras de Seia, Messia y Tutulina, diosas protectoras de la siembra, la cosecha y los cultivos. Con Ceres y Consus representan el ciclo virtuoso de la vida natural, el mismo que el de la humana. Para la mayoría de los romanos tradicionalistas y piadosos, después de la muerte espera un largo periodo en el que el alma debe purificarse antes de regresar al mundo y reencarnarse en un nuevo ser. Ese mismo significado es el que encierran los siete huevos que cuentan las vueltas, que se suman a los delfines de Neptuno añadidos por primera vez en el año 33 a. C. por orden de Marco Agripa, para conmemorar la victoria naval del futuro emperador Augusto sobre Sexto Pompeyo en Sicilia.

Es sorprendente que algo *a priori* tan mundano como unas carreras de carros en realidad esconda un significado tan profundo. Precisamente por ello, Augusto mandó colocar en el centro del circo el obelisco dedicado a Sol. De entre todos ellos es el más importante. Sol, en su carro celestial, recorre el firmamento cada día. Por eso se le considera también el dios protector supremo de los *ludi circenses* y aparece en su *quadriga* dorada en la estatua situada frente a su gran templo, como puedes ver entre los andamios.

Sol viene siendo una divinidad fundamental para los romanos ya desde tiempos de la República. Su importancia aumentará todavía más a lo largo del siglo III y hasta el IV, sobre todo por la especial relación que Constantino mantendrá con él, pero ya en esta época está muy presente. No solo a través del templo y el obelisco del circo, sino en particular gracias a la estatua colosal que pudimos ver el otro día cerca del Anfiteatro de los Césares. Ya sabes que, con sus 35 metros de altura sobre una base que la alza otros cuatro, es la más alta del mundo en estos momentos, y aunque la historia la asociará siempre con Nerón, lo cierto es que representa a Sol. Lo hace en su posición de gobernante universal con una corona de rayos en la cabeza y un timón para gobernar el mundo en su mano derecha.

La gran estatua fue encargada al escultor Zenodoro por el emperador para representar al dios protector que Nerón había elegido para

Relieve de un sarcófago del siglo II en el que aparece una carrera en el Circo Máximo. En primer plano, un hombre a punto de ser arrollado por uno de los carros tras un accidente. Detrás, la espina central con capillas y los contadores de vueltas en forma de delfines. Museos Vaticanos, Ciudad del Vaticano.

sus conquistas en Oriente. Sin embargo, Nerón nunca llegó a contemplarla en pie, según me han contado aquellos que la vieron en fragmentos todavía en el taller de Zenodoro tras la llegada de Vespasiano a Roma. Fue este último quien ordenó completar su construcción y alzarla en el gran atrio del palacio, como estaba previsto. El único cambio que se le hizo al plan original fue la sustitución de la cara, pues tenía la semblanza de Nerón, por la del futuro emperador Tito, al que el dios Sol también debía proteger en Oriente. Así permanece hoy en día confirmando que, en el circo y fuera de él, Sol gobierna impasible e inexorable.

UN BONITO RECUERDO

Hora sexta

Y tan inexorable, sin darnos cuenta ha llegado la *hora sexta*. Algunos espectadores aprovechan para salir a comer algo mientras que otros, aunque se hayan perdido alguna de las carreras anteriores, que han discurrido sin demasiados incidentes, han salido hace ya un rato. Parece que hoy el emperador tiene reservado algún tipo de espectáculo especial para este intermedio.

El circo siempre ha sido mucho más que un lugar en el que realizar carreras de carros. Hasta la construcción primero del anfiteatro de Estatilio Tauro y después del Coliseo, aquí se han celebrado numerosas *venationes*. La primera que se llevó a cabo en este recinto tuvo lugar en el año 252 a. C. y en ella se mostraron elefantes capturados a los cartagineses en Sicilia. Incluso, aunque no haya sido frecuente, en ocasiones también han luchado gladiadores en este espacio. En la cultura popular a menudo se confunden los espectáculos que se realizaban en el circo con los del anfiteatro pero, como te comentaba antes, no ha sido tan raro ver espectáculos típicos del anfiteatro en la pista del circo.

Lo que sí es bastante habitual en estos intermedios son los entretenimientos con bailarines y saltimbanquis que comienzan ya, amenizados con el sonido de la música. Desde las *carceres* acaba de salir un jinete montado sobre un caballo, pero llevando también las riendas de otro en sus manos. Se trata de un *desultor*, un acróbata que se dedica a saltar de un caballo a otro haciendo piruetas al galope.

Pero hoy, para sorpresa de los asistentes, la pista comienza a llenarse de soldados que se prepararan para realizar una demostración de

Bajorrelieve, realizado en terracota, en el que se representa una *venatio* celebrada en el Circo Máximo. En la parte central aparece el contador de vueltas en forma de huevos. Finales del siglo I a. C. - inicios del siglo I. Museos Nacionales Romanos, Roma.

combate de tropas a pie y a caballo. Este tipo de representaciones no son nada frecuentes. Los que ayer no pudieron entrar al anfiteatro tienen su ración de combates, aunque no se trate de gladiadores, pero creo que nosotros ya tuvimos suficiente. Si te parece, vamos un rato a la calle y vemos el ambiente. Así además aprovechamos que no todo el mundo ha salido a la vez, de otra forma podría llegar a ser muy agobiante caminar por esta zona entre la multitud.

Nos encaminamos hacia uno de los *vomitoria* para llegar al pasillo abovedado que recorre toda la longitud del circo. Antes no me fijé, pero parece que algunos tramos están apuntalados, da la sensación de que tuvieran ciertos problemas de estabilidad. Esto me recuerda que serán varias las restauraciones que necesiten estos muros en las próximas décadas. Dentro de no más de medio siglo, durante el reinado del emperador Antonino Pío, parte de la *summa cavea in ligneis* colapsará, acabando con la vida de 1112 espectadores. El emperador Caracalla mandará realizar una nueva restauración en el año 213 y ya a finales del siglo III, durante los años de la tetrarquía, el circo sufrirá su peor derrumbe, que se cobrará la vida de 13 000 personas. Constantino será el último emperador que lleve a cabo una restauración extensiva del Circo Máximo, reconstruyendo totalmente la *summa cavea* con un pórtico dorado espectacular. Pero todavía quedan más de dos siglos para llegar a ese momento. Nosotros, mientras tanto, ya hemos salido a la bulliciosa calle.

Hay que decir que, en días como hoy, una parte muy importante de la población de Roma está concentrada en esta zona. Esto, de hecho, es algo que puede llegar a suponer un peligro importante para quienes dejan sus casas vacías. El emperador Augusto fue el primero en ordenar que brigadas de *custodes*, vigilantes, se distribuyeran por toda la ciudad durante los *ludi* para evitar que se produjeran robos y saqueos masivos. Desde entonces, todos los emperadores han mantenido el mismo mandato para asegurar la paz ciudadana.

Junto a nosotros puedes ver que, aparte de las *tabernae* que rodean el circo y que se encuentran también dentro de sus pórticos, hay muchos *mercatores*, comerciantes, que ya han llegado a la ciudad desde diversas partes del Imperio y están preparando sus puestos temporales de madera para el gran mercado que se celebra oficialmente dentro de cinco días. Sin embargo, intentan aprovechar todo lo posible la gran cantidad de gente que hay por estas fechas en las proximidades del circo y alargarán su estancia todo lo que puedan antes de tener que irse a la siguiente ciudad. A mediados de septiembre Roma es una parada obligada para los mejores comerciantes del Imperio. No es extraño que aquí, junto a la curva del circo, se coloquen los más avispados, puesto que es el punto en el que confluyen la Via Latina y la Appia tras cruzar la Porta Capena de la muralla serviana. Además, frente a nosotros se encuentra el templo de Mercurio, columnado y de planta circular. Aunque ha sido restaurado en varias ocasiones, a expensas de la asociación de comerciantes, el *collegium mercatorum*, originalmente fue dedicado en el año 495 a. C. Junto a él hay una fuente de la que se dice que brota agua milagrosa.

Los comerciantes que llegan a la ciudad tienen por costumbre llenar un cántaro con sus aguas y mojar una rama de laurel para después agitarla rociando sus mercancías y su cabeza y asegurarse buena suerte en las ventas. Mira, precisamente uno de ellos está recitando la plegaria que acompaña al rito:

Lava las traiciones del tiempo pasado,
lava las palabras engañosas de días anteriores.
Si te he puesto por testigo, o he invocado en falso
el poder divino de Júpiter, creyendo que no iba a oírme,
o si conscientemente he engañado a otro dios o diosa,
que los rápidos vientos del sur se lleven mis malas palabras.
Y que el día siguiente me facilite nuevos perjurios
y que los dioses de arriba no tomen en cuenta cuántos haya proferido.
Únicamente concédeme ganancias, concédeme disfrutar de ellas
y haz que me sea de provecho engañar al comprador.

(Ovidio, *Fastos* V, 681-690)

Bueno, ya se sabe que Mercurio es patrón de los comerciantes, pero también de los ladrones. Este parece que contará con la protección del dios en sus dos advocaciones. Aunque no todos los comerciantes son deshonestos, lo cierto es que los que venden en puestos ambulantes suelen tener mala fama. Para un ciudadano de bien siempre es más recomendable ir a un establecimiento de buena reputación, aunque tenga que gastarse algún sestercio más.

Vamos a caminar un poco por la zona, seguro que encontramos algunos recuerdos curiosos. En este primer puesto ya veo cosas interesantes. La mayor parte de la mesa está ocupada por *lucernae*, pequeñas lamparillas de cerámica que iluminan todas las casas romanas. ¿Qué mejor regalo para un aficionado a las carreras que una que muestre a su *agitator* favorito con su nombre estampado y la palma de la victoria en la mano? O esta otra, que directamente tiene una representación completa de una carrera en la que se ven las *carceres*, las gradas, cuatro carros y hasta la espina con sus templetes sagrados, el obelisco y las *metae*. Casi puedes revivir lo que ocurrió, especialmente cuando la mecha, que representa la luz del sol, ilumina la pista modelada en el barro. Buena parte de la población se puede permitir un pequeño recuerdo como este. Las lucernas de cerámica son muy baratas, no cuestan más de uno o dos ases, porque están fabricadas en serie con un molde.

Otras, como las de esta tienda, tienen precios algo más elevados porque están hechas de bronce dorado. Fíjate en estos objetos de aquí. Son lo que se conoce como *tintinnabula*. Se trata de figuras pensadas para ser colgadas de las que penden unas campanillas que suenan al ser movidas por el viento. Tienen una función protectora contra los

Lucerna de terracota que conmemora una carrera en el Circo Máximo. En la parte superior se pueden ver las gradas y las *carceres*. En el centro los carros y en la inferior la espina con las *metae*, los templetes, los contadores de vueltas y el obelisco de Augusto. Siglos II-III. Museo Británico, Londres.

Tintinnabulum de bronce de un *venator* que lucha contra su propio falo transformado en una pantera. Procede de Herculano, siglo I. Museo Arqueológico Nacional, Nápoles.

Hucha de terracota con representación de un *agitator* victorioso. Finales del siglo I - inicios del siglo II. Fundación Friedenstein, Gotha, Alemania.

malos espíritus. Eso no quita para que algunos muestren escenas grotescas y jocosas. Como este *tintinnabulum*, que representa a un *venator* enfrentándose a su gran pene que se ha vuelto en su contra transformado en una pantera.

En esta otra tienda venden botellitas y vasos de vidrio que tienen la base decorada con escenas de combates gladiatorios pintados en tonos azules y dorados. La mayoría va acompañada de inscripciones que identifican a los contendientes —¡mira, ahí está Flamma!—, y todas tienen grabada la palabra *Zeses*, un término griego que ha sido adoptado en latín sin traducir; significa 'a tu salud'. Veo también que algunas personas con las que nos estamos cruzando llevan espadas en miniatura colgadas de cadenitas, así que imagino que por aquí cerca las están repartiendo como recuerdo del combate de Flamma contra Purpureus. A los romanos les apasionan los colgantes apotropaicos, es decir, protectores contra el mal de ojo.

En las tiendas también venden todo tipo de túnicas, gorros y hasta látigos con los colores de las *factiones*, así como huchas con representaciones de las carreras —que hacen referencia al dinero que atraen quienes participan en ellas—, y figurillas de *agitatores* en sus carros, y también de atletas y gladiadores, fabricadas en terracota, hueso y bronce. Apoyados en los muros de las *tabernae*, especialmente dentro del pórtico del circo, puedes ver a esos hombres con pequeños sacos de monedas en la cintura. Son los corredores de apuestas, que abundan en las carreras de caballos.

No te acerques, son especialistas en embaucar a cualquiera que los mire siquiera. Es mejor que nos alejemos un poco del barullo de esta zona. Vamos a comer algo a la *caupona* de Fortunatus. Aunque esté un poco más lejos, sabemos que allí nos van a tratar bien. No te preocupes, estaremos de vuelta en el circo a tiempo para presenciar las mejores carreras del día. Según he podido ver en el programa de hoy, el favorito es hispano. Su nombre es Flavius Scorpus.

SCORPVS, EL HISPANO

Hora octava

¿Te das cuenta de lo vacía que está la ciudad? Solo ahora que volvemos a acercarnos al circo después de habernos saciado empieza a haber más gente. Vamos a subir hacia la *media cavea*, donde espero que tengamos algún hueco. Recuerda lo que te dije antes, el público está acostumbrado a arrimarse mucho unos a otros en el circo. Así que, si ves un hueco, por pequeño que parezca, no lo dudes. Eso sí, ten cuidado por si hay algún listo que intenta pegarse más de lo debido: o te está robando o quiere flirtear contigo. Ambas opciones son posibles, aunque la segunda es más probable en el caso de las mujeres, puesto que en el circo se pueden sentar junto a los hombres, independientemente de su categoría social. El poeta Ovidio escribió el siglo pasado tres libros para ayudar a romanos y romanas enamorados, y en ellos recomienda ligar en las gradas del circo, precisamente por lo ajustado que suele estar el espacio. Y aunque estas técnicas ya tienen solera, todavía hay quienes no encuentran mejores opciones y tratan de utilizarlas.

Mira, por suerte hay un hueco un par de gradas más arriba. Los delfines indican que está teniendo lugar la última vuelta de una carrera en la que los rojos están dominando. Pero espera, porque, en el momento en que cruza la meta, Narcissus, el *agitator* de la *factio russata*, corta las riendas que lleva en la cintura con un cuchillo y sale corriendo por la pista. El público lo aclama. Los demás *agitatores* hacen lo mismo y se lanzan tras él. ¡Ya sé lo que está ocurriendo!, se trata de una carrera algo diferente y de origen griego en la que la última vuelta la deben hacer los *agitatores* corriendo. ¡Qué interesante! No es nada habitual, nunca había visto una. Parece otra innovación más de estos *ludi* modernos.

Narcissus ha conseguido una buena ventaja en el carro, pero ahora sus rivales se le acercan, peligrosamente, corriendo. A su lado, a caballo, va un *hortator*, un auxiliar del equipo que le da instrucciones y le anima. Los demás saben que la carrera a pie no es el fuerte de Narcissus y debe dar una vuelta completa a la pista. El calor aprieta y el cansancio hace mella en el corredor rojo que, poco antes de finalizar, se ve superado por Diomedes, del equipo dorado. La *factio aurata* vence en esta extraña competición. Es una victoria muy importante puesto que, al ser un equipo de reciente creación, necesita generar interés en un público acostumbrado solo a los cuatro equipos tradicionales.

Mientras da la vuelta de honor, los espectadores aplauden al vencedor, pero, curiosamente, no están aprovechando para realizar peticiones al emperador. Los días de las carreras el emperador y el pueblo comparten un mismo espacio durante bastante tiempo, de ahí que, en ocasiones, el circo se convierta en un lugar perfecto para criticar políticas que no gustan o reclamar más ayudas. En este sentido, Domiciano siempre ha demostrado ser favorable al pueblo. Roma vive tiempos de prosperidad gracias a los repartos de trigo y de alimentos que el emperador ha decretado para hacer ver su *liberalitas*, o munificencia.

Quedan solo dos carreras más para concluir la jornada. Se trata de *certamina singularum*, llamadas así porque participa un carro por cada equipo. En cada una el premio será de 30 000 sestercios. En total serán seis los carros que se disputen la victoria; los *agitatores equorum* más hábiles del mundo están a punto de competir en la pista del Circo Máximo. Por el equipo azul, Helenus, recién arrebatado a los verdes por empeño de su nuevo entrenador, Datileus. Representando a los dorados, Paulus, con casi 400 victorias a sus espaldas. Los púrpuras tienen a Polyneices, que ha competido para todos los equipos en algún momento de su carrera. El joven mauritano Crescens correrá por los blancos. Tiene solo quince años y se ha convertido en toda una estrella. Ganó su primera carrera con una *quadriga* a los trece años y debutó a los diez. Dicen que es el más joven de la historia en competir y ganar en el Circo Máximo. Los rojos cuentan con Apuleius, que ya pasa de las 400 victorias.

Tienes que saber que su nombre me recuerda a otro conductor de carros romano. He preguntado estos días y me han contado que los rumores dicen que Apuleius tiene pensado retirarse pronto y mudarse a la provincia de Lusitania, en Hispania. Curiosamente, en esa provincia nacerá dentro de pocos años el que seguramente será el *agitator* más famoso de todos los tiempos: Gaius Apuleius Diocles. No puedo afirmar que el Apuleius que hoy compite sea familia directa del lusitano, pero como mínimo es una casualidad interesante. Quién sabe, tal vez sea su padre. La carrera de Apuleius Diocles durará veintitrés años en los que competirá para los blancos, los verdes y los rojos. Y lo hará en esta misma pista en 4257 ocasiones, en 1462 de las cuales se alzará con la victoria. Por suerte, ningún accidente le impedirá retirarse a los cuarenta y dos años habiendo ganado casi 36 millones de sestercios. Es una pena que todavía no haya nacido y no podamos verlo competir.

Aun así, no te preocupes, porque si hay un *agitator* tan famoso como Diocles ese es Flavius Scorpus. También nació en Hispania y corre para los verdes en esta carrera. Si el palmarés del anterior era espectacular, el de Scorpus lo es aún más. A sus veintiséis años lleva conquistadas 2047 victorias. Es el único *milliarius* —que ha conseguido más de mil victorias— en activo en estos momentos. Scorpus es, sin duda, la gloria del circo en persona.

El sol ya empieza a inclinarse sobre el cielo y el efecto que crea en la arena es sencillamente mágico. Desde mediados de este siglo se cubre con una fina capa de *chrysocolla*, un silicato de cobre que hace brillar la superficie como si fuera oro. Estos detalles son los que marcan la diferencia en los espectáculos. Me han contado que Calígula llegó a sembrar toda la arena de color verde para apoyar a su equipo favorito y que, en los circos de Hispania, se machaca el *lapis specularis segobricensis*, un yeso traslúcido muy usado en ventanas, para causar reflejos que se asemejan a millones de pequeños diamantes.

Los *moratores* están todavía repartidos por la arena recogiendo cualquier objeto que hayan lanzado los espectadores. Me llama la atención uno de ellos que se agacha junto a la primera *meta*. Aunque disimula, creo que está escarbando en la arena y enterrando algo rápidamente; eso no puede significar nada bueno. No obstante, parece que poca gente se ha dado cuenta porque están más preocupados por ver cómo los contendientes se preparan ya en los cajones de salida.

La *mappa* cae a la arena al mismo tiempo que resuenan las trompas que dan comienzo a la carrera. Los cajones se abren y el público, que no aparta la vista de ellos, se pone de pie en un estruendo clamoroso. Todos animan a su favorito, pero el nombre de Scorpus se impone sobre los demás. Los *hortatores* de cada equipo, a caballo, acompañan a

Mosaico de tema circense descubierto en 1860 en el interior del perímetro mural de Barcelona, antigua Barcino, que podría representar una carrera famosa que tuvo lugar en el Circo Máximo. Todos los *agitatores* y los caballos aparecen identificados con sus nombres. Siglo IV. Museo Arqueológico de Cataluña, Barcelona.

los carros desde los laterales de la pista gritando instrucciones a los suyos. En ocasiones, incluso les dan información falsa previamente pactada para que, si los rivales la oyen, no sepan cuál será la estrategia que van a seguir.

Los equipos, teniendo en cuenta las habilidades de sus contrincantes, estructuran cada carrera de distintas formas. En algunos casos se quedan intencionalmente atrás para después ir avanzando puestos hasta la victoria, *praemisit et vicit*, o tratan de conseguir el segundo puesto durante varias vueltas antes de luchar por el triunfo en el último momento, *eripuit et vicit*. Por supuesto, si el carro se queda rezagado no por estrategia sino por un error pero finalmente vence, también es aclamado, *successit et vicit*; aunque si preguntas a los equipos, lo más sencillo siempre es lo mejor: ir directo a por la primera posición y mantenerla hasta el final, *occupavit et vicit*. Eso sí, una cosa es lo que uno desea y otra muy distinta lo que acaba sucediendo en la frenética carrera.

El primer lugar lo ocupa de momento Apuleius, que corre para el equipo rojo. Le sigue muy de cerca el blanco Crescens. Tras ellos, Scorpus, Polyneices y Paulus van en paralelo dominando las riendas con su cuerpo para no chocar contra los otros carros; cierra el grupo el azul Helenus, que trata de recuperar terreno rodando entre la polvareda que generan los demás.

El tiempo corre, los huevos se alzan y los delfines se inclinan con el paso de las vueltas. Ya son cinco las disputadas. Helenus comienza la sexta sobrepasando al dorado Paulus. Scorpus toma algo de ventaja sobre Polyneices y trata de alcanzar a los dos escapados. Apuleius intenta acorralar contra el muro central al joven Crescens, pero este no se amedrenta y responde chocando su carro contra el del equipo rojo. Ambos se esfuerzan por superar al otro fustigando a sus caballos con ímpetu. Con el comienzo de la última vuelta la situación se vuelve cada vez más tensa y Apuleius aprovecha una zona en la que se concentra el polvo para azotar a Crescens, como si se le hubiera escapado el látigo. La túnica del joven *agitator* ya no es blanca. No ha cambiado de equipo, pero podría parecerlo con la cantidad de roja sangre que la cubre. Se lleva las manos a la ensangrentada cara y pierde el equilibrio. Sabe que todo está perdido y, con gran esfuerzo, corta las riendas para no ser arrastrado por el carro en su caída. Choca contra la arena y, después de rodar sin control por un momento, consigue gatear hacia un lateral de la pista para no ser arrollado por los carros que vienen por detrás.

Apuleius cree que lo tiene todo a su favor, se ha deshecho del niño prodigio y solo debe encarar la última recta para ganar. Con lo que no ha contado es con que los caballos de Crescens siguen galopando. A pesar de que nadie los dirige, conocen perfectamente la pista y logran cruzar en primer lugar la línea de meta. ¡El equipo blanco ha vencido! Aun sin conductor, el carro que termina las siete vueltas en primer lugar es el vencedor. Apuleius se lamenta mientras uno de los *hortatores* del equipo blanco salta de su caballo al carro para detener a los caballos vencedores. ¡Qué carrera tan espectacular!

Afortunadamente, Crescens se levanta del suelo, sangrando, magullado pero vivo. Gran parte de su suerte se la debe al casco de cuero acolchado y a la gruesa túnica con tiras de cuero en el pecho, los brazos y las piernas. Un *medicus* del equipo se acerca con rapidez para socorrerle, vendar sus heridas y valorar su estado. Parece que su vida no corre peligro. Ha tenido suerte y conserva ambos ojos, algo que no pueden decir muchos otros, que los pierden en el que es uno de los accidentes más comunes de este deporte. Crescens se recupera y pide volver a montarse en su carro para dar la vuelta de honor. El público aplaude su valor y la disciplina de sus caballos. El más importante de ellos lleva el nombre de Scholasticus, 'estudiante', y parece que se ha graduado hoy en la pista. Crescens sube al *pulvinar* para recoger la palma de la victoria y su premio mientras el resto de los contrincantes vuelven montados en sus carros hacia las *carceres*. Crescens se apresura a hacer lo mismo. Parece que, aun dolorido, disputará la última carrera del día.

Todo está dispuesto. El público clama incluso antes de que se abran las compuertas. Los verdes corean los nombres de Scorpus y Crescens por la sabida amistad que hay entre los seguidores de sus dos equipos. Uno de ellos debe llevarse la victoria para que el día acabe de forma gloriosa. La trompa suena, la *mappa* cae y los carros salen deslizándose sobre la arena. La pista tiembla con cada golpe que las pezuñas de los caballos le propinan, haciendo saltar la brillante arena y formando tras ellos una nube de polvo de la que emergen rápidamente los carros que siguen la estela de los primeros. A nuestro alrededor se oyen gritos apasionados que los espectadores lanzan alabando la habilidad de los *agitatores* y la fuerza de sus caballos.

Esta vez sí, Scorpus coge la delantera, preparado para conquistar su victoria número 2048. Le siguen muy de cerca Helenus y Apuleius, sus dos mayores enemigos en la pista. Después Polyneices, Paulus y Crescens, que corre en último lugar, aquejado por sus heridas, aunque con el objetivo claro de terminar la carrera por su honor. En cada giro, el carro azul y el carro rojo, casi como si estuvieran colaborando entre ellos, se acercan más a Scorpus desde atrás. En la quinta vuelta se produce un pequeño choque entre los tres que ya están en paralelo. Scorpus, muy habilidoso, presiona a sus caballos para que den lo mejor de sí mismos y consigue mantener la primera posición apurando la trazada al máximo, tanto que roza el muro de la segunda de las *metae*.

Llega la séptima y última vuelta. La tensión se palpa en el ambiente. Los gritos se han convertido en una rabia contenida. Los aficionados verdes quieren ver ganar a su campeón, los rojos y azules que le superen. Scorpus gira por última vez y los otros dos carros prácticamente se han convertido en su sombra. El carro del equipo verde se abre para ocupar toda la pista, pero el rojo y el blanco le flanquean por ambos lados y se produce el choque. Se oye un estallido; el carro rojo de Apuleius se desvía hacia la derecha para evitar daños mayores, el azul de Helenus frena en seco para esquivar el muro de la espina. Sin embargo,

Scorpus, con el carro a punto de convertirse en astillas, continúa veloz hasta el final. Al cruzar la blanca meta, el circo entero grita *NICA PRASINE!*, '¡victoria para los verdes!', y estallan en un júbilo que al instante se convierte en estupor.

El carro del temerario Scorpus no ha resistido el empuje final y revienta. Su cuerpo ha chocado contra la arena y es arrastrado a toda velocidad por sus caballos que, sin nadie que los dirija, continúan corriendo. La mala fortuna provoca que las riendas se rompan en el momento en que los cuatro caballos giran, lanzando el cuerpo inconsciente del *agitator* contra el muro lateral del circo.

Los *moratores*, junto con los *hortatores* del equipo verde, salen rápidamente a socorrerlo, pero poco se puede hacer. Sus gestos confirman lo que más de 100 000 personas ya sabían. Scorpus, el *agitator equorum* más laureado de la *factio prasina*, ha muerto.

El emperador Domiciano hace gestos a sus asistentes y un grupo de ellos se dirige hacia la arena con la palma de la victoria y sacos de monedas. El cuerpo sin vida de Scorpus es recogido en una litera mientras sus cuatro caballos son desligados de los restos del carro. Todos ellos, Ingenuus, Admetus, Passerinus y Atmetus, son engalanados. El público sabe ya lo que ocurre. Los caballos han sido retirados de forma gloriosa por el emperador, pagando su precio. Los cuatro, avanzando al paso, comienzan a dar la vuelta de honor seguidos por la litera del hombre al que han obedecido durante varios años y por los esclavos que portan la palma y los *praemia* de la carrera. El público, a su paso, lanza flores, dinero y ofrendas votivas para ayudar al alma del difunto en su viaje.

La comitiva completa su vuelta ascendiendo la gran escalinata que cierra el lado curvo del circo y atraviesa el gran arco triunfal. Fue construido en el año 80 para conmemorar la victoria del emperador Tito y hoy también homenajea a Flavius Scorpus. Ahí va la gloria del circo clamoroso, el muy aplaudido y efímero amor de Roma. La envidiosa muerte se lo ha llevado demasiado pronto pensando, por el número elevadísimo de sus victorias, que debía ser un anciano.

Entre los espectadores, una vez el cuerpo de Scorpus ha salido del circo, vuelve la charla, el comentario de lo que acaba de suceder. El murmullo poco a poco va siendo más intenso. La gente no está contenta con este final. Ha habido dos graves accidentes en las dos últimas carreras del día. No es que sean una rareza, pero no parece una coincidencia. Y, de pronto, llega la explicación. Algunos miembros del equipo

Bajorrelieve de terracota en el que se representa un accidente —denominado *naufragium* en latín— sobrevenido durante una carrera en el Circo Máximo. Comienzos del siglo I. Museo de Historia del Arte, Viena, Austria.

de los verdes corren hacia el lugar donde antes un hombre ha enterrado un objeto disimuladamente. ¡Sabía que algo raro había pasado ahí!

Tabella defixionum est!, gritan desde la arena. Una maldición, seguramente contra Crescens y Scorpus. El *dominus* de la *factio prasina* extrae el clavo de hierro que atraviesa una lámina de plomo doblada y, ante el silencio sepulcral que se ha extendido por el circo, lee:

> ¡A ti te invoco, demonio Abrasax! Ata cada miembro, de los hombros a los tobillos, de los *agitatores* de las *factiones albata* y *prasina*. Atormenta sus mentes, nubla sus sentidos. Haz que otros sean instrumentos de su sufrimiento. Que sus caballos no vean, que sus carros se quiebren. Dirige los látigos ajenos a sus ojos, ¡así te lo ordeno! ¡Que mueran en la pista! ¡Que no quede aliento en sus cuerpos!

La indignación es grande. Pobre del que la ha enterrado, ya puede correr si quiere seguir vivo. Abrasax no le protegerá en esta ocasión.

Domiciano, visiblemente molesto, hace un gesto que silencia al público. Se coloca la toga por encima de la cabeza y realiza una oración a los dioses seguida de una ofrenda expiatoria por la escena macabra que se acaba de vivir. El resultado es favorable, pero hay quien podría pensar que esta maldición va más allá de lo que puede parecer. Un acto tan horrible en un momento de suma importancia de los *ludi romani* dedicados a Júpiter solo puede pronosticar desgracias. El temor de los *omina mortis*, presagios de muerte, sobrevuela el circo.

Vámonos ya, hemos tenido suficiente por hoy. Aprovechemos ahora, antes de que la multitud nos arrastre. Roma vivirá una noche difícil. Al salir, la gente sigue comentando: Scorpus ya está guiando su carro junto al de Sol. Sus hazañas serán recordadas por siempre. Su memoria vivirá.

MUCHO MÁS QUE ESPECTÁCULOS

Ante diem XVII Kalendas Domitianas
(16 de septiembre)

FVROR CIRCENSIS

Hora quarta

¡Buenos días! Creo que los dos necesitábamos un poco de descanso después de todo lo que ha ocurrido en las últimas jornadas. Especialmente ayer, con tantas emociones encontradas. Creo que estás comprobando que la antigua Roma no es como te la habían contado hasta ahora. Muy espectacular en algunos momentos y cruel en otros, pero de una forma totalmente diferente a la que podríamos imaginar.

Piensa en las decenas de miles de personas que se congregaron para ver las carreras. ¿Te percataste de cómo dieron rienda suelta a sus emociones? Hoy y los próximos días volverán a por más. Estos espectáculos llenan su vida, les divierten y a la vez se sienten piadosos con los dioses. Y eso complace al emperador. Por supuesto, también están los que critican este tipo de actitudes y hablan de cómo el *furor circensis*, la locura del circo, está destruyendo la sociedad desde dentro. Ya no solo el populacho, infantil y maleducado en su opinión, sino también los hombres válidos se ven arrastrados a los espectáculos. No en vano el poeta Juvenal está cerca de comenzar a escribir su colección de libros satíricos en los que comentará amargamente que el pueblo ha perdido el interés por la política y solo desea con avidez dos cosas: *panem et circenses*, pan y juegos de circo.

El emperador es autocrático. Domiciano sabe que tiene el poder absoluto; todos los emperadores son conscientes de ello. Algunos lo ejercen de una forma moderada y mantienen la ficción de una República en la que el Senado todavía tiene influencia real. Otros simplemente se ahorran ese esfuerzo. El pueblo está complacido, pero los más poderosos rabian de impotencia en un juego de equilibrio de poderes que puede llegar a terminar muy mal. Domiciano ha conseguido ganar el pulso durante quince años, pero los rumores de un complot contra él, orquestado desde el Senado o incluso desde el interior del palacio imperial, siempre están presentes.

Aun así, durante su reinado, se ha preocupado especialmente de conseguir una prosperidad que hacía tiempo que no se vivía en Roma. Por eso muchos lo comparan con Augusto. Está consiguiendo darle a Roma un aspecto magnificente, restaurando templos, construyendo nuevas estructuras y reconstruyendo todo aquello que los devastadores incendios han destruido. Hasta hace unos años, buena parte de la ciudad convivía con las ruinas. Hoy, Roma está más grandiosa que nunca. Para el pueblo todo es gracias al emperador. Con él ha llegado la edad de oro, un periodo de bonanza que asegura el bienestar de los romanos. Abundancia, felicidad y paz, conseguidas gracias al emperador, se mantienen para hacer que la vida sea más sencilla en estos tiempos.

Esto, por supuesto, es parte de la propaganda de Domiciano y, aunque se trate de un discurso político, realmente se nota al caminar por la ciudad. Vamos hacia el Campo de Marte aprovechando que hoy estará casi vacío por los *ludi* y así lo puedes comprobar con tus propios ojos.

UN ESPECTÁCULO IRREPETIBLE

Hora quarta

Mira estos cuatro grandes templos situados uno junto a otro a espaldas del teatro del general Pompeyo que visitaremos mañana. En ellos tienen su morada terrenal la ninfa Juturna, la Fortuna protectora de cada día, la diosa Feronia y los Lares Permarini. Todos estos edificios han sido restaurados por Domiciano, que también ha reconstruido esta plaza, sus pórticos y el pavimento de losas de travertino blanco que ahora pisamos. El último incendio que afectó a esta zona fue el del año 80. En este momento nos encontramos más de un metro por encima del nivel del suelo anterior. Mira cómo relucen las inscripciones, cómo brilla el mármol de las columnas. Cualquiera que lo vea estaría de acuerdo en que verdaderamente ha llegado la edad de oro.

De hecho, hace ya ocho años que comenzó, pues en el año del XIV consulado de Domiciano y Lucio Minucio Rufo, el 88 para nosotros, se celebraron los *ludi saeculares*, los juegos de los siglos. Un espectáculo religioso, pero con un marcado carácter social que solo es posible ver una vez en la vida. Sigamos caminando y te lo muestro.

Te recomiendo que vayas siempre por la acera mientras nos dirigimos a nuestro destino. Es cierto que, gracias a la *Lex Iulia municipalis* del año 45 a. C., no tendremos que preocuparnos por la circulación de los carros de mercancías, que tienen prohibido transitar durante el día por estas calles, incluso por las avenidas principales. Salvo aquellos que transportan materiales para los templos o edificios similares, todos los demás deben moverse de noche para evitar colapsar la ciudad. Aun así, existe otro motivo más prosaico. Las aceras, como puedes comprobar, están bastante elevadas con respecto a las losas de la calle.

La explicación es muy sencilla: a pesar de que avenidas como esta tienen cloacas bajo ellas, hasta llegar a un sumidero, el agua fluye por los laterales de la vía. Y no me refiero únicamente al agua de la lluvia, puesto que también las fuentes públicas desaguan directamente a la calle. No tiene por qué ser agua sucia, ni mucho menos, pero siempre es mejor no mojarse. Para eso están también las piedras pasaderas que nos permiten cruzar. Y eso que ahora tenemos suerte porque buena parte del enlosado de calles como esta acaba de ser renovado, pero tendrías que ver cómo están algunas vías menores. Los carros, con sus llantas de hierro, erosionan la roca y crean surcos profundos donde fácilmente te puedes torcer el tobillo.

Por cierto, la vía por la que estamos caminando no es otra que el Vicus Stablarius, que recibe su nombre de los establos de las diferentes *factiones* de las carreras que están ubicados aquí. A nuestra izquierda, el *stabulum* del equipo azul. Algo más adelante y a la derecha el del equipo verde y, al fondo de la calle, los de los equipos rojo y blanco. Los dorados y los púrpuras se han visto obligados a instalarse en espacios más lejanos porque toda esta zona ya estaba ocupada.

Ahora sí, hemos llegado. Estamos en el noveno distrito de la ciudad, conocido con el nombre de Circus Flaminius, y esta explanada es el llamado Trigarium. Se trata de un antiquísimo circo menor que toma su nombre de las *trigae*, carros tirados por tres caballos. En él todavía se celebran festividades religiosas como las Equirria o el October Equus, entrenan los diferentes equipos de las carreras y también se han celebrado en diferentes momentos de la historia romana los *ludi saeculares.*

Ni siquiera los propios romanos saben bien cuándo tuvieron lugar por primera vez, lo que sí es seguro es que están atestiguados desde el año 249 a. C. con el nombre de *ludi terentini*. Se llamaron así por el Terentum o Tarentum, el espacio que está al fondo de la explanada. En él se encuentran los templos dedicados a Dis Pater, el dios del inframundo para los romanos, y a Proserpina, su esposa. Lo poco que se sabe sobre ellos, incluso en esta época, es que los primeros juegos que se celebraron fueron concebidos como un ritual destinado a la protección del Estado en un momento especialmente complicado: la Primera Guerra Púnica.

Fue el divino Augusto quien los recuperó dentro de su política religiosa, dándoles el nombre de *ludi saeculares*. Su idea original se basaba en la antiquísima tradición etrusca que establece que la vida humana se regenera cada cuatrocientos cuarenta años. Dentro de ese ciclo, existen cuatro periodos de ciento diez años. Se les denomina *saecula*, de donde viene nuestro concepto de siglo. Cada *saeculum* está asociado con un metal: oro, plata, bronce y hierro. La calidad del metal indica la prosperidad de cada una de las edades. El ciclo se asocia a la pérdida progresiva de valores de la sociedad que termina degenerándose para finalmente renacer de sus propias cenizas.

Esta fue la interpretación que dio Augusto y que utilizó propagandísticamente con ayuda de los llamados *quindecimviri sacris faciundis*, los quince sacerdotes encargados de consultar y descifrar la voluntad del dios Apolo, protector del emperador, transmitida a través de los oráculos de la sibila de Cumas y contenidos en los llamados libros sibilinos. Augusto dispuso convenientemente la celebración de los juegos en el año 17 a. C., anunciando que gracias a que él había salvado la República y a todos los ciudadanos, se iniciaba en Roma la *aurea aetas*, la edad de oro. Desde entonces, prácticamente todos los emperadores han tratado de emular a Augusto, asegurando que con su reinado se inauguraría una nueva edad dorada. Incluso el emperador Claudio decidió realizar unos nuevos juegos para conmemorar el 800.º aniversario de la fundación de Roma, despreciando la tradición establecida por Augusto por haber errado en las fechas.

Sin embargo, Domiciano es el primero que, siguiendo aproximadamente los cálculos del emperador Augusto, ha podido declarar la llegada de un nuevo *saeculum* y con él la celebración de los *ludi saeculares* que renueven la protección de los dioses sobre Roma. Es cierto que en el 88 no habían pasado realmente ciento diez años, aunque las normas sagradas de los etruscos, en este caso, son flexibles, puesto que definían el *saeculum* como la mayor edad alcanzada por el ser humano, un número que puede ir de los cien a los ciento diez años.

Aquí, al final del espacio del Trigarium y el Tarentum, se encuentran unas columnas de bronce dorado y unos pilares de cuatro metros de altura inscritos de arriba abajo que conmemoran la realización de los *ludi saeculares*. En ellos está descrita la celebración completa, desde el momento en el que los *quindecimviri* decretaron su instauración hasta la conclusión de todos los rituales. Hay dos inscripciones prácticamente idénticas. La de la izquierda conmemora los *ludi saeculares* de Augusto y la de la derecha los de Domiciano. Si te parece bien, a partir del texto te haré un resumen de lo que se vivió aquí hace ocho años para que entiendas lo que fue uno de los mayores acontecimientos religiosos del siglo que además tuvo un importante componente social a través de una serie de espectáculos en los que pudo participar todo el pueblo de Roma.

> Ciudadanos, cuando haya pasado un *saeculum*, realizad ofrendas a los cielos en el campo junto al que discurre el padre Tíber. Realizadlas también al inframundo para que todo el orbe quede complacido con la llegada de una nueva era. Aprovechad este momento, pues no le está permitido a ningún mortal asistir a estos juegos más de una vez en la vida.

Bueno, está visto que, en la práctica, eso no ha sido así; no obstante, no hay que dejar que la realidad te estropee una buena narrativa propagandística.

También se mencionan los nombres de los sacerdotes encargados de proclamar la celebración y, por supuesto, el emperador está entre ellos. Es curioso comprobar que el historiador Tácito, que de forma tan hábil disfrazará sus mentiras en las obras que nos contarán la historia romana de su tiempo, también pertenece al grupo.

Una vez que los sacerdotes decretaron la celebración de los juegos, los *praecones* la anunciaron con gran orgullo. A finales del mes de mayo se llevaron a cabo los rituales preparatorios en los que los sacerdotes, repartidos entre los templos de Júpiter Óptimo Máximo y Júpiter Tonante en el Capitolio y el de Apolo en el Palatino, entregaron a los ciudadanos los *suffimenta*. Se trata de mezclas de incienso, betún y otros elementos purificantes que se queman para limpiar ritualmente la ciudad entera, empezando por los hogares romanos. El más importante de estos inciensos, para que entiendas la complejidad de ceremonias como esta, lo mezclan las vírgenes vestales a partir de cenizas de un feto de vaca quemado en las fiestas de las Fordicidia, tallos de habas secas y sangre del caballo sacrificado durante el festival del October Equus. ¿Te das cuenta de la cantidad de detalles que deben seguirse de forma minuciosa para que todo sea agradable a los dioses? En realidad, tiene sentido puesto que, si algo no sucede como ellos esperan, los rituales son revisados para comprobar si se han realizado correctamente. Como es lógico, siempre pueden encontrar alguna parte del ceremonial que no se ha cumplido con la exactitud debida, justificando la negativa divina a atender las plegarias.

Durante esos días, los ciudadanos entregaron como ofrenda en estos mismos templos y también en el de Diana en el Aventino, no muy

Pilar de mármol inscrito con los *acta* de los *ludi saeculares* de Augusto en el año 17 a. C. Museos Nacionales Romanos, Roma.

lejos de mi *domus*, las *fruges*, los primeros frutos de la temporada. Una vez cumplidos los actos preparatorios dieron comienzo los rituales. Lo hicieron la noche del 31 de mayo en el Tarentum, frente a los templos de Dis Pater y Proserpina.

Todo el complejo ceremonial de los *ludi saeculares* se lleva a cabo tanto de noche como de día. De esta manera, tratan de complacer a los dioses del cielo y a los del inframundo. Los ritos se hacen siempre con la cabeza descubierta —lo que se denomina «a la griega»—, y no tapada con la toga, que es la costumbre entre los romanos. En presencia del emperador Domiciano, se realizaron una compleja serie de ofrendas.

La primera noche fueron sacrificadas en honor a las Moiras, las diosas del destino, nueve ovejas y nueve cabras negras. Como las Moiras son tres, cada una de ellas recibió tres animales de cada especie. La cantidad de víctimas inmoladas no es, por descontado, aleatoria. Tanto el tres como el nueve son, para los romanos, dos de los números más sagrados. Esta es una ofrenda que tenía como objetivo pedir un destino venturoso para el pueblo de Roma. Luego, el público presente asistió a representaciones teatrales que no se hacían sobre un escenario, lo que obligó a la gente a permanecer de pie. Después, 110 matronas romanas celebraron un banquete en el que invitaron a sentarse a Juno y a Diana. También se cantaron himnos sagrados y se encendieron numerosas antorchas.

Al día siguiente, en el Capitolio, el emperador realizó el sacrificio de un gran toro frente al templo de Júpiter Óptimo Máximo mientras oraba de esta manera: «¡Oh, Júpiter, el mejor y más grande! Como ha sido prescrito en los libros sibilinos, y en virtud de esto, que toda buena fortuna llegue al pueblo romano, los Quirites. Que así sea gracias al sacrificio de este espléndido toro. Te lo ruego». A continuación comenzaron nuevas representaciones en los teatros del Campo de Marte mientras continuaban desarrollándose los banquetes, *sellisternia*, y las obras teatrales en el Trigarium.

La segunda noche estuvo dedicada a las Ilithyiae, diosas protectoras del nacimiento. A ellas no se les pueden ofrecer sacrificios cruentos por lo que se les entregaron veintisiete (nueve por tres) pastelillos sagrados horneados por los *fictores*, pasteleros, de las vírgenes vestales. A la mañana siguiente, la del 2 de junio, se sacrificó una vaca a Juno en el Capitolio y 110 matronas romanas declamaron una oración. Entretanto, continuaron las representaciones teatrales que gustan tanto a mortales como a dioses.

Sestercio de Domiciano acuñado en el año 88 (RIC 613) para conmemorar los *ludi saeculares*. En el reverso aparece el emperador ofreciendo un sacrificio con la cabeza descubierta frente a un altar. Junto a él, un *victimarius* conduce a una cerda. Detrás, dos músicos tocan la *cythara* y la *tibia duplex*. En el frente, la diosa Terra Mater. Museos Estatales, Berlín.

La tercera y última noche se sacrificó una cerda preñada a Terra Mater, la Madre Tierra, en el Tarentum, mientras toda Roma estaba reunida en el Trigarium. En la mañana del 3 de junio frente al templo de Apolo Palatino, se ofrecieron a Apolo y Diana otros veintisiete pastelillos sagrados. Nada más terminar, tanto en el Palatino como en el Capitolio, dos coros de veintisiete niños y el mismo número de niñas cantaron el llamado *Carmen saeculare*, el himno de los siglos, compuesto en tiempos de Augusto por el poeta Quinto Horacio Flaco.

Tras descansar el día 4 de junio, pues los dioses prefieren los números impares, comenzaron los *ludi honorarii*, juegos que duraron una semana entera. Incluyeron representaciones teatrales, espectáculos de música, cacerías y juegos de circo. Como novedad en los *ludi saeculares* de Domiciano, en el Circo Máximo se disputaron un total de cien carreras en un solo día. Para conseguirlo, en lugar de las siete vueltas tradicionales, su número se redujo a cinco.

Todo eso es lo que aparece reseñado en la inscripción conmemorativa de los *ludi saeculares* del año 88. ¿Te imaginas haberlo vivido? Era imposible estar aquí en dos momentos que tienen ocho años de diferencia entre ellos. Sin embargo, hemos conocido uno de los espectáculos más costosos y singulares de la historia y hemos vivido otros que no por más frecuentes han sido menos asombrosos. Pero si hay uno que gusta a los romanos y nos cautivará hasta el siglo XXI, es el que te voy a mostrar esta tarde. Comamos algo por aquí, conozco una *caupona* que sirve vino traído desde la Bética, y después te cuento más.

LOS QUE VAN A MORIR TE SALUDAN

Hora septima

Para llegar a nuestro siguiente destino solo tenemos que cruzar el Tíber. Vamos a salir de la ciudad porque el espectáculo del que te quiero hablar ahora necesita un espacio tan grande que no es posible realizarlo en su interior. Estamos cruzando el río por el llamado Pons Neronianus, que mandó construir el emperador Calígula y fue completado por Nerón. Al otro lado ya puedes ver las estructuras de los Horti Agrippinae, los jardines que la madre de Calígula legó a su hijo y que ahora son de propiedad imperial. Aunque algunas veces están abiertos para que cualquier persona pueda pasear, en este momento están cerrados por la celebración de los sagrados *ludi romani*. Aun así, al continuar por la Via Cornelia hacia el oeste nos encontraríamos frente a otro circo, el que Calígula mandó construir para entrenar y realizar competiciones. Para que te ubiques, el obelisco que se puede ver a lo lejos está colocado en el centro de la espina, imitando al del Circo Máximo, y es el que, en nuestro futuro, estará situado en la plaza de San Pedro, en el Vaticano.

Nosotros debemos seguir un poco más hacia el norte, atravesando esta zona de necrópolis con grandes monumentos funerarios cilíndricos y en forma de pirámide. Así conseguimos llegar hasta el lugar en el que se sitúa la llamada Naumachia Domitiana. A primera vista, se trata de un enorme recinto flanqueado por un muro construido con grandes sillares, al estilo de otras estructuras como el Circo Máximo. No obstante, al cruzar el pórtico, descubrimos un graderío bajo, rematado en madera, que mira hacia un enorme lago artificial. Estoy convencido de que ya te estás imaginando qué espectáculos se celebran aquí: batallas navales.

Aunque hoy la encontremos completamente vacía, la *naumachia* es una de las estructuras más impresionantes construidas por los romanos. No tanto por su complejidad, al fin y al cabo tiene una forma sencilla, sino por la envergadura de un proyecto semejante. Imagina la excavación que se ha tenido que realizar aquí para conseguir la profundidad suficiente para que puedan maniobrar los barcos. Esto nos demuestra cuál es la herramienta más potente de cualquier construcción romana: la fuerza bruta de los esclavos. Por supuesto, en cualquier proyecto arquitectónico siempre está el *architectus*, que supervisa y calcula que todo salga según lo previsto, y los operarios y artesanos altamente especializados, que llevan a cabo el desarrollo de la obra; pero, sin cientos o miles de esclavos, un proyecto como este es imposible. Son ellos los que han proporcionado la fuerza necesaria y, en ocasiones, se han dejado también la vida, para que Roma disfrute de este increíble espacio. Detrás de toda construcción están ellos, además de mucha más gente pobre, mujeres y niños incluidos, que colaboran en lo que pueden, limpiando, alimentando a los trabajadores o acarreando materiales de un sitio a otro. Ellos, los olvidados de Roma, también deben ser recordados.

Y todo para construir el espacio en el que se celebran los espectáculos más impresionantes y costosos que se pueden ver en esta época. Son tan caros que se llevan a cabo en contadísimas ocasiones. Aun así, este no fue el primer edificio de semejantes características que se construyó en Roma. El más antiguo fue la Codeta Minor, una laguna circular no demasiado grande que Julio César mandó excavar en el Campo de Marte en el año 46 a. C. con motivo de la celebración de su cuádruple triunfo. En ella se llevaron a cabo exhibiciones navales de la flota romana, pero solo tres años después tuvo que ser rellenada porque el agua estancada era causa de insalubridad y enfermedades.

Tiempo después, el emperador Augusto mandó crear un nuevo espacio de espectáculos navales de enormes dimensiones (unos 353 × 250 metros) al otro lado del Tíber, el Transtiberim, cerca de la colina del Ianiculum. Se emprendió su construcción en el año 2 a. C., en el marco de las celebraciones con ocasión de la inauguración del templo de Marte Vengador, un edificio que Augusto había prometido hacía cuarenta años. La edificación para las *naumachiae* se abastecía con el agua del Aqua Alsietina, un acueducto construido especialmente para este fin. Contaba con una isla central llamada *nesidion* y un puente que la conectaba a tierra, así como un canal abierto al Tíber para que pu-

Recreación de la *naumachia* de Augusto. Reproducción restaurada digitalmente a partir de un original del siglo XIX.

dieran entrar los barcos de combate y un bosquecillo, el Nemus Caesarum, dedicado a Cayo y Lucio, nietos e hijos adoptivos de Augusto. En el espectáculo de inauguración participaron 3000 hombres en *birremes* y *trirremes*, barcos con dos y tres hombres por cada remo que representaron un combate entre persas y atenienses.

Hasta la construcción de la de Domiciano, esa era la única *naumachia* con la que contaba la ciudad, e incluso el mundo entero, por ser algo tan especial y único. Otros emperadores, sin embargo, la usaron hasta el momento actual. Tiberio la restauró tras un incendio, también Nerón la aprovechó y lo mismo hizo Tito en tiempos más recientes. Este último ofreció en la *naumachia* de Augusto algo inaudito. Antes de la inauguración del Coliseo, cubrió la superficie del lago con madera y obsequió al pueblo con unos juegos que consistieron en cacerías y combates de gladiadores durante el primer día; carreras de carros el segundo, mientras que el tercero se celebró una batalla naval. En ella, se representó el intento de invasión de Siracusa por parte de los atenienses, un episodio que sucedió realmente en el año 414 a. C. De todas maneras, a diferencia de la historia real, en esta representación romana los atenienses sí lograron conquistar la isla central que simbolizaba la ciudad siciliana.

Otros emperadores prefirieron aprovechar los lagos naturales para celebrar estos espectáculos. Fue el caso de Claudio, que reunió en el lago Fucino a 19 000 hombres para que lucharan entre ellos. ¿Te imaginas a tal cantidad de personas embistiéndose con los mascarones de proa, los *rostra*, de los barcos y lanzándose al abordaje? La visión debe de ser épica, aunque solo para el público y no para los combatientes. Todos ellos, llamados *naumachiarii*, son siempre condenados a muerte que, en lugar de ser ejecutados en el anfiteatro *ad bestias* o *ad ludos*, se ven obligados a participar en el combate naval. Otro de los motivos de que este tipo de espectáculos se realicen en contadísimas ocasiones es precisamente el elevado número de reos con los que hay que contar para poder llevarlos a cabo.

En el caso de la *naumachia* de Claudio, en la batalla se representaba un enfrentamiento entre sicilianos y rodios. Allí tuvo lugar, o eso cuentan, la famosa anécdota que dará origen a uno de los bulos más extendidos en el siglo XX sobre los gladiadores. Los condenados a muerte miraron a Claudio y gritaron al unísono: *Ave, imperator, morituri te salutant!* (¡Ave, emperador, los que van a morir te saludan!). A lo que Claudio respondió con un irónico: «O no (¡ya lo veremos!)», que fue interpretado por los condenados como el perdón de sus vidas y se negaron a luchar. Aun así, me intriga cómo pudieron oír los condenados la respuesta de Claudio que estaría en un palco. Ya se sabe que estas historias siempre se adornan mucho. Lo importante es que la famosa frase nunca ha sido ni será pronunciada por un gladiador. Ni siquiera es, como has podido comprobar, parte de los espectáculos del anfiteatro. Solo la pronunciaron una vez, que sepamos, unos condenados a muerte. Lógicamente, ellos sí iban a morir.

Y ahora que hemos mencionado a los gladiadores y los anfiteatros, imagino que te viene a la mente esa imagen de película del Coliseo inundado para realizar batallas navales. Puede que hasta hayas visto la que aparece en *Gladiator II*. Te puedo confirmar que algo así sería imposible como ya pudimos comprobar, debido a la existencia de las estructuras subterráneas bajo la arena. Sin embargo, por lo que he podido averiguar, el Anfiteatro Nuevo sí se ha llenado de agua en varias ocasiones, concretamente, aprovechando las obras de construcción de los subterráneos. El emperador Tito fue el primero en hacerlo para escenificar una batalla entre córciros y corintios, aunque con barcos de pequeño tamaño y pocos combatientes. Al fin y al cabo, ya era una novedad en sí misma realizar un espectáculo naval en un anfiteatro. Nunca se había hecho hasta ese momento y nunca se volverá a hacer después del reinado de Domiciano. También, aunque no parezca tan espectacular, me han dicho que se pudo ver un desfile de animales con caballos, toros y algunos otros que habían sido entrenados para nadar.

Durante los años del reinado de Domiciano se han podido ver varias batallas navales, algo nada frecuente cuando otros estuvieron en el poder. El resto de los emperadores no podían hacer este tipo de representaciones anualmente y fueron escasas a lo largo de sus gobiernos. La *naumachia* de Augusto, por su falta de uso y mantenimiento, fue abandonada. Domiciano ofreció, como su hermano Tito, una pequeña batalla naval más en el anfiteatro, por última vez en su historia, y mandó construir la estructura en la que nos encontramos. El interés del emperador por complacer a su pueblo ha hecho que los romanos de este tiempo sean los que más *naumachiae* han presenciado y presenciarán en toda la historia romana. Por suerte, el bienestar económico del Imperio lo permite. Incluso en una ocasión comenzó a diluviar y Domiciano, fiel a su compromiso con los romanos, se mantuvo en las gradas mojándose como todos los demás hasta que terminó la batalla.

Aprovecha para mirarla bien ahora, aunque no hayamos asistido al espectáculo; dentro de poco será desmontada, y el emperador Trajano ordenará que sus sillares sirvan para culminar la construcción del Circo Máximo. Aun así, él mismo ordenará edificar otra *naumachia* todavía más grande en esa misma zona que será, desde su inauguración el 11 de noviembre del año 109, la única que tendrá la ciudad de Roma.

Y ahora volvamos mientras el sol todavía está alto. No quiero que el atardecer nos coja fuera de la ciudad. No es especialmente peligroso, pero nunca se sabe lo que uno se puede encontrar. Según caminamos de vuelta, el cortejo fúnebre de Flavius Scorpus, acompañado por numerosos seguidores de la *factio prasina*, atraviesa el Pons Neronianus para dirigirse hacia el recinto funerario que ha costeado el equipo. Allí incinerarán su cuerpo, sus seguidores lanzaran ofrendas al fuego y se conservará su memoria. ¡Que la tierra le sea leve!

MENS SANA
IN CORPORE SANO

Ante diem XVI Kalendas Domitianas
(17 de septiembre)

DEPORTES GRIEGOS, JUEGOS ROMANOS

Hora tertia

Cada vez nos queda menos tiempo para seguir descubriendo el ocio y los espectáculos de la antigua Roma; creo que hoy podremos aprovechar el día al máximo después de la jornada relajada de ayer. Además, tengo guardada una sorpresa para el final del día. Hoy viviremos dos nuevas experiencias que forman parte de los *ludi* de los romanos: los deportes atléticos y el teatro. Es curioso que, en la Antigüedad, estos dos elementos tan diferentes puedan ser clasificados dentro de una misma categoría y, sin embargo, es así.

Como puedes ver en el calendario, hoy es un día especialmente sagrado. Antes de comenzar las carreras en el Circo Máximo, a las que les quedan tres jornadas, se realiza una ofrenda al divino Augusto en su templo del Velabrum. Tal día como hoy en el año 14 fue decretada su divinización tras su muerte un mes antes, el 19 de agosto. Mientras toda la ciudad está en los rituales y en las carreras, nosotros saldremos hacia el Campo de Marte, donde los deportistas griegos entrenan para las próximas competiciones. Reconozco que me gustaría asistir a las celebraciones sagradas en honor del divino Augusto, pero ya habrá otras oportunidades. Ahora estamos aquí para conocer los espectáculos.

Los romanos tienen con los deportes atléticos griegos una doble moral que resulta interesante. Les gusta ver las competiciones, especialmente cuando un emperador amante del mundo griego como Augusto o Domiciano está en el poder. Pero si les preguntas sobre si participarían ellos mismos te dirán que es algo que les resulta ajeno. A diferencia de muchos romanos de clase baja, que son capaces de perder su libertad por combatir como gladiadores, los deportes del estadio tienen un componente extranjero que les provoca cierto rechazo. Aun así, hay romanos que entrenan en las palestras al aire libre que se encuentran en las termas públicas de Roma. No para competir, sino por el mero placer de mantener el cuerpo en forma. No en vano las termas de Agripa y las de Nerón están situadas justo al lado del estadio, y ese sí es uno de los pasatiempos más importantes para los romanos. Quienes se lo pueden permitir, se bañan en las termas privadas de sus casas o pagan por bañarse en termas sofisticadas. El resto puede hacerlo de forma gratuita en las grandes termas públicas que, además de ser lugares de esparcimiento, cumplen la fundamental misión de mantener a toda la población en unos niveles aceptables de higiene.

Como te digo, Domiciano ha potenciado mucho los deportes griegos hasta tal punto que, hace unos años, mandó construir el primer estadio permanente de la ciudad de Roma. Atravesando primero el Foro Boario y después el Circo Flaminio hemos llegado bastante rápido. Fue erigido hace solo diez años en la misma zona en que Augusto hace un siglo —y antes que él César— edificaron otras estructuras del mismo tipo, pero construidas en madera, que llevaban en ruinas desde hacía décadas.

Su fachada está levantada con bloques de travertino y recuerda mucho a la del Coliseo, lo cual es lógico, pues son casi coetáneos y seguramente han sido obra de los mismos constructores. Cuenta con dos niveles de arcos decorados con semicolumnas jónicas y corintias. En el nivel superior, al igual que en el anfiteatro, cada arco alberga una estatua, y la más famosa de todas ellas es la que tienes delante. Representa al héroe griego Menelao cargando el cuerpo muerto de Patroclo, aunque desde la Edad Media, mutilada y bastante desmejorada, se la conocerá con el nombre de *Il Pasquino* y todos los romanos colocarán junto a ella notas de denuncia satírica contra personajes públicos del momento.

Si entramos al interior de su pórtico, podemos ver que hay *tabernae* dedicadas a todo tipo de productos, aunque la mayoría todavía están cerradas con grandes tablones de madera que permiten asegurar sus portalones. Entre ellas se sitúan las escaleras para poder subir al graderío. Toda la estructura interna, como la del Circo Máximo, está hecha de *opus latericium* y *caementicium*, ladrillo y hormigón. Sin embargo, las caras externas son de travertino y mármol. Al salir por uno de los *vomitoria*, nos encontramos en una grada que hoy está completamente vacía pero que puede albergar a unas 30 000 personas. Su estructura mide 275 metros de largo por 106 de ancho. Podríamos estar en un circo, pero hay algo que se echa en falta para identificarlo como tal: efectivamente, no tiene espina central. La arena es un gran espacio abierto pensado para las carreras de atletismo y no para las de carros. Tal vez ya lo sepas, pero este lugar se convertirá dentro de muchos siglos en la Piazza Navona. Aunque las estructuras del estadio quedarán a varios metros de profundidad bajo la plaza, conservará perfectamente su forma.

Este estadio fue inaugurado hace ya diez años, en el marco de los nuevos juegos deportivos de Domiciano, los *agoni Capitolini.* Del mismo modo que existen los Juegos Olímpicos, los Píticos, los Ístmicos o los Nemeos, el emperador ha querido de esta manera realizar un certamen deportivo puramente romano. Y al igual que los de Olimpia están dedicados a Zeus, los juegos atléticos de Roma lo están a Júpiter Capitolino, en conmemoración de la más reciente y magnífica restauración de su gran templo. También tienen lugar cada cuatro años, aunque su ciclo no coincide con los Olímpicos. Los próximos juegos de Olimpia son el año que viene y los de Roma un año después.

Pero estos no son los primeros juegos atléticos que se celebran en Roma. Ya en el año 217 a. C., Cayo Aulo Póstumo exhibió por primera vez en la Urbs una demostración de deportes griegos, aunque no fue hasta el 186 a. C. cuando Marco Fulvio Nobilior los estableció de forma reglada como competición, con atletas traídos directamente de Grecia. Desde ese momento los campeonatos atléticos se siguieron sucediendo, aunque de forma esporádica, hasta el final de la República.

Fue Augusto quien reavivó el interés popular por este tipo de juegos, en especial a través de la construcción, en el año 28 a. C., del estadio de madera del Campo de Marte. En él se celebró la salvación de todos los ciudadanos tras su proclamación como *princeps*, la festividad de las Augustalia, en el año 19 a. C., y el inicio de su mandato como *pontifex maximus*, en el 12 a. C. Fuera de Roma, la conocida pasión que el emperador sentía por el mundo griego propició que se celebraran diversos juegos atléticos en su honor en varias ciudades. En el año 29 a. C. se instituyeron los Actia, en la ciudad de Nikopolis, fundada en el lugar de la victoria de Actium en el año 31 a. C. contra la flota de Cleopatra y Marco Antonio. También en el año 2 a. C. la ciudad de Neapolis estableció los Sebasta, literalmente los juegos de Augusto.

Más adelante, el emperador Nerón, que sentía asimismo especial debilidad por el mundo griego, instituyó los primeros juegos atléticos pensados para ser celebrados de forma periódica. Los Neronia tuvieron lugar en el año 60 y de nuevo en el 64 y contaron con la participación del emperador. No en las disciplinas atléticas, pero sí en el concurso musical que completaba el programa de los juegos junto con las carreras de carros. Los jueces le entregaron de manera unánime la victoria en el concurso de oratoria latina y poesía en verso. No sabemos si lo hicieron solo por compromiso y obligación. Por otro lado, las competiciones atléticas se celebraron en los Saepta, la explanada de las votaciones, donde las vestales fueron invitadas a asistir, algo singular, puesto que ninguna mujer podía hacerlo en ese momento, al competir los deportistas desnudos. A todos los vencedores se les concedió la ciudadanía romana como muestra del orgullo por su victoria. Sin embargo, tras el suicidio del emperador, los juegos de Nerón cayeron en el olvido.

Por esa razón los nuevos juegos atléticos de Domiciano son tan importantes. Aunque hay quienes los reprueban como inmorales y sin sentido, el pueblo no hace mucho caso de estas críticas; al fin y al cabo proceden de los mismos que censuran y desprecian los espectáculos gladiatorios y circenses. Los Juegos Capitolinos están dedicados a los dioses y, por tanto, son tan sagrados como cualquier otro ritual religioso.

El emperador Domiciano ha presidido ya en tres ocasiones este tipo de certámenes, que incluyen competiciones atléticas, ecuestres y musicales, celebradas en el estadio, el Circo Máximo y el *odeum* u odeón. Las pruebas atléticas son las mismas que se realizan en otros juegos griegos. Mira, algunos atletas están comenzando sus entrenamientos. Un grupo trae todo lo necesario para la competición de pentatlón, la más completa, que exige una gran fortaleza física. Se compone de cinco pruebas. La primera de ellas es el salto de longitud, que se realiza con unos pequeños pesos en las manos, conocidos como *halteres*, que permiten tomar mayor impulso. La siguiente prueba es el lanzamiento de jabalina que, como ves, se ejecuta con la ayuda de una tira de cuero, el *amentum*, que aumenta el rango de alcance de la misma. En algunas pruebas se busca la distancia, como en la disciplina moderna, y en otras la precisión contra un objetivo, algo muy valioso en la guerra. Después llega el lanzamiento de los discos de bronce dorado que puedes ver apilados junto a los atletas, quizá una de las pruebas más conocidas y reproducidas en las estatuas. Continúa el pentatlón con la carrera, equiparable a nuestros 100 metros lisos. Se conoce como *stadion* y, en realidad, son cerca de 180 metros en línea recta. Finalmente, la competición se cierra con la lucha, en la que la espalda del oponente debe tocar la arena.

Además del pentatlón, en el estadio también se llevan a cabo otras competiciones, especialmente el *diaulos*, una carrera de ida y vuelta en línea recta por el estadio; el *dolichos*, una carrera de resistencia de unos cinco kilómetros; y el siempre vistoso *hoplitodromos*, la carrera del guerrero, en la que se recorre dos veces la distancia del estadio cargando con la panoplia militar completa. ¿Ves que hay mujeres en la arena? A diferencia de los Juegos Olímpicos, Domiciano ha permitido competir en las carreras a jóvenes no casadas, algo que también se hace en el resto de los juegos griegos. Por otro lado, todos los participantes llevan un pequeño paño a la cintura, que no les resta capacidad de movimiento pero oculta sus genitales, de tal modo que las mujeres pueden competir y asistir como público en las gradas.

Finalmente, las competiciones se completan con dos tipos más de lucha. Por una parte, el boxeo, muy similar al de nuestro tiempo, incluso con los «guantes» de cuero acolchados, *caestus*, que cubren los nudillos. Por la otra, el pancracio, la lucha que están practicando ahora mismo dos hombres en la arena. Se trata de la disciplina más dura, que combina técnicas de boxeo y lucha con otros tantos golpes y agarres. Menos morder y sacar los ojos, casi cualquier movimiento es válido para someter al oponente. Es un combate sin armas verdaderamente salvaje. Y es que, a fin de cuentas, en eso consiste el *agon*, la competición: la victoria frente el adversario.

A los vencedores el emperador en persona les impone una corona de roble y se les otorgan premios en metálico, que con Domiciano son muy superiores a los de otros torneos similares. Aun así, no son suficientes como para atraer a los romanos hacia las competiciones atléticas. Ninguno de los hombres y mujeres que siguen entrenando en la arena son romanos. Estos últimos solo participan en las carreras de carros y, por supuesto, en los certámenes musicales, para los que Domiciano ha hecho construir un teatro aquí al lado. Salgamos a comer algo y a la vuelta te lo enseño.

Estatua de bronce que representa a un púgil sentado, recuperándose tras un combate. Lleva puestos los *caestus*, que rodean sus nudillos dejando libres los dedos, ajustados al antebrazo con tiras de cuero; su rostro muestra heridas y antiguas cicatrices. Tal vez se trate de un original del siglo IV a. C. o de una obra helenística. Fue hallado en el siglo XIX y formaba parte de la decoración de las Termas de Constantino. Museos Nacionales Romanos, Roma.

ACTORES ENTRE BAMBALINAS

Hora septima

Justo al lado de la fachada recta del estadio, Domiciano ordenó también la construcción de este teatro de cien metros de largo. Aunque hay otros mucho más grandes, como luego veremos, este tiene una particularidad que lo hace muy especial y espectacular. Se trata de un *odeum*, también conocido como *theatrum tectum* o teatro techado. En efecto, su *cavea* está completamente cubierta gracias a un gran entramado de madera, como comprobaremos cuando podamos entrar.

En este edificio se desarrollan las competiciones musicales de los *agoni Capitolini*, que incluyen exhibiciones de *cythara* acompañada también con canto coral, declamación de poesía y oratoria, tanto en latín como en griego, con temáticas que van de lo mitológico a la pura alabanza a Júpiter Capitolino y al emperador. Se completa el certamen con una sección de poesía improvisada que permite lucirse a quienes poseen las mentes más rápidas y mejor entrenadas. En la última edición hubo un participante que despertó el aplauso de todos por su habilidad, pero especialmente por su juventud. Se trata de Quinto Sulpicio Máximo, que con solo once años se enfrentó a otros cincuenta y dos poetas declamando en griego un improvisado epigrama de tema mitológico.

Por suerte, dentro de un rato podremos entrar. De forma excepcional, el poeta Estacio recitará alguna de sus silvas y vamos a presenciarlo. Mientras se acerca el momento, tomaremos la calle que tenemos enfrente para llegar al vecino teatro de Pompeyo. Se trata, de hecho, del más grande de la ciudad y también del más antiguo construido en Roma. Por supuesto, hay muchos teatros griegos levantados siglos an-

Recreación 3D de la zona del Campo de Marte en época de Domiciano. En primer plano, el teatro de Pompeyo, su pórtico y la zona de templos de Largo Argentina. Detrás, el odeón y el estadio de Domiciano. Al fondo a la izquierda se puede ver el espacio del Trigarium y el Terentum.

tes que este, pero eso no quiere decir que el teatro como género no tuviera importancia en Roma antes del siglo I a. C. Justo al contrario, las obras dramáticas más famosas del mundo romano fueron escritas en el siglo II a. C.

Los orígenes del teatro latino se remontan a una época tan antigua que se pierden en la bruma de los tiempos. Aun así, los autores romanos que han tratado el tema nos han dejado clara su evolución desde el siglo IV a. C. Antes de ese momento solo podemos imaginar un sustrato basado en cantos, bailes y narraciones asociadas a los rituales religiosos más antiguos.

En el año 366 a. C., como ya sabes, fueron establecidos de forma anual los *ludi romani* que estamos celebrando estos días. Solo dos años después, a los espectáculos sagrados que ya existían se le añadieron por primera vez los *ludi scaenici* o juegos teatrales. En ellos se desarrollaban rituales en los que bailarines etruscos danzaban para complacer a los dioses y aplacar su ira al son de la música de las flautas. Como todavía no existían en Roma los teatros, este tipo de representaciones sagradas tenían lugar en el Circo Máximo.

Con el paso de los años pasarían a ser escenificadas por nobles romanos portando armas con las que danzaban, algo que todavía en este tiempo se conserva. Existen rituales, como los de los salios, que consisten en procesionar con los escudos sagrados del dios Marte mientras bailan, saltan y danzan por las calles de la ciudad. En los *ludi scaenici*, además, los bailes iban acompañados de un coro que cantaba *carmina*, o himnos sagrados.

Más adelante empezaron a representarse las primeras *saturae*, una mezcla de diversos elementos como el canto, la danza, la poesía y algunos toques de humor, que evolucionaron en los siguientes siglos hasta convertirse en el género de la sátira que existe ahora. Las *saturae* arcaicas, sin embargo, no tenían un estilo o una temática bien definidos, sino que variaban mucho. Gracias a ellas, en este momento, comenzó a profesionalizarse la labor de los actores que hasta entonces no habían sido considerados de esa manera. Durante el siglo III a. C., cuando la cultura griega empezó a tener contacto profundo con el mundo romano, el género teatral, ampliamente desarrollado en la Grecia clásica, llegó a Roma.

Fue en el año 240 a. C. cuando se representó por primera vez en la ciudad una tragedia griega. Había sido, claro está, traducida previamente al latín por Livio Andrónico, un griego latinizado que se había trasladado a Roma desde Tarento. Además de esta, se encargó de traducir y adaptar otras obras de la literatura griega, en especial la *Odisea* y la *Ilíada*. Piensa que en la Roma de mediados del siglo III a. C. no mucha gente entendía el griego. Y no solo eso, sino que los argumentos también debían ser adaptados para un público totalmente diferente, con una cultura que no era la griega. Es por ello que la figura de Livio Andrónico se considera fundamental, un punto de inflexión que dio origen a la literatura latina y al teatro romano que se desarrollaría en los siglos posteriores.

Comenzaron a construirse los primeros teatros romanos. Pero no de piedra, como el de Domiciano que hemos dejado atrás o el de Pompeyo al que nos dirigimos ahora, sino de madera. Se trataba de estructuras temporales que, con el paso del tiempo, se fueron haciendo semipermanentes. En cualquier caso, en ese momento se consideraba que la piedra debía reservarse para los santuarios y no para los espectáculos, aunque estos estuviesen pensados para el entretenimiento divino.

Lo cierto es que el teatro en el mundo romano es, de igual forma, un ritual sagrado en el que se invita a los dioses a asistir a las representaciones. Del mismo modo que en las carreras de carros, los *ludi scaenici* están dedicados al disfrute de mortales y dioses. Por otro lado, este ocio va mucho más allá del mero entretenimiento, puesto que también permite el desarrollo tanto de la cohesión como de la crítica social y hasta de la propaganda, especialmente desde la llegada del Imperio.

A lo largo del siglo II a. C. se vivió una época dorada para el teatro, con muchos autores que alcanzaron gran éxito como dramaturgos. Los más recordados todavía en esta época, y cuyas obras se siguen representando, son Plauto y Terencio. Del primero solo llegarán al siglo XXI veintiuna obras, y algunas no completas; del segundo nada más que seis. Ahora tenemos muchas otras al alcance de nuestras manos, pero ya sabes que no podemos cambiar el futuro llevándonos nada de esta época con nosotros.

Este es el teatro de Pompeyo. Mide más de 35 metros de alto y casi 160 de diámetro. Sin duda, es el más grande que ha tenido, tiene y tendrá la ciudad de Roma en toda la Antigüedad. Si eso ya lo hace impresionante, hay algo que lo convierte en el más importante de todos: se trata del teatro más antiguo de Roma. Su construcción comenzó en el año 61 a. C. y fue dedicado en el 55 a. C., aunque no se completó definitivamente hasta el 52 a. C. De todos modos, el general Pompeyo tuvo que sortear un problema más. Nunca nadie se había atrevido a construir un teatro de sólida piedra en la ciudad; estaba prohibido hacerlo. Entremos a través de estos arcos y podrás ver cómo se consiguió esquivar esa prohibición.

Ante nosotros, ricamente decorado con columnas, dinteles y estatuas de bronce y mármol de colores, tenemos el frente escénico, de casi cien metros de largo. Sin embargo, lo que más nos interesa ahora está en la parte trasera del hemiciclo. Si nos giramos, además del graderío completo, puedes ver que en la parte más alta de la *cavea* hay una estructura con forma de templo. Es el santuario que Pompeyo mandó erigir en honor de su protectora, la diosa Venus Victrix, en el que también se veneran a Honos, Virtus, Felicitas y Victoria, las personificaciones divinas del honor, la virtud, la felicidad y la victoria. Para poder saltarse la legislación sagrada que prohibía la construcción de teatros de piedra, el astuto general aseguró que lo que estaban levantando era un templo elevado, cercano a los dioses, al que se podía llegar a través de una escalinata semicircular monumental. Que en ella se pudieran sentar los espectadores, y las diosas, a ver espectáculos teatrales era algo completamente secundario. A este primer teatro monumental permanente le siguieron otros, como el llamado de Marcelo en honor del sobrino del emperador Augusto, o el de Balbo, ambos dedicados en el año 13 a. C., o incluso el que Nerón mandó construir en los jardines de Agripina para poder ensayar sus representaciones.

Recreación ideal del interior del teatro de Pompeyo. A la izquierda la escena y a la derecha el santuario dedicado a Venus Victrix. Grabado de Adolf Schill para la obra *Una historia del arte*, de Giulio Carotti (vol. I, 1908).

La *scaenae frons* o frente escénico, aun con el teatro vacío y sin los actores, ya es algo digno de ver. Fíjate en cómo las columnas corintias y compuestas, talladas en mármol, flanquean numerosas estatuas entre las que se pueden distinguir sátiros, las musas y el dios Apolo, Hércules con su hijo Télefo bebé en los brazos y, por supuesto, el propio Pompeyo sobre el dintel de la *valva regia*, la puerta central por la que entran los actores principales. La mayoría de las estatuas son de tamaño superior al natural, pero hay algunas que son descomunales. Por ejemplo, ese Hércules de bronce dorado desnudo y apoyado en su clava que está situado sobre una de las puertas laterales del escenario, las *versurae*. Mide casi cuatro metros y es una de las estatuas que se han colocado recientemente en la restauración integral ordenada por Domiciano. De no ser por ella, el teatro no se conservaría en este estado perfecto ciento cincuenta años después de haber sido construido.

Pero no nos quedemos aquí. Vamos a aprovechar que el teatro está vacío para ver algunos detalles. Si bajamos las escaleras de la *imma cavea* y cruzamos el *balteus*, podemos llegar hasta la *poedria*, la zona más cercana al escenario. Aquí, si te fijas, se sientan los senadores, como en el anfiteatro, y lo hacen en *sellae curules*, sillas de tijera hechas de madera y cuero, y no sobre el frío mármol. En el centro está el espacio de honor reservado para el emperador. Desde aquí, para llegar al escena-

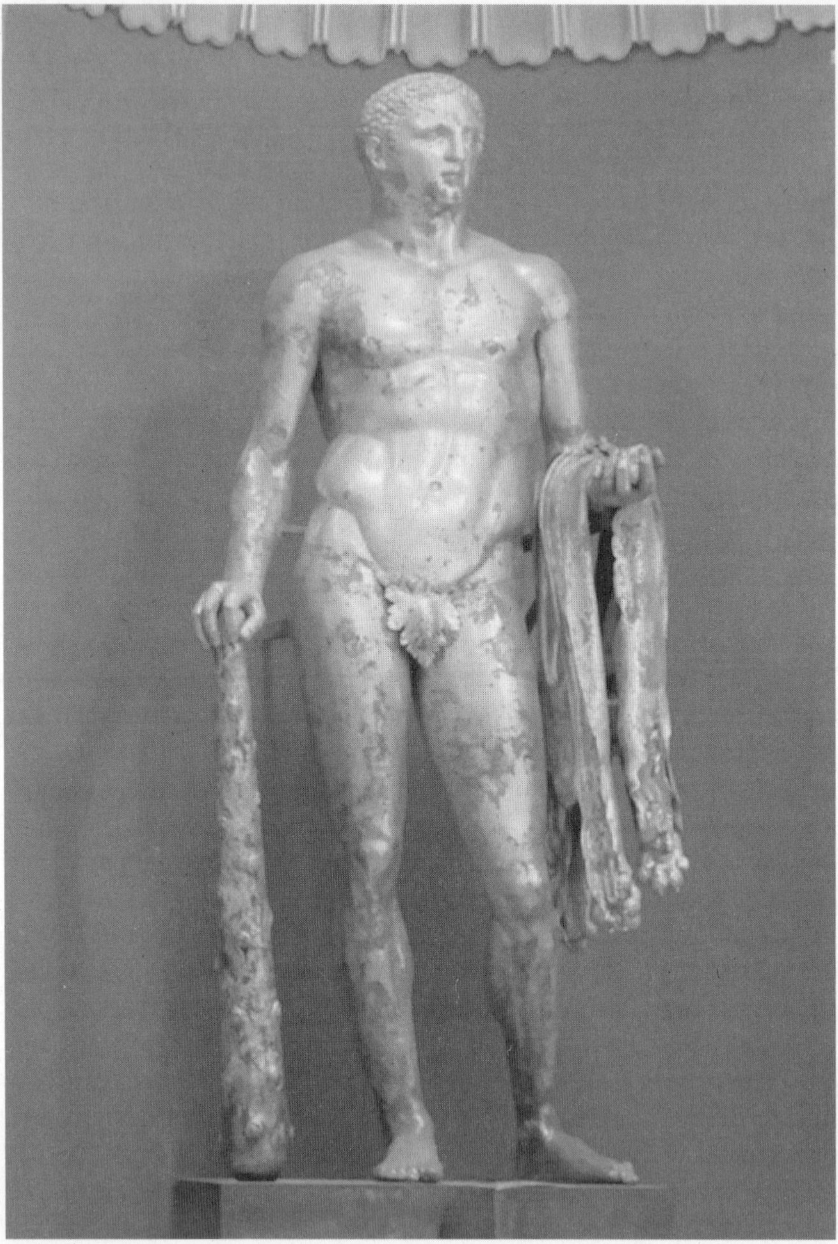

Estatua colosal de bronce dorado que representa a Hércules, conocida como Hércules Mastai. Mide 3,83 metros de altura y es la mayor estatua de bronce de la Antigüedad que ha llegado a nuestros días. Fue hallada en 1864 en las inmediaciones de la plaza Campo de' Fiori de Roma, antiguo emplazamiento del teatro de Pompeyo. Museos Vaticanos, Ciudad del Vaticano.

rio, tenemos que pasar por esta zona semicircular pavimentada con piezas de mármol de diversos colores que crean motivos geométricos; se trata de la *orchestra*, el espacio para el coro. Finalmente, subiendo los escalones que hay en este podio conocido como *pulpitum*, llegamos hasta el *proscenium*, el escenario. Ten cuidado, no vayas a tropezarte con los tablones sueltos del suelo. Debajo de ellos se esconde el telón que, en los teatros romanos, no baja sino que sube desde la parte inferior del escenario cuando terminan los diferentes actos de las obras y es necesario hacer algún cambio en la decoración.

Si atravesamos el frente escénico por una de sus puertas, a las laterales se las conoce como *valvae hospitales* y son usadas por los personajes secundarios. Aquí, detrás del escenario, es donde los actores, denominados en latín *histriones*, se preparan para las representaciones. De hecho, aquí tienes a unos cuantos que están a punto de comenzar un ensayo. Poseen un vestuario muy variado, cuyo uso dependerá del tipo de obra que vayan a representar.

En el teatro más clásico existen varios tipos de *fabulae*. Por un lado, debemos diferenciar las comedias de las tragedias y, por otro, aquellas que tienen temática, personajes y escenarios griegos de las que se ambientan en situaciones romanas. Las comedias de temática griega se conocen como *fabulae palliatae*; en ellas siempre verás a los personajes masculinos vestidos con el *pallium* y a los femeninos con la *palla*, los mantos típicos del mundo griego. Por el contrario, en las *fabulae togatae*, las comedias a la romana, los personajes irán ataviados con túnica y toga.

En el caso de las tragedias, las griegas se denominan *fabulae cothurnatae* y en ellas lo más característico son los *cothurni*, las botas de suela gruesa que llevan los personajes para parecer más altos. Finalmente, las *fabulae praetextae* son las tragedias romanas, en las que los actores portan la toga *praetexta*, que se puede distinguir por su banda púrpura y por ser propia de los magistrados. Es curioso que puedan utilizar en el escenario este tipo de ropajes pertenecientes a personajes de alto rango, puesto que los *histriones* son considerados *infames*, al mismo nivel que gladiadores o cazadores. No está muy bien visto ser actor en el mundo romano y, sin embargo, el público disfruta de las representaciones, que superan en número a los días de carreras de carros en el circo. Además, las tragedias romanas tienen un importante contenido moralizante y cumplen una función social. Hacen que los romanos saquen su lado más resiliente: un pueblo unido ante la adversidad. Seguramente por eso todavía se han escrito algunas en los últimos años. La más reciente se llama *Octavia* y cuenta en cinco actos el divorcio y la desgracia de Claudia Octavia, la primera esposa del emperador Nerón.

Todas las obras se han ido adecuando a los tiempos que corren. Es natural que se actualicen las tramas y los temas y, aun así, estas formas de teatro tradicionales ya están empezando a perder adeptos en favor de otras más modernas. No es lo mismo ver una *fabula palliata* de Terencio o Plauto en su estreno que las versiones que se representan ahora. En el caso de las obras de tema griego, adaptarlas es incluso más importante, puesto que, a pesar de su ambientación helénica, tanto los personajes como las situaciones deben ser bien reconocibles por los romanos. Mientras que las tragedias se desarrollan por lo general en un ambiente de alta clase social, las comedias hablan de lo más cotidiano, la vida de la gente corriente. Por eso sus personajes siempre son los mismos: el viejo verde, el adolescente, la mujer adúltera, el marido tonto o el soldado fanfarrón. Precisamente este último, el *miles gloriosus*, es el protagonista de una de las obras más celebradas de Plauto, del mismo nombre, en la que un soldado aparentemente arrogante, pero en el fondo cobarde y bobalicón, es humillado, una forma de criticar en tono satírico defectos humanos como la vanidad o el orgullo.

Sin embargo, ya desde el siglo pasado comenzaron a adquirir importancia otros géneros diferentes que, en los últimos años, han ganado tanta popularidad como para desbancar al teatro clásico tradicional. Las *fabulae cantatae* eran las favoritas del emperador Nerón. Podríamos compararlas con la ópera moderna, salvando las distancias, puesto que la trama, normalmente legendaria y mitológica, es cantada por los actores y acompañada de música. También son populares las *fabulae saltatae*, obras en las que predomina la danza coreografiada para contar sus historias, o las *fabulae atellanae*, piezas satíricas populares con un alto grado de improvisación y unos personajes bien definidos: Maccus, el tonto; Pappus, el viejo chocho; Buccus, el charlatán; y Dossenus, el jorobado astuto.

Pero si hay un género que domina, sin lugar a dudas, la escena teatral actual es la pantomima. Se trata de obras que tienen un único actor, el *pantomimus*, que interpreta todos los personajes de la trama sin pronunciar una sola palabra y con la música como único acompañamiento. Por eso, en este tipo de representaciones, una expresión corporal muy depurada es crucial para la comprensión de la historia. Es

Escultura de un actor en el papel de Padre Sileno (*Papposilenus*). La figura, plasmada en el momento de declamar, lleva la máscara teatral propia del personaje, bajo la cual puede verse la boca del actor. Fue hallada entre los restos de una villa romana de Torre Astura, en la costa del Lacio. Siglo II. Museo Nazionale Romano, Palazzo Massimo alle Terme.

Mosaico de finales del siglo II hallado en el Aventino en el que aparecen bailarinas y músicos que tocan *tibiae*, *crotala* y *scabellii*. Museos Vaticanos, Ciudad del Vaticano.

cierto que los temas que tratan las pantomimas son sobradamente conocidos por el público, que disfruta de leyendas, mitos e historias épicas de antiguos dioses y héroes con trasfondos serios y refinados. Del liberto al emperador, todos se dejan cautivar por la pantomima.

El actor, más allá de la expresividad de su cuerpo y los gestos de sus manos, algo muy valorado también en el arte de la oratoria, cuenta con la ayuda de las diferentes máscaras que se usan en todos los géneros teatrales. En latín se les da el nombre de *personae*, de donde surge directamente nuestra palabra homónima. Proviene del etrusco Phersu, un personaje que llevaba una máscara en espectáculos y contextos lúdicos. Aquí detrás puedes ver que hay unas cuantas preparadas en una mesa. Fíjate en la tremenda expresividad que tienen. Los rasgos están muy exagerados; las bocas son grandes y sirven como caja de resonancia para proyectar más el sonido de la voz. Están hechas de madera pintada con detalles de yeso, cera, corcho y telas, además de las pelucas que llevan todas por encima. La piel pintada de blanco se reserva para representar a las mujeres y los viejos, la rosada para los esclavos y la oscura para los hombres. Hay varias decenas de ellas diferentes, como puedes ver. Algunas con gesto más serio y gruñón y otras burlonas y satíricas. Es una pena que ninguna de ellas se conserve en el siglo XXI;

nos tendremos que conformar con las que se venden como recuerdo a la salida del teatro hechas de cerámica o las que nos muestran las estatuas talladas en el mármol.

Las compañías de actores, como esta que prepara su repertorio para la próxima actuación, se denominan *greges* o *catervae*. Siempre tienen un director que lleva las riendas tanto en lo comercial como en lo artístico. Se le conoce como *actor*, nombre que también se le da al *histrio* —actor— principal, aunque suene un poco enrevesado. También se le suele llamar *dominus gregis*, si quieres diferenciarlo mejor. Estos empresarios del teatro acostumbran a comprar las tramas de las obras directamente a los dramaturgos que las escriben. Ahora hay muchos autores a sueldo de este tipo de grupos, para ahorrar costes, pero en la era dorada del teatro romano se llegaron a pagar 8000 sestercios por obras como *El eunuco*, de Terencio. Es bastante dinero, incluso sin tener en cuenta la inflación. El *dominus gregis* de esta compañía es ese que se está probando una máscara grotesca que representa a un *papposilenus*. Se llama Latinus y es uno de los actores más famosos de esta época. Le apodan «la gloria de la escena» y «el lustre de los juegos». El emperador Domiciano le tiene en alta estima y él está muy orgulloso de ello.

Las compañías también suelen contar con un *choragus*, responsable de la confección de trajes, decorados y coreografías sobre el escenario. Incluso a veces ejerce de *histrio* él mismo; sale a escena para hablar de su trabajo y de sus preocupaciones, entre otras que los actores no le devuelvan los trajes que tanto esfuerzo le ha costado confeccionar. Entre bambalinas trabajan los *machinatores*, que crean los efectos especiales en las obras. Aunque no se les vea, ellos son quienes construyen, mantienen y accionan la maquinaria, *pegmata*, que permite que se produzcan maravillas sobre el escenario: trampillas que hacen aparecer a los personajes, poleas que los hacen volar, escenografías que juegan con la perspectiva y hasta la recreación de manantiales naturales con agua corriente.

Son fundamentales asimismo los músicos, pues sin ellos no se puede concebir un buen espectáculo teatral. Los instrumentos más empleados son las *tibiae*, flautas; la *cythara*, un instrumento de cuerda similar a la lira; la *syrinx* o flauta de pan; el *hydraulis*, que pudimos ver también en el anfiteatro; el *tympanum* o tambor y los *crotala* y el *scabillum*, crótalos metálicos y tejoletas de madera para el pie que ayudan a mantener el ritmo.

Pero no hay duda de que los principales integrantes de las compañías teatrales son los *histriones*. Sin los actores no hay representación. Deben contar con una buena forma física y ser muy vigorosos para poder declamar los textos proyectando su voz hacia el público y, a la vez, moverse por el escenario, correr, dar saltos o cualquier otra cosa que requiera su papel. Tradicionalmente, siempre han sido hombres, que interpretan igualmente papeles femeninos, pero en esta época ya comienzan a verse algunas mujeres actuando en los principales teatros, incluso en papeles protagonistas.

Completan el equipo dos personajes fundamentales sin los cuales las obras no podrían ni dar comienzo ni terminar. El *praeco* anuncia el inicio de la representación y el *cantor* la concluye cantando, para proclamar su final y pedir el aplauso del público.

Los actores ya se han puesto las sandalias, excepto los mimos, que van descalzos, y se colocan ahora las máscaras para comenzar sus ensayos. Es el momento de que nosotros regresemos. Las carreras circenses de hoy ya habrán terminado y parte del público se estará dirigiendo al odeón para disfrutar con las silvas de Estacio.

UNA ALABANZA POÉTICA

Hora octava

Una buena cantidad de gente se apresura a entrar en el odeón de Domiciano para estar ya sentados cuando haga acto de presencia el emperador. Si ya es un honor para muchos romanos presenciar las carreras junto a Domiciano, imagínate lo que es compartir espacio en el teatro cubierto, donde cabe mucha menos gente que en el circo. Aun así, juntar a 7000 personas bajo un mismo techo es un hito nada despreciable. Vamos a darnos prisa o nos quedaremos sin sitio.

El interior del teatro está completamente iluminado por candiles porque la luz que entra por los ventanales superiores es limitada. La estructura está recubierta con mármoles de colores y el frente escénico decorado con decenas de columnas, entre las que destacan las de un mármol conocido por nosotros como *cipollino*, de un color verdoso con sinuosas vetas blancas. Miden diez metros y están coronadas por capiteles corintios de mármol blanco.

Atraviesa la *valva regia* un hombre de unos cincuenta años vestido con su mejor toga. Es el poeta Estacio, a quien ya vimos en la distancia en el anfiteatro. Lleva unos días en Roma, a donde ha llegado desde Neapolis para disfrutar y participar de los espectáculos. Como poeta de corte de Domiciano, ha escrito muchos poemas de alabanza al emperador, sabiendo siempre ser justo y no desmedido en sus elogios. Hoy va a declamar una de las silvas de su cuarto libro, recién publicado. Es una ocasión muy especial puesto que, aunque nadie lo sabe aún, Estacio morirá poco después de regresar de este viaje y dejará inacabada su última obra; un poema épico llamado *Aquileida*, en el que se cuenta la vida del héroe griego Aquiles. Nosotros tenemos a nuestro favor que conocemos la historia y podemos saber de antemano algunas de las cosas que todavía no han ocurrido; así que disfruta, con más motivo si cabe.

Se hace el silencio. El emperador Domiciano ha entrado en el teatro vistiendo una toga púrpura pero al estilo griego. Sobre su cabeza una corona dorada con representaciones de Júpiter, Juno y Minerva. Saluda al público y se sienta en el espacio central. Los músicos comienzan a tocar el acompañamiento que armoniza con el texto de Estacio mientras el poeta declama:

Alaba el festín real de la sidonia Elisa
aquel que al gran Eneas condujo a las tierras laurentinas;
y muestra el banquete de Alcínoo en versos eternos
aquel que fatigó a Ulises, de regreso por los mares infinitos.
Pero yo, a quien el emperador ha concedido el júbilo de la sagrada cena
y me permite por vez primera levantarme de la mesa del señor,
¿con qué lira podría entonar mis votos y con cuál pagar mi gratitud?

Los versos de Estacio resuenan por todo el odeón, que con su alto techo devuelve el sonido de forma envolvente. A fin de cuentas, su principal función es justo la de mejorar la acústica del teatro, pensando en especial en representaciones musicales y poéticas. Tras describir el lujo del palacio imperial, continúa Estacio:

Pero no me importan las comidas,
ni las mesas de maderas mauritanas que descansan sobre columnas de
[marfil índico,
ni los escuadrones de sirvientes disciplinados;
solamente anhelaba contemplar al propio emperador
y su rostro tranquilo, y cómo moderaba su esplendor con majestuosa
[serenidad.
Que los dioses (pues se dice que suelen escuchar a los pobres mortales)
te permitan sobrepasar dos y tres veces la edad de tu padre.
Que envíes entre los astros a las divinidades que designes
y les consagres templos y habites tu palacio.
Que abras muchas veces las puertas de un nuevo año
y saludes a Jano con tus nuevos *lictores*
y repitas las *quinquennalia* el próximo lustro.
El día en que me has concedido el banquete dichoso
con la gloria de tu mesa llegó para mí, tras largos años,
una mañana tal como aquella en que,

al pie de las colinas de la troyana Alba,
cuando cantaba las campañas germanas o las lides de Dacia,
me coronó tu mano con el oro de Palas.

(Estacio, *Silvas* IV, 2)

El público está complacido, Domiciano aún lo está más y lo muestra con la humilde magnanimidad y la moderación que el poeta le atribuye en su composición. El emperador se retira al palacio para celebrar un banquete con sus amigos más cercanos al que también, según parece, asistirá Estacio, por segunda vez, después de la primera invitación en la que ha centrado su poema. Es una cena muy importante la de esta noche. ¡Qué pena que no tengamos acceso al palacio!

No obstante, no debes preocuparte, yo mismo tengo preparado algo para nosotros. Esta noche también tendremos un *convivium* en mi *domus*. Un banquete privado al que he invitado a algunas personas a las que me interesa mucho mantener ocupadas. Así que vamos a emprender la vuelta hacia el Aventino antes de que se nos haga tarde.

LA ÚLTIMA CENA

Hora nona

Debemos darnos prisa. Los esclavos que he alquilado para prepararlo todo ya deben estar a punto de terminar en la *domus*. No podemos hacer esperar a los invitados, que no tardarán mucho en llegar. El *convivium* de esta noche será digno de los dioses. He gastado una suma considerable de denarios para que sea perfecto. La comida ha sido cocinada por un liberto que de niño fue ayudante del famoso experto en gastronomía romana Marco Gavio Apicio.

Para que te hagas a la idea, el menú va a consistir en una buena cantidad de platillos que nos van a ir sirviendo. A ver qué te parece la selección: empezaremos con una ambientación marina en la que, como entrantes, tendremos erizos de mar y una fuente de ostras. Seguiremos con un pastel de ostiones, mejillones negros y blancos, vieiras y ortiguillas de mar. Después, un entrante de tierra: tordo sobre fondo de espárragos. Como platos principales nos prepararán liebre asada con *garum*, pollo cebado rebozado en harina, pastel de ubre de cerda y lomos de jabalí con sus sesos. Todo acompañado de crema, pan del Piceno y regado con dos buenas ánforas de vino. La primera de *mulsum*, vino macerado con miel, para los entrantes. Y la segunda de vino de la Campania, pero no de uno cualquiera, sino de falerno faustiano, la mejor variedad de uno de los vinos más apreciados del mundo.

Espero que los 1000 denarios que me ha costado, más que el resto del menú completo, merezcan la pena. Lo he comprado a un vendedor respetable para asegurarme de que no se trata de un ánfora con un *titulus pictus* falso, pero eso también encarece su precio. La ocasión es muy importante y estoy seguro de que será un buen reclamo para que los invitados no pongan excusas y se ausenten. Deben beber hasta la última gota y por eso he preparado una serie de divertimentos que, entre plato y plato, permitirán a los convidados deleitarse un poco más y reposar mientras se entretienen: algo de música, baile y un joven poeta que recitará versos de la *Eneida*. Ahora que ya hemos llegado a la *domus*, vamos a cambiarnos rápidamente, que pronto aparecerán los comensales.

A los pocos minutos las grandes puertas se abren de nuevo para dar paso a varios hombres que atraviesan las *fauces* para llegar al atrio, en el que esperan ser recibidos. Se trata de Partenio, prefecto del pretorio, acompañado de su liberto Máximo y su amigo Estéfano, ayudante de Domitila, la sobrina del emperador. Tras ellos, viene el senador Nerva junto a dos de sus esclavos. Sabes quienes son, ¿verdad? ¿Recuerdas que los vimos en el anfiteatro el otro día? Ahora que los invitados están siendo conducidos al comedor, deja que te explique algo antes de unirnos a ellos.

No sé si ya sabes lo que está pasando aquí. Lamento haberte metido en algo así, de veras. En los triclinios se están recostando en estos momentos los principales implicados en una conjura contra la vida del emperador Domiciano. No me entiendas mal; aunque pueda parecerlo, esta no es una reunión para afianzar el plan, sino todo lo contrario. Estoy intentando darles a todos una gran noche para evitar el asesinato.

Te dije que esta semana iba a estar salpicada de todo tipo de acontecimientos. Mañana, *ante diem XV Kalendas Domitianas*, el 18 de septiembre del año 96, es el día en el que, según las fuentes históricas, Domiciano será asesinado. ¿Crees que merece morir? ¡No! Tú has visto cómo trata a su pueblo, cómo desprecia a los más ricos y gobierna con mano dura contra la corrupción. De hecho, Estéfano está siendo investigado en estos momentos por malversación de fondos públicos. Partenio, el principal instigador, le ha convencido de que sus problemas se esfumarán si acaba con la vida del emperador. ¿Ves que tiene el brazo izquierdo envuelto en lana y vendas? El otro día ya lo llevaba así. Por lo que sé, la lesión es fingida para poder esconder un puñal con el que asestar el golpe mortal. A Nerva parece que lo han convencido para que participe calmando las aguas tras el atentado a cambio de ser proclamado nuevo emperador de Roma. Aun así, de todos los que están aquí es el único con quien tal vez me equivoque. Es de los pocos senadores que ha apoyado públicamente al emperador.

Llevo toda la semana diciéndote que no debemos interferir, lo sé. Pero aquí estamos. No lo he podido evitar. Domiciano es un gran emperador y no merece ser asesinado. Solo tiene cuarenta y cuatro años, ¿te imaginas la prosperidad y los avances que podrían llegar a Roma si continúa la estela de Augusto y gobierna varias décadas más? Con él como político y administrador económico y con militares eficientes como Trajano controlando las fronteras y poniendo en práctica la política defensiva del emperador. Sería perfecto. Ahora solo queda que todos ellos cenen bien, beban de más y mañana no morirá el emperador de Roma. No me mires así, podría haber sido mucho más drástico si hubiera querido. Solo estoy intentando forzar un poco la historia para que discurra por el cauce correcto.

Venga, no les hagamos esperar más, no queremos que sospechen de nosotros.

EPÍLOGO

Ante diem XV Kalendas Domitianas
(18 de septiembre)

Hora quinta

¿Crees que habrá funcionado? Anoche el *convivium* se alargó hasta la *secunda vigilia*. El ánfora de falerno está vacía. ¿Habremos evitado el asesinato? Según las fuentes clásicas que llegarán hasta el siglo XXI, el asesinato de Domiciano tiene lugar en estos momentos, durante la *hora quinta*. Suetonio cuenta que es así porque, supuestamente, se le había profetizado al emperador que moriría antes del mediodía, que llega con la *hora sexta*. Uno de los conjurados, tal vez el propio Partenio, le da la hora y le engaña, diciendo que ya ha pasado el mediodía para que Domiciano se despreocupe y sea más fácil asesinarlo.

Entonces, el mismo Partenio pide al emperador que atienda unos asuntos importantes en lugar de ir a tomar un baño. Así, al regresar a sus aposentos, Domiciano encuentra a Estéfano, que le espera allí con unos documentos en la mano. Nervioso, se los entrega y comienza a contarle que en ellos están las pruebas de una conjura para asesinarlo. Mientras el emperador lee, él se prepara para sacar de entre las vendas del brazo el puñal que lleva escondido. Estéfano asesta una puñalada a Domiciano, que trata de coger a su vez el puñal que siempre guarda bajo su almohada, solo para descubrir que alguien lo ha robado, posiblemente Partenio.

Tratando de conservar las fuerzas que comienzan a abandonarle, Domiciano se abalanza contra Estéfano. Tras un forcejeo en el suelo, consigue arrebatarle el puñal, con el que hiere de muerte al asesino. Pero la diosa Fortuna no está de su parte. Al ver que algo va mal, entran en la estancia Máximo, liberto de Partenio, seguido de otros conjurados; entre ellos Satur, un *cubicularius* o asistente de cámara; Clodiano, *cornicularius* o asistente administrativo; y un gladiador *thraex* al que han reclutado por si fuera necesaria su fuerza.

El cuerpo sin vida de Domiciano es trasladado a escondidas por quienes todavía le eran leales a una propiedad que el emperador tiene en la Via Latina. Allí, sus restos son incinerados de forma sencilla por Filis, su nodriza. Finalmente, sus cenizas son llevadas al templo de culto de la familia Flavia y mezcladas en la urna de su sobrina Julia, para evitar que nadie las encuentre y las esparza. Mientras todo esto ocurre, el mismo día del asesinato, Nerva es proclamado emperador ante el desconcierto del pueblo y la ira de los pretorianos y del resto del ejército, que terminarán pidiendo la cabeza de los asesinos.

Y, ahora que hablo de ello, no había pensado en que si realmente hemos influido en la historia y el emperador Domiciano no está muerto, estoy convencido de que habrá mucha gente que querrá saber quiénes son las dos personas que anoche cenaron con un nutrido grupo de conjurados. No podemos arriesgarnos, ¡debemos terminar nuestro viaje ya! Voy a prepararlo todo para volver al siglo XXI; al fin y al cabo, cuando lleguemos allí, podremos comprobar si hemos cambiado la historia. Quizá hayamos salvado la memoria de Domiciano, uno de los mejores emperadores que jamás ha tenido el Imperio y, sobre todo, habremos conocido a fondo los espectáculos y el ocio de los romanos.

No son tan sádicos como la cultura popular nos ha hecho creer. Por supuesto, no son en absoluto como nosotros en muchos aspectos, y no pasa nada por ello. Aunque durante una semana nos hayamos integrado entre ellos, nosotros no somos romanos. Por suerte, podemos descubrir sus costumbres, su cultura y su sociedad, pero, al final del día, regresamos a nuestra realidad, que no está aquí. Lo que hemos experimentado es el ideal de vida de la antigua Roma: nobles acomodados asistiendo a espectáculos y a rituales religiosos sin la preocupación de si van a poder comer mañana, después de pasar un día en las carreras o en el anfiteatro viendo luchar a los gladiadores. O, peor aún, ponte en la piel de los gladiadores, los *venatores* y los *agitatores*, de cualquier *infamis* o, simplemente, de un condenado a muerte. Las posibilidades de formar parte del grupo de los olvidados por la historia son muy altas.

Espero que el viaje te haya resultado apasionante; para mí ha sido un placer acompañarte. Confío en que, después de sentirla en primera persona, tu percepción sobre la antigua Roma haya cambiado, aunque sea solo un poco. Domiciano, siguiendo la estela de su padre y de su hermano y el modelo del emperador Augusto, ha convertido Roma en la capital mundial de los espectáculos, el deporte y el ocio, para disfrute del pueblo romano. Gracias a él, se ha completado la construcción del anfiteatro más grande del mundo, famoso para toda la eternidad. Se ha renovado por completo el Circo Máximo, se ha levantado el primer y único estadio de carreras de la Ciudad Eterna y se han restaurado teatros, templos y todo tipo de estructuras que verdaderamente han dejado cubierta de mármol una ciudad antes arruinada por los incendios.

Nunca dejaré de pensar en la suerte que tenemos de poder vivir experiencias como esta. Vamos, date prisa, que oigo alboroto en la calle. ¿Será porque la gente ya sabe del asesinato o porque la conjura ha sido descubierta y vienen a por nosotros desde el palacio imperial? No hay tiempo para averiguarlo. Todo está preparado.

Relájate, deja la mente en blanco. El viaje puede marear un poco…

NOTA HISTÓRICA

Este, además de un viaje en el tiempo, es un libro de divulgación histórica y, como tal, refleja lo que la investigación más actualizada conoce al respecto de los temas tratados. En su elaboración, he recopilado diferentes fuentes que me permitan alcanzar una visión histórica de conjunto a partir de los datos parciales, y en ocasiones escasos, con los que contamos. Las fuentes escritas son fundamentales en este sentido, pero siempre con los matices que una interpretación rigurosa y contrastada debe darles. Los restos arqueológicos, la epigrafía, la iconografía y la numismática son también fuentes principales para llegar a razonamientos argumentados que, de otro modo, serían imposibles. La propia figura del emperador Domiciano, por ejemplo, seguiría siendo maltratada por las fuentes escritas *ad aeternum* si no fuera por los datos que en especial la arqueología y la numismática nos revelan sobre su figura y su reinado.

Elegir este periodo, y en concreto esta semana de septiembre del año 96, ha sido un acierto del destino. En lo que se refiere al ocio y los espectáculos, pocos momentos de la historia romana podrían llegar a ser tan interesantes e inmersivos en ese sentido. Tal vez se podría pensar que el reinado del emperador Cómodo podría ser igual de fructífero, y estoy de acuerdo, pero solo en lo referente a la gladiatura. Durante el gobierno de Domiciano hemos podido explorar de una manera mucho más completa los espectáculos más relevantes de la antigua Roma de una forma global.

Elegir un viaje en el tiempo para centrar el contenido histórico del libro ha sido un planteamiento que, para mí, tiene mucho sentido. Siempre y cuando ese contenido esté basado en una metodología rigurosa y en una investigación contrastada, la narrativa ficcionada es una herramienta fantástica para hacer la lectura más inmersiva. Como has podido ver, sin embargo, este libro no es una novela, ni pretende serlo.

La narrativa tiene un final inesperado (si no conocías la historia), pero en todo momento está al servicio de la divulgación histórica y no al contrario. Espero que su lectura te haya resultado agradable y hayas disfrutado. Yo lo he hecho a la hora de escribirlo y, especialmente, cuando he abordado la investigación previa. Me ha permitido recrear cada uno de los lugares y recopilar toda la información que tenemos sobre ellos para elaborar la imagen más realista posible de lo que sabemos hoy en día. Por suerte, los más de diez años que llevo dedicándome profesionalmente a conocer a fondo la antigua Roma me han permitido construir un mapa virtual de la Ciudad Eterna en mi cabeza. Poder pasear con la imaginación por sus calles largas horas para crear este viaje en el tiempo ha sido algo maravilloso que agradezco y espero haberte transmitido.

Todo el contenido del libro, por tanto, está basado en la investigación rigurosa de cientos de personas que dedican su vida a ello para que podamos descubrir y conocer mejor nuestro propio pasado. Aun así, ahora me gustaría aclarar ciertos puntos que me parece oportuno explicar o ampliar para aportar algo más de información. Esto es especialmente importante en temas sobre los que se pueden albergar ciertas dudas o que siguen siendo objeto de intensos debates académicos que no he considerado conveniente desarrollar en el texto, pero sí que creo pertinente que conozcas. Además, quiero añadir algunos detalles curiosos que me han surgido durante el proceso narrativo, así como aclarar qué elementos son ficcionados; todos y cada uno de ellos, puesto que no son muchos.

LOS PERSONAJES

Los nombres de los personajes que aparecen coinciden siempre con aquellos atestiguados histórica y arqueológicamente. En el caso de cazadores, gladiadores, conductores de carros y tantos otros, he tratado de emplear específicamente los que se corresponden con las categorías en que compiten. Sin embargo, debo confesar que me he inventado algún nombre, pero el motivo es honorable. Tras ellos se esconden algunas de las figuras más importantes de la investigación relacionada con los temas que he tratado. Te animo a descubrirlos.

Un ejemplo sugestivo de personas relevantes para la historia, que tienen en ellos una parte de ficción, es el lanista del Ludus Magnus,

Numerius Festius Ampliatus (p. 36). Está basado en un personaje real, aunque no relacionado con Roma, sino con Pompeya. Un cartel publicitario de un espectáculo gladiatorio con su nombre está documentado en forma de pintada en uno de los muros de la tumba de Aulus Umbricius Scaurus a la salida de la puerta de Herculano (CIL IV, 1182).

También he querido añadir algunos detalles como el del calendario, en el que los meses de septiembre y octubre se mencionan con los nombres que tuvieron en época de Domiciano. Además, en la p. 187 puedes ver que el número 18 está escrito como XIIX. No se trata de un error. Esta forma de escribirlo es tanto o más válida para los romanos que XVIII. El empleo exclusivo de esta última grafía es solo producto de la estandarización moderna de la notación romana. Le ocurre lo mismo a IIII y IV.

LOS ESPACIOS DEL VIAJE

La casa que he comprado en el Aventino (por desgracia, solo en la narrativa) existe realmente. Fue descubierta en 1958 durante los trabajos de construcción del edificio que hoy en día tiene sobre ella. Se encuentra enterrada bajo el largo Arrigo VII, 2, por si la quieres ubicar exactamente dentro del Aventino. Tiene una primera fase edificada hacia el año 40 a. C. que fue destruida en el incendio del 64. Tras esa primera fase, llega el momento en el que yo mismo la compro, añadiendo la decoración descrita en el libro, en IV estilo pompeyano. En una tercera fase, de comienzos del siglo II, la *domus* se vuelve a reestructurar.

Más allá de la casa, la gran mayoría de los espacios de los que hablo son reales. Solo alguno en concreto, como la *caupona* de Fortunatus a la que nos dirigimos en la p. 58, es imaginado. Aun así, esta *caupona* existe de verdad, aunque se encuentra en Pompeya (V, 1, 1), en la intersección entre la vía de Stabia y la vía de la Abundancia. La recreación 3D realizada por mi empresa, 3D Stoa - Patrimonio y Tecnología, muestra una idealización de la *caupona* excavada en 2019 en la Regio V, incluyendo un fresco con dos gladiadores que apareció en un lugar muy cercano excavado solo parcialmente (V, 8).

De otros espacios reales no conocemos todos los detalles, por lo que me he centrado en describir aquello que sabemos a ciencia cierta o, al menos, tenemos hipótesis sólidas al respecto. Algunos elementos, como la ubicación del palco imperial en el Coliseo, son bastante plausibles, aunque no podemos confirmarlos al cien por ciento. De todos modos, hay una pequeña posibilidad de que pudiera estar en el lado norte de la estructura, o que existieran dos palcos principales que fueran usados de manera indistinta.

El caso del *velarium*, que tratamos a partir de la p. 113, es especialmente interesante. No estamos completamente seguros de cómo funcionaba la maquinaria que lo desplegaba. Lo que he descrito está basado en los datos ciertos y las hipótesis más probables. En cualquier caso, podemos descartar algunos planteamientos ya superados como el que asociaba los cipos que se encuentran alrededor de la estructura con los anclajes de las sogas. Si eso fuera así, estas deberían bajar casi 50 metros por delante de la fachada. Como puedes comprobar en la p. 114, en realidad los cipos servían como forma de control de espectadores a la hora de acceder.

TEXTOS Y FUENTES ESCRITAS

Los documentos que menciono a lo largo del libro son referencias reales que, en ciertos casos, he modificado ligeramente. Por ejemplo, la *defixio* de la p. 49 es una interpretación libre de una maldición romana auténtica documentada en una cámara subterránea del anfiteatro de Cartago, donde se encontró en 1896-1897. Por otra parte, el *edictum munerum* pintado en la *caupona* de Fortunatus está basado en uno que fue hallado en Pompeya (CIL IV, 2508). También anuncia juegos gladiatorios, los de Decimus Lucretius, y es Aemilius Celer quien lo pintó a la luz de la luna.

Me gusta imaginar que obras como la de Tito Livio se podrían recuperar si fuésemos capaces de viajar en el tiempo. Por eso, en varios lugares hago hincapié en que he ido a la biblioteca pública a leer ciertos textos. En el caso del pasaje de la obra de Livio al que aludo en la p. 68, aunque el libro correspondiente se ha perdido —junto con otros 106 de los 142 originales—, conservamos resúmenes de unas pocas líneas de cada uno de ellos. Se los conoce como *Periochae*. De ellas se extrae valiosa información, aunque sea mínima, de acontecimientos de periodos de la historia romana de los que no tenemos muchos datos.

Los versos que el poeta Estacio recita al comenzar los juegos del anfiteatro (p. 95) están inspirados en una de sus *Silvas* (I, 6) en la que se alaban unos juegos celebrados entre los años 83 y 93 en honor de Domiciano. El texto original de la silva solo está respetado fielmente en las cuatro últimas líneas. Las demás son una invención propia con la que pretendo acercarme al estilo de lo que podría haberse dicho en un espectáculo de la época.

LA HISTORIA GRABADA EN LAS MONEDAS

Las monedas también son fundamentales para entender la historia de Roma, especialmente piezas singulares como la que muestra el Coliseo en su inauguración (p. 65). Esta moneda (RIC 131) es un sestercio acuñado probablemente entre los años 81 y 82 para conmemorar al divino Tito y la inauguración del Anfiteatro Nuevo. En cuanto a su función, no podemos asegurar que se utilizara como una *tessera* de honor para invitados destacados. Sin embargo, el escaso número de ellas que han llegado a nosotros me permite plantear la hipótesis de que se trate de una emisión de moneda de curso legal pero que también se use como regalo exclusivo del emperador a sus allegados. Existe otra emisión, acuñada en el año 80 por orden de Tito (RIC 184), que es virtualmente idéntica salvo por el hecho de que la inscripción hace referencia a Tito como emperador en vida y no como *divus*.

Respecto a las mal denominadas *spintriae* (fichas de juego eróticas, p. 120), han sido siempre objeto de mucho debate dentro y fuera del ámbito académico. Tradicionalmente se las ha querido ver como monedas para usar en burdeles, conjeturando que en ellos no podía utilizarse la moneda convencional por llevar la efigie del emperador, que no debía quedar mezclada con esos negocios sucios. No obstante, este tipo de teorías hoy en día han sido puestas en tela de juicio y no tienen mucho apoyo. En la actualidad se las considera fichas eróticas de juego o para su uso como identificador de taquillas en las termas. Se conocen relativamente pocos ejemplares, todos ellos de bronce, con diferentes posturas sexuales y con numerales que van del I al XVI. Es interesante remarcar también que, en la Biblioteca Nacional de Francia, se conserva una pequeña *tessera* de marfil en la que también aparece un numeral, el VI. Sin embargo, en este caso el anverso no muestra motivos eróticos sino la fachada del Coliseo, de forma muy similar al de los sestercios antes mencionados. ¿Será esta una de las entradas de lujo a los espectáculos del Coliseo?

SOBRE LOS GLADIADORES

La información sobre los gladiadores es abundante, aunque no toda es verídica. La cultura popular y productos de ficción —como las, ahora dos, películas de la saga *Gladiator* o las novelas— han contribuido en gran medida a crear una imagen poco realista de este espectáculo. Aunque la investigación y la divulgación hacen mucho para cambiar esto (sin dejar de disfrutar de la ficción por muy irreal que sea), todavía hay detalles que se nos escapan.

No tenemos datos concretos sobre cómo eran las apuestas en la gladiatura (pp. 80, 119, 126). Al ser ilegales, es lógico que queden pocas referencias sobre ellas. Aun así, teniendo en cuenta que también existían apuestas en otros espectáculos como las carreras de carros y conocemos el interés romano por esta práctica, es razonable pensar que igualmente las habría en los espectáculos del anfiteatro.

Asimismo se pueden plantear dudas con respecto a la llamada *cena libera* (p. 73). Hay quienes tienden a cuestionar su existencia; se trataría, por tanto, de una idea extraída de algunas citas puntuales sacadas de contexto. Sin embargo, lo cierto es que contamos con autores como Tertuliano, que habla de los cazadores de bestias que toman su última comida antes de los juegos, u otros como Plutarco en sus *Obras morales y de costumbres*, que comenta con claridad que a los gladiadores se les ofrecen comidas de lujo antes de los espectáculos, pero están más interesados en poner en orden sus asuntos personales. Parecen evidencias suficientes para confirmar que, en algunas ocasiones, se celebraban estos banquetes previos a los juegos para sus participantes, aunque tal vez no se hicieran en todos los casos o periodos.

Por otra parte, el término *bestiarius* (p. 100) es complicado de asignar. Algunos investigadores consideran que se trataba de *magistri* o ayudantes de los *venatores*. De todas formas, hay otros que sostienen que podrían ser personajes que luchaban cuerpo a cuerpo con las bestias para intentar reducirlas y domarlas. Yo mismo soy partidario de la primera propuesta, aunque he mostrado en el espectáculo ambos tipos de especialistas.

En cuanto a los propios juegos que aparecen en el libro y a los que asistimos el día 14 de septiembre (p. 75), no hay constancia de que Domiciano ofreciera unos juegos de gladiadores por sus *quindecennalia*, aunque no sería extraño que hubiera sucedido. Los quince años de reinado son un hito muy importante y seguramente se realizaron celebraciones, aunque no podamos concretar demasiado sobre ellas. Quién sabe si, efectivamente, incluyeron un *munus legitimum*.

En lo relativo al contenido de los espectáculos que narro, está extraído de pasajes que sucedieron en varios momentos de la historia romana. Algunos se corresponden con el reinado de Domiciano y otros con periodos cercanos en el tiempo, en especial con el reinado de su hermano Tito. He procurado no alejarme demasiado temporal o espacialmente de este momento para evitar generalizaciones que no se podrían aplicar a esta época.

Tanto el mito de Pasífae como el de Dédalo e Ícaro (pp. 122-124) son mencionados por Marcial en el *Libro de los espectáculos* como parte de las condenas escenificadas durante el periodo de los emperadores Flavios en el Coliseo. Es una fuente de valor inestimable para conocer mejor cómo se desarrollaban los juegos de anfiteatro en este periodo.

Tan solo en algún caso concreto he decidido tomar un ejemplo real pero ocurrido posteriormente. Se trata de la anécdota de los 29 gladiadores sajones que se estrangularon entre ellos (p. 129). Está recogida en una carta de Quinto Aurelio Símaco (II, 46), publicada junto con otras 900 tras su muerte en el año 402. A pesar de haber sucedido tres siglos después, ejemplifica a la perfección las penurias de los condenados a luchar en la arena.

Por lo que respecta a los tipos gladiatorios, están descritos con la mayor precisión posible a partir de las evidencias arqueológicas de armamento real, en particular el hallado en Pompeya, así como en estatuillas, relieves, pinturas, mosaicos y descripciones escritas.

A pesar de que se suelen mencionar algunos tipos gladiatorios más, he preferido no añadirlos en el *libellus munerarius* (p. 138) porque no se corresponden con la época que nos ocupa, o bien porque las evidencias que tenemos de ellos son escasas o muy dudosas.

Al *laquearius*, entre los siglos II y III, se unió también otro tipo modificado a partir del *retiarius*. Se trata del *dimachaerus*. Como indica su nombre griego, es un gladiador que lucha con dos espadas cortas, una en cada mano. Como protección, lleva ambos brazos cubiertos por *manicae* de placas metálicas. Asimismo es destacable el caso del *crupellarius*. *A priori*, es un gladiador armado con una coraza de placas que cubre por completo su cuerpo desde los hombros hasta los muslos. La parte baja de las piernas también la lleva protegida por unas *ocreae*. El yelmo es cilíndrico, con varios agujeros de pequeño tamaño a través de los cuales puede ver. Sobresale en el frente un hueco cónico para la nariz. Lucha con una espada y un escudo de gran tamaño que le protege aún más. El problema que tiene esta tipología es que solo tenemos constancia de ella en el contexto de la Galia y en un momento muy concreto. Tácito (*Anales* III, 43) es el único autor que lo menciona en la revuelta de Sacrovir del año 21. Salvo esta cita, solo se conoce una representación de un *crupellarius*, en concreto una estatuilla de bronce conservada en el Museo Jeanne d'Aboville de La Fère. Todo ello hace totalmente improbable su existencia continuada tanto en el espacio como en el tiempo más allá de este suceso puntual.

He tratado de describir asimismo las cacerías y los combates de la forma más realista posible, apoyándome en las fuentes de que disponemos. Aunque las escritas son realmente escasas, las pinturas y los mosaicos repartidos por todo el Imperio nos aportan información valiosísima en este sentido.

La historia de Habilis y Maternus, los *equites* que se enfrentan en primer lugar en los *munera*, está extraída del mosaico del siglo III conservado en el Museo Arqueológico Nacional de España y procedente de Roma (MAN 3601), cuya ilustración acompaña a lo narrado (p. 155). En él se puede ver el enfrentamiento entre ambos y el uso de la ø como símbolo de la muerte de Maternus. Es probable que el combate no tuviera el final apresurado que yo le he querido dar, pero me ha parecido interesante mostrar el lado más humano de un gladiador que, fuera de la legalidad de estos enfrentamientos, ejecuta prematuramente al otro sin que exista todavía un veredicto.

El combate entre Flamma y Purpureus (p. 168) está ficcionado, pero tiene muchos detalles interesantes que nos permiten imaginar cómo sería una lucha de alto nivel entre dos gladiadores experimentados. El nombre Flamma está atestiguado en época del emperador Adriano y corresponde a un *secutor* que vivió hasta los treinta años, luchó treinta y cuatro veces, venció en veintiuna, empató nueve y fue salvado cuatro (CIL X, 7297). Purpureus fue un *retiarius* que murió en su undécimo enfrentamiento, aunque históricamente hablando, su derrota final sucedió contra un *murmillo*. El desarrollo del combate está basado especialmente en el medallón de terracota de Cavillargues, donde se puede ver el puente de madera y a los dos gladiadores combatiendo. El desenlace está reflejado en un mosaico procedente de Leptis Magna que muestra una gran calidad técnica y la expresividad narrativa que ha inspirado esta historia.

No tenemos constancia de la tipología de gladiadores que fueron Priscus y Verus, pero sus nombres y su combate en los juegos inaugurales del Coliseo son reales. Están recogidos por Marcial en su *Libro de los espectáculos*, epigrama XXXI. Por supuesto, no sabemos lo que ocurrió con ellos tras su liberación, pero me ha parecido sugerente convertirlos a ambos en *doctores* de los cuarteles de gladiadores imperiales (p. 181). Tampoco sabemos si alguna vez volvieron a luchar tras ser liberados, pero me ha servido para ejemplificar esta práctica, de la que sí hay evidencias de que se produjo en varias ocasiones.

En el caso de Atticus (p. 159), un gladiador cuyo nombre nos habla posiblemente de su origen griego, he mencionado a las Moiras, diosas griegas del destino y la muerte, que están muy presentes en la vida de los gladiadores. Atticus, por su origen y cultura, sabe que son ellas quienes se acercan. En el mundo romano las Parcas cumplen la misma función.

LOS GESTOS DEL ANFITEATRO

Este es uno de los temas más complejos de representar tanto por su aspecto eminentemente visual como por la escasez de datos que tenemos al respecto. En ese sentido, el llamado vaso Colchester (p. 165) es una pieza de gran importancia que nos permite ver con detalle el gesto de la rendición de un *retiarius* en un combate contra un *secutor*. El mismo gesto aparece también en la pintura de la *caupona* de Pompeya (V, 8) que he mencionado antes (reproducida en la p. 61) y en el relieve funerario de Nigidio Mayo (p. 158). El vaso Colchester está finamente decorado y fue reutilizado como urna cineraria. Según indica su nombre, fue hallado en Colchester, Inglaterra, en el año 1853. Data del año 175 y representa varias escenas reales de unos juegos que probablemente se celebraran en la ciudad romana de Camulodunum, la actual Colchester.

En cuanto a los gestos de vida y muerte, lo único cierto es que no tenemos certezas. Por supuesto, los del pulgar abajo o arriba a los que aludo son una completa invención fantasiosa de finales del siglo XIX, pero eso no significa que sepamos exactamente cuáles eran los gestos oportunos. Yo he querido incluir en la narrativa las hipótesis más seguidas actualmente. Es evidente que el *pollex*, el pulgar, tiene un papel fundamental en la gestualidad de este importante momento de los *munera*. Por ello se piensa que el pulgar, identificado con una espada, se envaina y desenvaina según el veredicto deseado. Tenemos solo algunas menciones escritas que hablan de *verso*, o *converso*, *pollice* (Juvenal, *Sátiras* III, 34-37; Prudencio, *Contra Símaco* II, 1094-1102) o incluso *infesto pollice* (Antología latina, 415, 27-28), pero no disponemos de ninguna representación segura del gesto ejecutor. En el caso del que se usa para pedir la vida, *premere pollicem* (Plinio el Viejo, *Historia natural* XXVIII, 25), asumimos que el pulgar se aprieta, posiblemente dentro del puño. Esta propuesta es coherente con la idea de envainar la espada, aunque el pulgar también podría estar presionado fuera del puño. Sobre esta cuestión contamos con una posible representación iconográfica en la que aparece el gesto del pulgar apretado. Se trata de nuevo del medallón de Cavillargues, la pieza de terracota reproducida en la p. 172. En ella la figura de la derecha levanta el puño cerrado con el pulgar presionado, posiblemente reproduciendo el gesto que comento.

En este sentido, es posible que no solo el pulgar, sino todo el brazo, tuvieran una gran importancia en el juicio aportado por el *editor*. Hay que pensar que en un anfiteatro con 50 000 personas sería muy difícil llegar a ver con claridad únicamente el movimiento del pulgar. Por ello, el brazo se alza con el puño cerrado para pedir la vida y se dirige al pecho y después se extiende hacia delante y hacia abajo como señal de condena. Una vez más, se trata de propuestas que no podremos confirmar definitivamente hasta que no aparezca alguna pieza arqueológica que nos lo muestre. Gestos como estos eran tan comunes y convencionales para los romanos que ni siquiera se plantearon en muchos casos llegar a documentarlos con detalle. ¿Qué sentido tendría hacerlo a propósito si todo el mundo en su tiempo era capaz de interpretarlo sin problemas?

EN LAS GRADAS

La frase que un espectador grita desde la grada en el combate de Celadus y Atticus (p. 160) aparece en el libro VIII, 74 de los *Epigramas* de Marcial. Se trata de una burla en la que se pone de manifiesto el mal trabajo de un oftalmólogo comparándolo con el golpe en los ojos que Atticus propina a Celadus. Y cuando el padre educa a su hijo en los valores del endurecimiento en contra del dolor y la muerte (p. 175), efectivamente ha leído a Cicerón; el discurso aparece en las *Disputaciones tusculanas* (II, 41) del orador de Arpino.

GLADIADORAS EN LA ARENA

Las fuentes escritas atestiguan la presencia de gladiadoras en la arena, al menos hasta el año 200, cuando Septimio Severo ordenó que se prohibiera, en teoría, su participación en los juegos. Si bien algunas de las menciones son satíricas, evidencian una realidad que, por otro lado, tampoco era muy frecuente. Aun así, sobre todo en el periodo domicianeo parece que fueron relativamente comunes los combates de mujeres, en especial, como recuerda Suetonio (*Vida de Domiciano* IV, 1), bajo la luz de las antorchas al atardecer y hasta la noche. Por el contrario, no parece cierto que las mujeres lucharan contra enanos; un error interpretativo en la traducción ha permitido que, en ocasiones, se haya deducido esto último.

Desde el punto de vista arqueológico también tenemos evidencias firmes de que hubo mujeres que lucharon como gladiadoras. Especialmente importante es la estela de Halicarnaso del Museo Británico (p. 180). Esta pieza es la que ha servido como inspiración para el combate de Achilia contra Pentesilea. Me he permitido modificar el nombre de la segunda gladiadora porque el original en el relieve es Amazona. Me parece interesante cambiar su nombre genérico con el verdadero de la reina amazona que se enfrentó con Aquiles. Ambas terminan el combate en empate. Sus cascos se pueden ver en el suelo, a izquierda y derecha, después de que se los hayan quitado para esperar el veredicto.

Es igualmente relevante la figura del Museo de Artes y Oficios de Hamburgo que aparece en la p. 178. Sobre esta última se han propuesto diversas interpretaciones, entre ellas que se trate de una atleta con un estrígilo, para limpiarse el aceite, o del dios Attis a punto de castrarse. Sin embargo, el *subligaculum* y las *fasciae* que porta en la pierna, así como el arma de la mano izquierda que podemos reconocer como una *sica*, parecen apuntar hacia su interpretación como una gladiadora. Es, sin duda, una pieza rara, pero no podemos negar que hay muchos argumentos a favor de esta deducción. Toda la fisonomía, incluyendo el peinado, el rostro, los pechos, los brazos, las piernas y los glúteos llevan a reconocer en la pieza a una mujer. Aun así, existen representaciones clásicas donde, por juventud o por relación con modelos apolíneos, este tipo de rasgos se podrían aplicar también a una figura masculina más delicada. Pese a ello, en ningún caso se corresponde con la figura de un gladiador, que siempre presenta unos rasgos masculinos muy marcados, de ahí que la hipótesis de la gladiadora cobre fuerza si entendemos que lo que porta en la mano es una espada curva, algo bastante probable, especialmente por las características de la empuñadura.

REGALOS AL PUEBLO DE ROMA

La *plebs frumentaria,* mencionada en la p. 183, era aquella parte de la sociedad romana que no tenía suficientes recursos ni siquiera para poder alimentarse. A ellos se les entregaba el grano, *frumentum*, necesario para subsistir. En ocasiones especiales se realizaban distribuciones de otros alimentos o de dinero.

Domiciano llevó a cabo tres *congiaria* para la *plebs frumentaria* durante su reinado, aunque no sabemos en qué momentos concretos del mismo. En cada uno de ellos se entregaron 300 sestercios (75 denarios) a cada ciudadano. Este gesto, conocido a partir del siglo II más frecuentemente como *liberalitas*, era común entre los emperadores. Otros como Augusto realizaron hasta cinco repartos por un total de 460 denarios por ciudadano. Este tipo de actuaciones fueron después muy criticadas, en el caso de Domiciano, por autores que destruyeron su memoria como Plinio el Joven, que trataba de mostrarlo como un tirano en contraposición a Trajano. Mientras que Domiciano «derrochaba» el dinero, Trajano se lo entregaba a su pueblo con generosidad. El emperador Trajano, de hecho, llevó a cabo varios repartos que llegaron a sumar 650 denarios por ciudadano.

Por otro lado, el reparto de comida a los más pobres (p. 219) se atribuye tradicionalmente al emperador Trajano. Sin embargo, como en otros muchos aspectos, el origen de esa propuesta, denominada *institutio alimentaria*, se retrotrae al tiempo del emperador Domiciano.

CARRERAS EN EL CIRCO

Los nombres de todos los *agitatores* que compiten en las carreras son reales. En las dos últimas he querido emplear los de algunos conductores de carros de interés, aunque no todos pertenecen al periodo. Como

Helenus, que cambió su lealtad de los verdes a los azules antes de morir prematuramente a los trece años y ocho meses en Roma durante la primera mitad del siglo I. Crescens, considerado como el *agitator* más joven que compitió en el Circo Máximo, vivió a comienzos del siglo II y murió a los veintidós años. Scorpus no solo es el segundo *agitator* con más victorias de la historia de Roma, con 2048 (CIL, VI 10052) —solo por detrás de Pompeius Musclosus, con 3559 victorias (CIL VI, 10048)—, sino que también participó en las carreras justo en el momento en el que nos centramos. Marcial le dedicó varios epigramas y se estima que murió hacia el año 95 o 96, siendo este último el año en el que centro el libro. No sabemos si murió en un accidente en la pista, pero parece razonable pensarlo.

Por otra parte, Apuleius es el único personaje ficticio de todos ellos. Se trata solo de una forma de imaginar que un antepasado del famoso Cayo Apuleyo Diocles ya hubiera corrido antes que él. De esta manera he querido introducir al *agitator* más conocido de todos, en especial porque las dos inscripciones que conservamos de él (CIL VI, 10048 y CIL XIV, 288) nos permiten saber que, a diferencia de los anteriores, pudo retirarse y disfrutar de su fortuna. Vivió en la primera mitad del siglo II, justo después de los acontecimientos del libro. Como último detalle, también era originario de Hispania, igual que Scorpus. La inscripción que le dedicaron sus fans nos confirma que nació en la provincia Lusitania, pero no que lo hiciera en Augusta Emerita. Precisamente, el hecho de no nombrar la ciudad nos permite pensar que Diocles naciera en cualquiera de las ciudades de Lusitania salvo en Emerita, puesto que, de haber nacido en la capital de la provincia, es probable que lo hubieran concretado en la inscripción.

Es Pelagonio, un autor de la segunda mitad del siglo IV, quien describe los peores accidentes y heridas que pueden sufrir tanto los *agitatores* como los caballos en las carreras. Desde golpes con el látigo en los ojos hasta las crines de los caballos enredadas en carros de los oponentes. Todo ello en su obra *Arte veterinario*.

La carrera en que el carro sin conductor de los blancos gana (p. 222) también es verídica. Plinio el Viejo, en su *Historia Natural* (VIII, 65), comenta en una ocasión que un carro del equipo blanco ganó la carrera a pesar de que el *agitator* había caído. He decidido introducir este curioso episodio haciendo que el conductor sea Crescens, aunque fue un tal Corax, quien llevaba las riendas en la historia real, que tuvo lugar en época del emperador Claudio.

En cuanto a la estructura de las carreras, todos los elementos descritos son verídicos. La única salvedad es que no está atestiguado que en el Circo Máximo se disputaran carreras en las que la última vuelta se completase corriendo (p. 218). Sin embargo, este tipo de carrera de origen griego llamada *kalpe*, en la que participaban yeguas, fue introducido en los Juegos Olímpicos en el año 496 a. C. Aunque ya en el 444 a. C. dejó de formar parte de las competiciones, de alguna manera siguió existiendo esta tradición, en especial en la zona oriental del Imperio. Así lo manifiesta Pausanias en el siglo II (*Descripción de Grecia* V, 9, 2).

La completa renovación del Circo Máximo por parte de Domiciano está documentada a través de los sellos de los ladrillos empleados en su construcción. Muchos de ellos contienen la datación consular que nos permite asociarlos a los años del reinado de Domiciano. Solo en la zona sudeste se han hallado ladrillos que corresponden ya al reinado de Trajano. Por ello es precisamente este sector el que aparece en obras en el libro.

El arco de Tito es una de las estructuras más importantes del Circo Máximo. No debemos confundirlo con el cercano y más famoso arco dedicado al divino Tito por su hermano Domiciano en la Via Sacra. El del circo contaba con un vano central de gran tamaño y dos laterales más pequeños. Los tres estaban conectados internamente por dos arcos laterales. De él solo quedan algunos fragmentos, pero, gracias a ellos, se ha podido reconstruir su estructura completa. Incluía ocho columnas, cuatro a cada lado, similares a las de los arcos de Septimio Severo o Constantino en la capital, a los que precede en este estilo arquitectónico. Estaría, con toda probabilidad, decorado con paneles figurados. Recientemente se ha barajado la posibilidad de que los llamados relieves de la Cancillería de los Museos Vaticanos formaran parte originalmente de su decoración. Aunque no es una adscripción segura es, cuando menos, interesante.

LA ESTATUA DE SOL, PROTECTOR DE LAS CARRERAS

Es Plinio el Viejo en su *Historia Natural* (XXXIV, 46) quien parece apuntar que el coloso de Sol todavía estaba en el taller de Zenodoro tras la muerte de Nerón. Aun así, el pasaje presenta algunas dudas interpretativas que no han sido resueltas por completo. A pesar de todo, yo he preferido seguir esta propuesta que me parece sugestiva si la sumamos a la idea de que la cabeza fue sustituida, algo que habría sido mucho más sencillo si su construcción aún no hubiera sido completada.

LOS *LVDI SAECVLARES*

Actualmente conservamos de manera fragmentaria las inscripciones de los *ludi saeculares* de Augusto y Septimio Severo, recuperadas muy cerca de la zona del Trigarium y el Tarentum, reutilizadas como material constructivo de aterrazamiento del río Tíber. Por el contrario, no se ha conservado la inscripción de los juegos de Domiciano, seguramente debido al proceso de eliminación de representaciones e inscripciones del emperador, tradicionalmente conocido como *damnatio memoriae*, que pesó sobre él tras su asesinato. No obstante, las similitudes existentes entre los rituales de Augusto y Septimio Severo nos permiten reconstruir su contenido. En este sentido, también la numismática es fundamental. Entre los años 88 y 89 se acuñaron quince series monetales diferentes con una gran calidad técnica que conmemoran los acontecimientos rituales desarrollados durante los tres días (cuyas fechas suponemos iguales a las de Augusto) de celebración sagrada.

No podemos saber por qué Domiciano se adelantó a la fecha exacta de ciento diez años para llevar a cabo los *ludi saeculares*, que deberían coincidir con el año 93. De todas formas, estos rituales tan complejos no eran una ciencia exacta. Es evidente que los argumentos para la celebración temprana fueron sobradamente aceptados. Tácito, en sus *Anales* (XI, 11), no se detiene a comentarlos, puesto que, según confirma, lo ha hecho de manera más extensa en el último libro de sus *Historias*. Por desgracia para nosotros, este libro está perdido.

LAS *NAVMACHIAE*

El caso de las batallas navales es bastante complejo ya que contamos con muy pocos datos y muchas ambigüedades sobre ellas. Aun así, he tratado de dar una imagen realista de cómo se llevaron a cabo en contadas ocasiones, aunque fueron más numerosas precisamente durante el reinado de Domiciano.

En el caso del espectáculo naval bajo la lluvia (p. 242), Dion Casio (*Historia romana* LXVI, 8, 2), que escribe a comienzos del siglo III, comenta que no pocos de los espectadores murieron después de caer enfermos porque Domiciano no les permitió marcharse. Después ofreció un banquete nocturno para compensar al pueblo. Sin embargo, Suetonio (*Vida de Domiciano* IV, 2), que redacta su obra un siglo antes, más cerca de los hechos, no se refiere a nada parecido. De hecho, parece destacar que el emperador aguantó la lluvia con el resto de los espectadores. Siendo conscientes de la animadversión del autor por la figura de Domiciano, no aprovechar una ocasión como esta habría sido un desperdicio. Por todo ello, en este caso, prefiero darle credibilidad a Suetonio antes que a Dion Casio.

ESPECTÁCULOS ATLÉTICOS

Por lo que sabemos, los *agoni Capitolini* (p. 247) se siguieron celebrando hasta el siglo IV, siendo los únicos juegos atléticos romanos en desarrollarse de forma ininterrumpida durante varios siglos. El último vencedor atestiguado, Attius Tiro Delphidius, aparece en una inscripción datada en la edición del 338 o 342. No obstante, los premios de época de Domiciano fueron muy superiores a los que otros emperadores entregaron en estos mismos juegos en periodos sucesivos, como confirma Suetonio (*Vida de Domiciano* IV, 4).

Es interesante resaltar que los juegos atléticos de Nerón también fueron conocidos como Neronia Quinquennales, aunque debían celebrarse cada cuatro años y no cada cinco (un quinquenio). La resolución del problema reside en que las cuentas romanas eran inclusivas, por lo que lo que nosotros entendemos como un periodo de cuatro años ellos lo expresarían diciendo cada cinco, al contar tanto el primero como el último de los elementos dentro de la enumeración.

Uno de los espacios en los que la fosilización arqueológica de una estructura es más tangible —con permiso del teatro de Pompeyo— es el estadio de Domiciano. La Piazza Navona conserva perfectamente su forma. Y aunque en época barroca se pretendió devolverle la «espina» que nunca tuvo a través de las tres fuentes de la plaza, semejante idea se sustentó en una errónea interpretación moderna. Sin embargo, el obelisco de la fuente de los Cuatro Ríos de Bernini sí pertenece a la época de Domiciano. Se trata de un obelisco «romano», puesto que fue encargado por el propio emperador a las canteras de Asuán, en Egipto, y porta en escritura jeroglífica su nombre, el de su padre y el de su hermano. Se colocó probablemente en el templo de Isis y Serapis. A comienzos del siglo IV, el emperador Majencio mandó trasladarlo al circo privado que se hizo construir en el complejo de su villa en la Via Appia. El papa Inocencio X fue quien ordenó su regreso al Campo de Marte para coronar la fuente de Bernini.

EN EL TEATRO

Del odeón de Domiciano (p. 251) se conservan muy pocos indicios. Tan solo intuimos su forma en la curvatura de las fachadas de los edificios de la zona próxima a la Piazza Navona, especialmente en la del Palazzo Massimo alle Colonne. En la cercana Piazza dei Massimi se ubica una columna de mármol *cipollino* de diez metros identificada como parte de la estructura. En cuanto al aspecto que tendría, debemos suponer que, al tratarse de un odeón, tal y como lo describen las fuentes clásicas y a diferencia del teatro, sería una edificación totalmente cubierta, según afirman investigadores como F. Coarelli. Si bien los restos que conocemos actualmente no nos permiten saber cómo se articularía esa cubierta, es muy probable que fuera de madera. Quizá el enorme tamaño de esa techumbre fue la causa de su hundimiento, ya que sabemos que en época de Trajano tuvo que ser restaurada (Dion Casio, *Historia romana* LXIX, 4, 1).

La historia de Quinto Sulpicio Máximo (p. 251), el niño que cautivó al público durante la tercera edición de los *agoni Capitolini*, en el año 94, es maravillosa. Desgraciadamente para él, la conocemos a partir de su monumento funerario (CIL VI, 33976), dedicado por sus apenados padres poco después de su participación en el concurso. La fantástica pieza ha permitido perpetuar para siempre su memoria, y su composición improvisada, que está tallada en cuarenta y tres versos hexámetros dactílicos a ambos lados de la estatua del niño difunto.

ESTRUCTURAS TEATRALES

La petrificación de los teatros en la ciudad de Roma, por motivos religiosos, únicamente se produjo gracias al hábil proyecto del general Pompeyo (p. 254). Solo en ciudades de Italia de gran influencia griega comenzaron a construirse teatros de piedra durante los siglos anteriores. Un claro ejemplo de ellas es Pompeya. Su teatro data del siglo II a. C., pero la ciudad no se convertiría en una colonia romana hasta el año 80 a. C.

La decoración del teatro de Pompeyo que he descrito (p. 254) está basada en los hallazgos que durante siglos se han producido en la zona, junto a Campo de' Fiori. El grupo estatuario de mármol de Hércules con su hijo Télefo se conserva en los Museos Vaticanos, que albergan asimismo al llamado Hércules Mastai (p. 255), hallado en la Piazza del Biscione —en un costado de Campo de' Fiori—, el 8 de agosto de 1864 a unos nueve metros de profundidad, tres bajo el nivel de la calle romana. Restaurada en 2023, se trata de un *bidental*, una estatua enterrada de forma ritual tras la caída de un rayo. Aunque una de las propuestas de datación coincide con la restauración del teatro de Pompeyo por parte de Domiciano, no se puede descartar que fuera realizada en la segunda mitad del siglo II, a comienzos del siglo III, durante los trabajos de rehabilitación del teatro por parte de Septimio Severo, o a finales del siglo III, cuando fue restaurado de nuevo por orden de Diocleciano y Maximiano.

Por otro lado, aunque el teatro de Marcelo fue dedicado en el año 13 a. C., o tal vez en el 11 a. C., su construcción comenzó con Julio César. También fue utilizado, todavía sin terminar, durante los *ludi saeculares* del año 17 a. C.

El poeta Estacio murió hacia el año 96, y su cuarto libro de *Silvas* fue publicado en el año 95. El quinto y último fue objeto de una edición póstuma, tras su fallecimiento en Nápoles. No está atestiguado que estuviera presente en Roma en los meses anteriores a su muerte. Tampoco lo está la existencia del banquete imperial la noche antes del asesinato —ni el que yo mismo celebré, por descontado—. Aun así, como el propio Estacio menciona en su poema, sí fue invitado al menos en una ocasión a un banquete del emperador Domiciano. También estuvo presente en algunos de ellos, según las fuentes, Latinus, el actor al que yo he presentado como director de la compañía teatral que ensaya en el teatro de Pompeyo (Suetonio, *Vida de Domiciano* XV, 3).

EL ASESINATO

El culmen narrativo de nuestro viaje se produce en el momento del asesinato de Domiciano. La descripción que doy en la p. 269 se corresponde en buena medida con la que ofrece Suetonio (*Vida de Domicia-*

no XIII-XIV, XVII). No podemos estar seguros de que se produjera realmente así, pero es la más cercana al suceso con la que contamos. También disponemos de la de Dion Casio (*Historia romana* LXVII, 15) y la de Eutropio (*Breviario* VIII, 1), de los siglos III y IV respectivamente, que añaden nuevos elementos, previsiblemente fantasiosos, a la descripción. Entre ellos no se ponen de acuerdo en si Partenio estaba al tanto de la conjura o si participó en ella, aunque la investigación actual tiende a pensar que él fue la mente instigadora. También está en duda la implicación de Nerva, pues estuvo siempre del lado de los Flavios. No obstante, según piensan los investigadores, es posible que estuviera informado de la conspiración, al menos en los últimos momentos, para que la transición fuera más sencilla. Su proclamación como emperador el mismo día del asesinato parece apuntar en esa dirección.

Por otra parte, a pesar de la dudosa mención de Dion Casio, quien no tuvo nada que ver con todo ello fue Domicia Longina, puesto que sabemos que, incluso años después del magnicidio, seguía haciéndose llamar «esposa de Domiciano», como gesto de orgullo y lealtad a su marido asesinado. Esta mención está atestiguada en los ladrillos que fabricaba la empresa que ella regentó hasta su muerte.

Suetonio (*Vida de Domiciano* XVII, 2) comenta que un gladiador de los cuarteles imperiales estuvo presente en la conjura, pero no especifica ni su nombre ni de qué tipo de gladiador se trata. Por eso yo he mostrado a los conjurados tanto en las gradas (p. 95) como en los subterráneos del Coliseo (p. 136), pero no he identificado al gladiador. Sin embargo, en el momento del asesinato me he permitido la libertad de hacer un guiño decidiendo que sea un *thraex*, el gran enemigo del *murmillo*, el tipo gladiatorio favorito de Domiciano.

Por último, dejar en el aire la posibilidad de haber conseguido evitar el asesinato de Domiciano emborrachando a los conjurados —con un ligero toque de comedia de espías— me parece muy sugestivo. Aquí he aplicado las dos teorías astrológicas dominantes de la antigua Roma. Por un lado, la tendencia catártica, que piensa que el destino se puede modificar en momentos cruciales para tomar un nuevo rumbo. ¿Qué habría pasado si hubiéramos cambiado la historia? Tal vez la Roma del siglo II hubiera sido muy diferente. Si tradicionalmente se considera que fue el punto álgido del Imperio, tal vez un reinado de treinta o cuarenta años de Domiciano, equiparable al de Augusto, habría conseguido potenciarlo aún más. Por otra parte, la teoría fatalista considera que el destino está escrito y nada puede hacerse para modificarlo. Eso significaría que el asesinato de Domiciano sucedió realmente, así como los acontecimientos que nosotros vivimos la noche anterior. Nuestro viaje en el tiempo ya estaba escrito, aunque oculto, en la historia. Cuál de las dos posibilidades es la mejor es algo que no está en mi mano resolver. Esta es también tu historia, y su final, si Domiciano fue asesinado o no, lo has decidido tú al terminar de leer este libro.

AGRADECIMIENTOS

Viajar es una de las pasiones más grandes de mi vida. Comencé a escribir este libro con esa convicción en la cabeza y lo termino con la satisfacción de haber sido fiel a ella. Viajar en el tiempo con una imaginación domada por el rigor de la investigación. Viajar en el espacio hasta los lugares, a veces épicos, siempre cotidianos, donde sucedió la historia. Viajar a través de las páginas poniendo la narrativa al servicio de la divulgación. Si he conseguido transmitirte esa maravillosa sensación que da viajar, y a la vez has aprendido algo nuevo sobre la antigua Roma por el camino, habré cumplido mi propósito.

Tengo la suerte de poder decir que comencé mi camino como investigador y divulgador hace ya más de doce años. En él he podido enfrentarme a retos muy variados, pero escribir desde el punto de vista de un viajero en el tiempo ha sido, sin duda, uno de los más curiosos. Si me conoces bien, sabes que suelo viajar mucho por el mundo romano y me gusta compartir esos viajes. Ya sea a través de las redes sociales o en persona (cada año en los viajes de Antigua Roma al Día), la experiencia es muy gratificante. Por eso pienso que este formato era algo que llegaría de forma natural en algún momento a mi mente. Añadir la variable temporal a la ecuación es el detalle perfecto que solo puedo soñar en la realidad. Nunca está de más dejar constancia por escrito de que, si alguna vez nuestra especie logra viajar atrás en el tiempo, vuelvan a por mí para llevarme a visitar realmente la antigua Roma. Prometo que nunca lo contaré (pero habrá señales).

Mientras eso ocurre, creo que este formato narrativo me permite ofrecerte una inmersión profunda en el pasado, a la vez que amena y ligera. Y todo ello sin descuidar, como es costumbre en mí, el máximo rigor a la hora de explicar la historia. No hay nada tan complejo en la investigación histórica que no se pueda entender si se explica de la forma apropiada. Espero haber conseguido mi propósito en este sentido, transportándote al pasado y transmitiéndote lo que la investigación más actualizada conoce sobre los espectáculos y el ocio en la antigua Roma.

En cuanto a la temática del libro, es difícil encontrar una que despierte más pasiones (en la actualidad y en la antigua Roma) que los espectáculos y el ocio. Buena parte de la responsabilidad de que esto sea así la tiene Ridley Scott, que hace 24 años estrenó una de las películas más memorables de las últimas décadas. *Gladiator* es un clásico del cine de romanos que ha contribuido a generar interés en el gran público en torno a la antigua Roma. Un interés que ahora se ve renovado tras el estreno de la esperada secuela. Te guste más o menos que la primera, *Gladiator II* vuelve a poner en primera línea la historia romana. Siempre digo que el cine, las novelas, las series, en definitiva cualquier obra de ficción, deben ser disfrutadas por lo que son. Después, si el interés es grande, se puede —se debe— profundizar para conocer la historia real. Precisamente por eso estamos justo en este punto, recién regresados de nuestro viaje en el tiempo. Tú eres de aquellas personas que ha decidido dar el paso e ir más allá. Ya sabes que, como dijo Plinio citando la *Eneida* de Virgilio, la fortuna favorece a los audaces.

No puedo terminar estas líneas sin mostrar mi gratitud a aquellas personas que han estado a mi lado en este nuevo proceso de escritura. Mi primer agradecimiento es para mis editoras Pilar Cortés y Alegría Gallardo, que siempre están dispuestas a embarcarse conmigo en viajes como este. También merecen toda mi gratitud y cariño mi madre y mi padre, que leen mis textos primero, calibrando si he sido lo suficientemente claro, ameno y correcto. A mi socio, y también amigo, Pablo Aparicio, por ayudarme a ver lo que yo solo puedo imaginar. A mis amigos, los de siempre y los más recientes, que hacen que todo esfuerzo merezca la pena por seguir disfrutando la vida junto a ellos. A mi *domina*, ahora y en lo que nos depare el futuro, por todos los momentos que hemos vivido juntos. A Fortunatus por conseguirnos las *tesserae* para entrar al Coliseo y al resto de personajes que nos han ayudado en nuestro viaje. Y a ti, por acompañarme una vez más.

Roma,
ante diem XIV Kalendas Domitianas de MMXXIV

FUENTES CLÁSICAS

Amiano Marcelino, *Historias.*
Apiano, *Guerras civiles.*
Apicio, *Sobre la cocina.*
Apuleyo, *El asno de oro.*
Artemidoro de Daldis, *La interpretación de los sueños.*
Augusto, *Hazañas del Divino Augusto.*
Aulo Gelio, *Noches áticas.*
Cicerón, *La invención retórica.*
— *Disputaciones tusculanas.*
Columela, *Sobre las cosas del campo.*
Dion Casio, *Historia romana.*
Dionisio de Halicarnaso, *Antigüedades romanas.*
Estacio, *Silvas.*
Estrabón, *Geografía.*
Eutropio, *Breviario.*
Horacio, *Odas.*
Isidoro de Sevilla, *Etimologías.*
Juvenal, *Sátiras.*
Macrobio, *Saturnales.*
Marcial, *Epigramas.*
— *Libro de los espectáculos.*
Ovidio, *El arte de amar.*
— *Fastos.*
— *Metamorfosis.*
Pausanias, *Descripción de Grecia.*
Pelagonio, *Arte veterinario.*
Petronio, *Satiricón.*
Plinio el Joven, *Cartas.*
Plinio el Viejo, *Historia Natural.*

Plutarco, *Cuestiones romanas.*
— *Obras morales y de costumbres.*
Polibio, *Historias.*
Prudencio, *Contra Símaco.*
Quintiliano, *Instituciones oratorias.*
Séneca el Joven, *Cartas morales a Lucilio.*
— *Sobre la ira.*
— *Cuestiones naturales.*
Suetonio, *Vida de los doce césares.*
Tácito, *Anales.*
Tertuliano, *Libro de los espectáculos.*
— *Apología contra los gentiles.*
Tito Livio, *Desde la fundación de la ciudad.*
Virgilio, *Eneida.*
VV. AA., *Antología latina.*
— *Panegíricos latinos.*
Zósimo, *Nueva historia.*

BIBLIOGRAFÍA

En primer lugar, si quieres ampliar tus conocimientos sobre el mundo romano con más información acerca de temas como el calendario, sus festividades, la propaganda política, la religiosidad romana y mucho más, puedes hacerlo a través de mis libros anteriores:

— *Un año en la antigua Roma. La vida cotidiana de los romanos a través de su calendario.*
— *Fake news de la antigua Roma. Engaños, propaganda y mentiras de hace 2000 años.*
— *¡Que los dioses nos ayuden! Religiones, ritos y supersticiones de la antigua Roma.*
— *Momentos de la antigua Roma que cambiaron el mundo.*
— *La Roma de Constantino.*

Los temas que he tratado en el presente libro son muy amplios y la bibliografía empleada es extensa. Sin embargo, he incluido, primero, algunas obras que considero fundamentales. Después, he añadido el resto de las referencias de las obras que he consultado, por si quieres profundizar en tus conocimientos para seguir avanzando por este fascinante camino que es la historia de Roma.

BELL, S. W., 2020, «Horse Racing in Imperial Rome: Athletic Competition, Equine Performance, and Urban Spectacle», *The International Journal of the History of Sport*, vol. 37, pp. 183-232.

CHRISTESEN, P. y KYLE, D. G. (eds.), 2013, *A Companion to Sport and Spectacle in Greek and Roman Antiquity*, Wiley Blackwell, Malden.

HOPKINS, K. y BEARD, M., 2011, *The Colosseum*, Profile Books, Londres.

HUMPHREY, J. H., 1986, *Roman Circuses. Arenas for Chariot Racing*, University of California Press, Berkeley y Los Ángeles.

Jones, B. W., 1992, *The Emperor Domitian*, Routledge, Londres y Nueva York.

Mateo Donet, M. A., 2021, *Gladiadores: una breve introducción*, Alianza Editorial, Madrid.

Rossini, O., Monda, S. y Spagnuolo, L. (eds.), 2024, *TEATRO. Autori, attori e pubblico nell'antica Roma*, L'Erma di Bretschneider, Roma.

OTROS TÍTULOS

Arena, P., 2009, «The Pompa Circensis and the Domus Augusta (1st-2nd c. AD.)», en O. Hekster, S. Schmidt-Hofner y C. Witschel (eds.), *Ritual Dynamics and Religious Change in the Roman Empire: Proceedings of the Eighth Workshop of the International Network Impact of Empire (Heidelberg, July 5-7, 2007)*, Brill, Leiden-Boston, pp. 77-94.

Auguet, R., 1994, *Cruelty and Civilization: The Roman Games*, Routledge, Londres y Nueva York.

Barker, D., 1996, «The Golden Age is Proclaimed? The *Carmen Saeculare* and the Renascence of the Golden Race», *The Classical Quarterly*, vol. 46, pp. 434-446.

Beard, M., North, J. y Price, S., 1998, *Religions of Rome. Volume 1: A History*, Cambridge University Press, Cambridge.

Bell, S., 2008, «The Face of Victory? A Misidentified Head in Rome and the 'Problem' of Charioteer Portraits», en Nelis-Clèment, J. y Roddaz, J. M. (eds.), *Le cirque romain et son image*, Ausonius, Bordeaux, pp. 393-411.

Betz, J. D., (ed.), 1986, *The Greek Magical Papyri in Translation Including the Demotic Spells*, University of Chicago Press, Chicago.

Blázquez Martínez, J. M., 2010, «Criadores hispanos de caballos de carreras en el Bajo Imperio en las cartas de Símaco», *Espacio, Tiempo y Forma. Serie II, Historia Antigua*, vol. 23, pp. 411-419.

Botha, P. J. J., 1989, «The Historical Domitian-Illustrating some Problems of Historiography», *Neotestamentica*, vol. 23, n.º 1, pp. 45-59.

Brunet, S., 2004, «Female and Dwarf Gladiators», *Mouseion: Journal of the Classical Association of Canada*, vol. 48, pp. 145-170.

Carter, M., 2001, «Artemidorus and the ἀρβήλας Gladiator», *Zeitschrift für Papyrologie und Epigraphik*, vol. 134, pp. 109-115.

— 2006, «Gladiatorial Combat: The Rules of Engagement», *The Classical Journal*, vol. 102, n.º 2, pp. 97-114.

— 2018, «*ARMORUM STUDIUM*: Gladiatorial Training and the Gladiatorial Ludus», *Bulletin of the Institute of Classical Studies*, vol. 61, pp. 119-131.

Coleman, K., 2000, «Missio at Halicarnassus», *Harvard Studies in Classical Philology*, vol. 100, pp. 487-500.

— 2019. «Defeat in the Arena», *Greece and Rome*, vol. 66, pp. 1-36.

Cornell, T. y Lomas, K. (eds.), 2003, *«Bread and Circuses»: Euergetism and Municipal Patronage in Roman Italy*, Routledge, Londres.

Crespo Pérez, C., 2014, *La condenación al olvido (damnatio memoriae). La deshonra pública tras la muerte en la política romana (siglos I-IV d. C.)*, Signifer Libros, Madrid y Salamanca.

Dodge, H., 2011, *Spectacle in the Roman World*, Bloomsbury, Londres.

Dominique, M., 1992, «Les femmes gladiateurs: examen du dossier», *Ktèma: Civilisations de l'Orient, de la Grèce et de Rome Antiques*, vol. 17, pp. 47-53.

Donahue, J. F., 2003, «Toward a Typology of Roman Public Feasting», *The American Journal of Philology*, vol. 124, pp. 423-441.

Easterling, P. y Hall, E. (eds.), 2002, *Greek and Roman Actors: Aspects of an Ancient Profession*, Cambridge University Press, Cambridge.

Epplett, C., 2020, *Gladiators and Beast Hunts: Arena Sports of Ancient Rome*, Amberley Publishing, Stroud.

Fless, F. y Moede, K., 2011, «Music and Dance: Forms of Representation in Pictorial and Written Sources», en J. Rüpke (ed.), *A Companion to Roman Religion*, Wiley Blackwell, Malden, pp. 249-262.

Fornés Pallicer, A. y Puig Rodríguez-Escalona, M., 2006, «Los gestos con el pulgar en los combates de gladiadores», *Latomus*, vol. 65, n.º 4, pp. 963-971.

Futrell, A., 2006, *The Roman Games: Historical Sources in Translation*, Blackwell Publishing, Malden.

Gómez-Pantoja Fernández-Salguero, J., 2007, «"In Nemese ne fidem Habeatis": magia y religión en el anfiteatro», en *Estudios en memoria del profesor Dr. Carlos Sáez: homenaje*, Editorial Universidad de Alcalá, Alcalá de Henares, pp. 59-76.

González Gutiérrez, P., 2021, *Soror. Mujeres en Roma*, Desperta Ferro Ediciones, Madrid.

Green, C. M. C., 2009, «The Gods in the Circus», en S. Bell, y H. Nagy (eds.), *New Perspectives on Etruria and Rome in Honor of R. D. De Puma*, University of Wisconsin Press, Madison, pp. 65-78.

GUNDERSON, E., 2000, *Staging Masculinity: The Rhetoric of Performance in the Roman World*, University of Michigan Press, Ann Arbor.

HEDRICK, C. W., 2000, *History and Silence: Purge and Rehabilitation of Memory in Late Antiquity*, University of Texas Press, Austin.

HERSCH, K. K., 2010, *The Roman Wedding. Ritual and Meaning in Antiquity*, Cambridge University Press, Cambridge.

JONES, B. W., 1973, «Domitian's Attitude to the Senate», *The American Journal of Philology*, vol. 94, n.º 1, pp. 79-91.

JORY, E. J., 1970, «Associations of Actors in Rome», *Hermes*, vol. 98, pp. 224-253.

KUBIACZYK, M., 2016, «The Ritual of Sacrifice and Entertainment: Representations of the Roman *Ludi Saeculares* in Coinage», *Journal of Ancient History and Archaeology*, vol. 3, n.º 2, pp. 5-14.

KYLE, D. G., 1998, *Spectacles of Death in Ancient Rome*, Routledge, Londres y Nueva York.

LATHAM, J., 2015, «Performing Theology: Imagining the Gods in the Pompa Circensis», *History of Religions*, vol. 54, pp. 288-317.

LIM, R., 1999, «In the 'Temple of Laughter': Visual and Literary Representations of Spectators at Roman Games», *Studies in the History of Art*, vol. 56, pp. 342-365.

LINDSTRØM, T. C., 2010, «The Animals of the Arena: How and Why Could Their Destruction and Death Be Endured and Enjoyed?», *World Archaeology*, vol. 42, n.º 2, pp. 310-323.

MCCULLOUGH, A., 2008, «Female Gladiators in Imperial Rome: Literary Context and Historical Fact», *Classical World*, vol. 101, pp. 197-209.

MUÑOZ SANTOS, M. E., 2018, «"Androcles y el león", ¿una leyenda urbana en la antigua Roma?», *Polis: revista de ideas y formas políticas de la Antigüedad*, n.º 30, pp. 71-85.

— 2022, *Gladiadores, fieras, carros y otros espectáculos en la antigua Roma*, Síntesis, Madrid.

NEWBY, Z. W., 2006, *Greek Athletics in the Roman World: Victory and Virtue*, Oxford University Press, Oxford.

ORLANDO, L., DONNO, G. de, GIAMBATTISTA, L. di y LUCIA, P., 2017, «Investigating the Foundation of the Amphitheatrum Flavium through the Passage of Commodus», *Annals of Geophysics*, vol. 60, n.º 4.

PARISI PRESICCE, C., MUNZI, M. y MORO, M. P. del (eds.), 2023, *Domiziano imperatore, odio e amore*, Gangemi Editore, Roma.

Pascual Barea, J., 2013, «Interpretación de los epígrafes y de la marca del caballo de una jarra de Tamuda», en D. Bernal, B. Raissouni, J. Verdugo y M. Zouak (eds.), *Tamuda. Cronosecuencia de la ciudad mauritana y del castellum romano*, Universidad de Cádiz, Cádiz, pp. 393-401.

Philip, T., 2010, «Gladiatorial Games as a Means of Political Communication During the Roman Republic», *Fundamina*, vol. 16, n.º 2, pp. 186-198.

Pleket, H. W., 1961, «Domitian, the Senate and the Provinces», *Mnemosyne, Fourth Series*, vol. 14, n.º 4, pp. 296-315.

Rantala, J., 2017, *The Ludi Saeculares of Septimius Severus: The Ideologies of a New Roman Empire*, Routledge, Nueva York.

Rogers, P. M., 1984, «Domitian and the Finances of State», *Historia: Zeitschrift für Alte Geschichte*, vol. 33, n.º 1, pp. 60-78.

Rüpke, J., 2007, *Religion of the Romans.* Trad. R. Gordon, Polity Press, Cambridge y Malden.

— 2016, *On Roman Religion. Lived Religion and the Individual in Ancient Rome*, Cornell University Press, Ithaca y Londres.

Santoro, S., 2017, *Emptor et mercator. Spazi e rappresentazioni del commercio romano*, Edipuglia, Santo Spirito.

Sobocinski, M. G., 2006, «Visualizing Ceremony: The Design and Audience of the *Ludi Saeculares* Coinage of Domitian», *American Journal of Archaeology*, vol. 110, pp. 581-602.

Sparreboom, A., 2016, *Venationes Africanae: Hunting Spectacles in Roman North Africa: Cultural Significance and Social Function*, Universiteit van Amsterdam. (Tesis doctoral).

Stephenson, J., 2016, «Dining as Spectacle in Late Roman Houses», *Bulletin of the Institute of Classical Studies*, vol. 59, pp. 54-71.

Taylor, A. J. W., Scobie, A. y Jarman, T., 1988, «Crowd violence - Ancient and Modern», *Ekistics*, vol. 55, pp. 234-241.

Teja, A., 1988, *L'esercizio fisico nell'antica Roma*, Edizioni Studium, Roma.

Toner, J., 2014, *The Day Commodus Killed a Rhino: Understanding the Roman Games*, Johns Hopkins University Press, Baltimore.

Toynbee, J. M. C., 1948, «Beasts and Their Names in the Roman Empire», *Papers of the British School at Rome*, vol. 16, pp. 24-37.

Waters, K. H., 1964, «The Character of Domitian», *Phoenix*, vol. 18, n.º 1, pp. 49-77.

Watson, G. R., 1952, «Theta Nigrum», *The Journal of Roman Studies*, vol. 42, pp. 56-62.
Wood, S., 2010, «Who Was Diva Domitilla? Some Thoughts on the Public Images of the Flavian Women», *American Journal of Archaeology*, vol. 114, pp. 45-57.
Yarza, L. P., 2017, «Sol romano y Sol Invictus: circo y ludi en Roma», *ARYS. Antigüedad: Religiones y Sociedades*, vol. 15, pp. 215-246.

Plano de la Roma de Domiciano

1	Domus en el Aventino	16	Transtiberim (ubicación de la Naumachia de Augusto)
2	Palacio Imperial	17	Monte Celio y Templo del divino Claudio
3	Anfiteatro Nuevo (Coliseo)	18	Trigarium y Terentum
4	Cuarteles gladiatorios	19	Vicus Stablarius y establos de las *factiones*
5	Circo Máximo	20	Circo Flaminio
6	Foro romano	21	Templos de Largo Argentina y Porticus Minucia Frumentaria
7	Monte Oppio (Termas de Tito y Domus Aurea)	22	Teatro de Balbo
8	Foro Boario	23	Subura
9	Capitolio y Templo de Júpiter Óptimo Máximo	24	Velabrum y Templo del divino Augusto
10	Teatro de Pompeyo	25	Mausoleo de Augusto
11	Estadio y Odeum de Domiciano	26	Foros imperiales
12	Teatro de Marcelo	27	Monte Quirinal
13	Naumachia de Domiciano	28	Campo de Marte
14	Saepta Julia		
15	Templo de la familia Flavia		

Esta obra
fue impresa
en Madrid,
en las *kalendas*
de noviembre
de MMXXIV